Marxismo

Teoria, História e Política

Marxismo

Teoria, História e Política

Organizadores

Luciana Aliaga
Henrique Amorim
Paula Marcelino

Copyright © 2011 Luciana Aliaga, Henrique Amorim e Paula Marcelino

Grafia atualizada segundo o Acordo Ortográfico da Língua Portuguesa de 1990, que entrou em vigor no Brasil em 2009.

Publishers: Joana Monteleone/ Haroldo Ceravolo Sereza/ Roberto Cosso
Edição: Joana Monteleone
Editor assistente: Vitor Rodrigo Donofrio Arruda
Assistente editorial: Patrícia Jatobá U. de Oliveira
Projeto gráfico, capa e diagramação: Patrícia Jatobá U. de Oliveira
Revisão: Rogério de Queiroz Chaves
Assistente de produção: João Paulo Putini

CIP-BRASIL. CATALOGAÇÃO-NA-FONTE
SINDICATO NACIONAL DOS EDITORES DE LIVROS, RJ

M355

MARXISMO: TEORIA, HISTÓRIA E POLÍTICA
Organizadores: Luciana Aliaga, Henrique Amorim, Paula Marcelino.
São Paulo: Alameda, 2011.
306p.

Inclui bibliografia
ISBN 978-85-7939-112-5

1. Marx, Karl, 1818-1883. 2. Socialismo. 3. Comunismo. 4. Capitalismo. 5. Filosofia Marxista. I. Aliaga, Luciana. II. Amorim, Henrique. III. Marcelino, Paula.

11-6740.   CDD: 335.4
                    CDU: 330.85
                              030437

ALAMEDA CASA EDITORIAL
Rua Conselheiro Ramalho, 694 – Bela Vista
CEP 01325-000 – São Paulo – SP
Tel. (11) 3012-2400
www.alamedaeditorial.com.br

Sumário

Apresentação 7

Parte I: O percurso teórico de Marx 11

O último Marx e *O Capital* 13
Michael Krätke

As quatro redações de *O Capital* (1857-1880): rumo a uma nova 29
interpretação do pensamento dialético de Marx
Enrique Dussel

Parte II: O pensamento marxista na América Latina 57

América Latina: o marxismo fora do lugar 59
Álvaro Bianchi

O marxismo na América Latina 83
Cláudio Katz

Mariátegui, os Sete Ensaios, a APRA e a Internacional Comunista 101
Luiz Bernardo Pericás

Parte III: Neoliberalismo, capitalismo e imperialismo 123

A nova fase do capitalismo neoliberal no Brasil e a sua inserção 125
no quadro político da América Latina
Armando Boito Jr.

Expropriações contemporâneas: um primeiro debate teórico 141
Virgínia Fontes

Elite e classe dominante: notas sobre o marxismo 157
inspirado na teoria das elites
Danilo Enrico Martuscelli

Parte IV: Classes e movimentos sociais — 179

Marxismo, sistema e ação transformadora — 181
Brasílio Sallum Jr.

O movimento social europeu entre sucessos parciais e impotência — 193
René Mouriaux

Teoria e prática das guerras camponesas no marxismo do século XXI — 209
Víctor O. Martín Martín

Parte V: Democracia, Estado e transição socialista — 225

Lênin e a transição socialista — 227
Marcos Del Roio

Conselhismo e democracia — 243
Luciano Cavini Martorano

A teoria da supressão da forma Estado em *O Estado e a revolução* — 265
Rafael Afonso da Silva

Parte VI: Capitalismo e produção da cultura — 275

Informação e capitalismo: uma abordagem marxiana — 277
Marcos Dantas

O fetiche-cinema contra o cinema-utopia: cinema mercadoria, reificação e resistência — 291
Ronaldo Rosas Reis

Apresentação

O livro que o leitor tem em mãos, *Marxismo: Teoria, História e Política*, é uma compilação de 16 trabalhos apresentados em forma de comunicação e/ou conferência no *5º Colóquio Internacional Marx Engels*, realizado entre os dias 6 e 9 de novembro de 2007 no Instituto de Filosofia e Ciências Humanas (IFCH) da Universidade Estadual de Campinas (Unicamp) e organizado pelo Centro de Estudos Marxistas (Cemarx) dessa universidade.[1]

O *Colóquio Internacional Marx e Engels* é hoje um evento de grande porte e internacionalmente reconhecido como espaço importante de reflexões marxistas. Os números do *5º Colóquio* dizem algo sobre essa importância: foram enviadas para avaliação da Comissão Organizadora 400 propostas de comunicação, das quais, 120 foram selecionadas e apresentadas em 28 sessões de sete grupos temáticos; tivemos 13 conferencistas distribuídos em quatro sessões plenárias e uma oficina; presença de professores, pesquisadores e estudantes de 18 estados brasileiros e dez países europeus e latino-americanos; público médio nas sessões plenárias de 300 pessoas. Essa mobilização de pesquisadores e estudiosos propiciou debates muito produtivos sobre as pesquisas e reflexões que os intelectuais marxistas têm desenvolvido no Brasil e no exterior.

Muitos contribuíram para o sucesso do *5º Colóquio Marx Engels*: os pesquisadores que apresentaram trabalhos ou enviaram propostas de comunicação, os estudantes que se mobilizaram e se deslocaram para participar do evento como

---

1 As quatro edições anteriores do Colóquio Marx e Engels também propiciaram a edição de livros que continham uma seleção das pesquisas apresentadas nesses eventos. Ver: Boito Jr, Armando *et al.* (org). *A Obra Teórica de Marx*: atualidade, problemas e interpretações. São Paulo: Xamã, 2000 (1ª ed.); 2002 (2ª ed.); Galvão, Andréia *et al* (org.). *Marxismo e Ciências Humanas*. São Paulo: Xamã, 2003; Galvão, Andréia *et al.* (org). *Marxismo e Socialismo no Século XXI*. São Paulo: Xamã, 2005; Galvão, Andréia (org.) *Marxismo, Capitalismo e Socialismo*. São Paulo/Campinas: Xamã/Universidade Estadual de Campinas, IFCH, 2008.

ouvintes; o apoio financeiro fornecido pelas agências de fomento à pesquisa: Fundação de Apoio à Pesquisa do Estado de São Paulo (Fapesp), Fundação de Apoio à Pesquisa, Ensino e Extensão (Faepex) da Unicamp e a Coordenação de Aperfeiçoamento do Pessoal de Ensino Superior (Capes); o apoio financeiro e logístico da Direção do IFCH/Unicamp, da secretaria de eventos desse instituto e do Programa de Pós-Graduação em Ciência Política da Unicamp. A todos eles, deixamos aqui registrados nossos agradecimentos.

***

Este livro reflete, na sua composição, a pluralidade temática e teórica do evento – o marxista é um terreno muito diversificado e abrangente. Os textos estão organizados em seis partes que obedecem, no geral, os temas debatidos nas sessões plenárias do *5º Colóquio Internacional Marx Engels*.

Na primeira parte, intitulada *O percurso teórico de Marx*, Michael Kratke e Enrique Dussel retraçam os caminhos percorridos por Marx na composição de sua principal obra: *O Capital*. Kratke é um dos editores da Mega, a edição histórico-crítica alemã em construção, que compreende as obras completas de Marx e Engels. Segundo ele, os manuscritos deixados por Marx evidenciariam um percurso que tenderia a se afastar da ênfase nas "leis gerais" e a se aproximar de um tipo de discurso teórico que abrigaria mais contradições e mais historicidade, ainda que conservasse o fundamental daquilo que seria o seu método "genético" na construção das categorias de análise. Para Dussel, uma análise das quatro redações de *O Capital* demonstraria que há nele elementos importantes que permanecem desconhecidos e cujo estudo e discussão poderiam ajudar a lançar novas luzes na compreensão da realidade e da ação política revolucionária na América Latina.

O pensamento marxista na América Latina, a segunda parte deste livro, reúne textos onde o marxismo na América Latina é o objeto específico da análise. Álvaro Bianchi discute os limites do desenvolvimento da teoria marxista no continente. O autor afirma que, ao longo da história do pensamento marxista, vários elementos teriam dificultado a construção de uma teoria marxista latino-americana, desde um certo eurocentrismo apresentado pelo próprio Marx em relação ao que se produzia nesse subcontinente – sua aversão à Simon Bolívar, por exemplo – até a presença entre nós do populismo, do stalinismo e de tendências antiintelectualistas. O trabalho de Cláudio Katz, por sua vez, debate a atualidade da revolução socialista contrapondo o que ele chama de uma análise estruturalista à análise marxista. Para Katz, as revoluções ocorridas no período contemporâneo na América Latina não teriam sido revoluções socialistas. No último texto desta parte, Luiz Bernardo Pericás expõe, com riqueza de detalhes, o percurso militante-teórico de José Carlos Mariátegui, marxista ainda pouco conhecido em seu próprio continente.

A terceira parte, intitulada *Neoliberalismo, Imperialismo e Capitalismo*, é composta por textos de Armando Boito Jr., Virgínia Fontes e Danilo Martuscelli. Armando Boito Jr. faz uma análise do governo de Luiz Inácio Lula da Silva no Brasil e defende a tese de que esse governo poderia ser caracterizado como "social-liberal". Isso por duas razões: ele representaria a ascensão da grande burguesia interna ao comando do bloco no poder e recomporia, em proporções inusitadas, as políticas compensatória dos governos de Fernando Henrique Cardoso. Virgínia Fontes reflete sobre os processos contemporâneos de expropriação e defende, em seu texto, que eles permaneceriam como instrumento central do capital em sua expansão. A autora debate criticamente em seu trabalho as teses de Ellen Wood e Aníbal Quijano. O texto de Danilo Martuscelli, encerrando esta parte, tem como objetivo entender o significado e as consequências teóricas da incorporação da noção de "elite" por determinadas análises ditas marxistas. Segundo Martuscelli, as relações de poder são compreendidas, pela teoria marxista, como relações entre classes sociais, enquanto a noção de elite, diferentemente, separaria poder político e poder econômico e comprometeria, dessa forma, a compreensão das relações de dominação nas sociedades capitalistas.

A quarta parte reúne textos sobre *Classes e Movimentos Sociais*. O texto de Brasílio Sallum Jr. tem como eixo a seguinte questão: em que circunstâncias e sobre quais condições as contradições sistêmicas se traduzem em conflito de classes, em rebeliões sociais? O texto não busca responder a questão, mas sim afirmar que essa é uma indagação fundamental para a teoria marxista e que, para bem respondê-la, o marxismo deveria assimilar elementos teóricos que lhe são exteriores. Sallum destaca, nesse sentido, as contribuições de Pierre Bourdieu e das teorias dos processos políticos e ação coletiva. René Mouriaux oferece ao leitor um rico panorama da luta social hoje na Europa; em especial, na França. No seu trabalho, ele também destaca as dificuldades impostas para essas lutas pelo neoliberalismo europeu. Encerrando a quarta parte, Víctor Martín Martín reflete sobre o marxismo clássico e sua compreensão das guerras camponesas, da natureza da renda agrária e da natureza de classe do campesinato. O objetivo do autor é entender em que medida as análises de Marx e Engels podem ser transpostas e/ou reelaboradas para a compreensão da realidade rural das sociedades contemporâneas e dos movimentos sociais a ela ligados.

Democracia, Estado e transição socialista, a quinta parte, também é composta por três textos. O primeiro deles, de Marcos Del Roio, é uma reflexão sobre o pensamento e a ação de Lênin a propósito do tema da transição socialista nos seus escritos de 1905 até sua morte em 1924. Del Roio defende a tese de que a Rússia não teria conseguido alcançar, no período em que Lênin viveu, as condições necessárias para uma transição socialista. Luciano Cavini Martorano construiu seu texto em torno da tese de que seria possível extrair uma teoria da democracia socialista a partir das reflexões de autores marxistas sobre a experiência dos conselhos operários. Raphael Afonso da Silva aborda, em seu texto, a concepção de Estado em uma das principais obras de Lênin: *O Estado e a Revolução*. Sua tese é a de que Lênin reuniria duas interpretações conflitantes do problema da supressão do Estado: reabsorção e extinção.

A sexta e derradeira parte do livro que ora apresentamos, intitulada *Capitalismo e produção da cultura*, reúne dois textos, um de Marcos Dantas e outro de Ronaldo Rosas Reis. O primeiro autor relaciona informação, trabalho e valor no capitalismo avançado. Dantas procura extrair, em seu trabalho, as principais consequências teóricas da produção cultural em escala industrial. O texto de Reis é uma reflexão sobre as consequências do espraiamento da forma de produção cultural tipicamente hollywoodiana sobre a chamada produção cinematográfica de resistência.

***

Marxismo: Teoria, História e Política representa, para os integrantes do Cemarx, o coroamento de um longo trabalho de preparação, divulgação e realização do *5º Colóquio Internacional Marx Engels*. Acreditamos que este livro reúne reflexões de grande interesse e qualidade e que expressa o vigor e a importância da pesquisa e do debate marxistas em uma conjuntura que ainda é, infelizmente, desfavorável para a teoria crítica da sociedade de classes. Nesse sentido, além de ser um convite à reflexão, o livro é, também, um chamado para que o leitor engrosse as fileiras dos que se opõem à ordem capitalista, tanto no campo da produção teórica quanto no da ação política.

Luciana Aliaga, Henrique Amorim, Paula Marcelino

Parte I: O percurso teórico de Marx

O último Marx e *O Capital*[1]

Michael R. Krätke[2]

Marx depois de 1867. A sorte está lançada?

Segundo uma representação popular, da qual dão testemunho muitas biografias, Marx, numa idade avançada, ao ter perdido toda capacidade de trabalho, estava à mercê do desespero. Aos amigos mais próximos, tais como Engels, Marx dizia que fazia progressos, que avançava no seu grande projeto. De vez em quando, ele anunciava que o Livro II de *O Capital* estaria logo pronto. De fato, escondia-lhes o verdadeiro estado de seus manuscritos inacabados. Estava, realmente, quase o tempo todo perturbado pela doença. Além disso, estava frequentemente ocupado com tarefas políticas, aquelas do Conselho Geral da Associação Internacional dos Trabalhadores, a Primeira Internacional. No entanto, depois de 1870, ele não tinha mais as preocupações financeiras que o tinham atormentado durante mais de vinte anos.

Depois de 1867, ele não publicou muita coisa, e quase nada sobre a crítica da economia política, salvo um capítulo sobre a história da economia política no *Anti-Dühring* de Engels e uma versão popular do Livro I de *O Capital*, escrita por Johann

---

1 Trabalho apresentando no *5º Colóquio Marx Engels*, na sessão "Oficina MEGA: Marx-Engels Gesamtausgabe" no dia 6 de novembro de 2007. Publicado também na revista *Actuel Marx* n. 37, de 2005. Tradução de Bertrand Borgo.

2 Michael R.Krätke é professor de política econômica e direito fiscal na Universidade de Amsterdã e coeditor da MEGA (publicação completa em edição histórico-crítica das obras de K. Marx e F. Engels).

Most, mas revisada e reescrita por ele, e publicada em 1876.[3] Na literatura biográfica, este último período de sua vida é, em geral, considerado como um período de fracassos. Marx, por diversas razões, fracassou na realização de sua obra-prima, *O Capital*. Teria renunciado, aceitado a derrota, reconhecendo sua incapacidade para levar a cabo seu grande projeto de crítica da economia política. Isto dava a *O Capital*, apesar de tudo, o charme de uma obra-prima inacabada e imperfeita. Porém, isto deixava também bastante margem de manobra para especulações aventureiras, que estiveram na moda durante muito tempo na marxologia acadêmica.

Graças aos trabalhos em andamento no âmbito da MEGA, é possível, agora, ter uma ideia mais concreta e precisa do trabalho científico de Marx durante o último período de sua vida. Daqui a alguns anos, a maior parte de seus manuscritos, notas de leituras e coleções de materiais que datam deste período, estará publicada. Isto mudará provavelmente o julgamento que se tem sobre o último Marx e proporcionará uma nova base para apreciar melhor sua obra, assim como a crítica da economia política em particular. Por quê? Porque Marx, como o atestam milhares de páginas de escritos deixados por ele, não desistiu de seu grande projeto. Continuou trabalhando com a mesma paixão, a mesma voracidade que tinha durante os quinze anos precedentes. Ele não publicou nada e, quando houve um debate sobre sua teoria do valor, entre seus seguidores e seus adversários, parece que ele se refugiou no mutismo.[4] No entanto, todos os seus escritos inéditos testemunham os esforços constantes para levar a bom termo *O Capital* e, sobretudo, para fornecer dele uma versão completa e perfeita. Lembremos da quase última palavra do último Marx, em dezembro de 1881, a respeito de *O Capital*, lacônica, porém reveladora: "Seria preciso retomar tudo, inteiramente", escreve Marx a seu amigo e colaborador Danielson. De fato, ele tinha expressado essa mesma ideia dez anos antes, em 1871.[5] Naquele momento, ele começava a trabalhar seriamente em uma tradução francesa e, ao mesmo tempo, em uma nova versão alemã do Livro I. Podemos

---

3   Nesses dois casos, o nome do coautor, Marx, não está mencionado. Conferir os textos na MEGA I/27, 411-425 e os textos de Marx preparatórios a este capítulo, p. 131-216 (MEGA II/8, 733-787).

4   Em sua correspondência privada, ele faz algumas observações que podem explicar sua reserva para com esses debates. Ver por exemplo sua carta a Engels, datada de 4 de dezembro de 1882, em que se refere a uma discussão sobre sua teoria do valor no jornal italiano Plebe: Falavam todos bobagens! (Marx e Engels, 1956a, 123).

5   Conferir as duas cartas de Marx a Danielson datadas de 13 de junho de 1871 e de 13 de dezembro de 1881 (Marx e Engels, 1956, 321 e Marx e Engels, 1956a, 246).

dizer que se tratava de uma nova versão da crítica da economia política, a quinta, ainda mais distante daquela de seus inícios em 1857-58.

O longo caminho rumo a *O Capital*

Lembremos que não é fácil ler *O Capital*. Trata-se, evidentemente, de uma obra-prima inacabada. Além disso, *O Capital* apresenta um tipo de teoria e de exposição científica raramente encontrados e pouco compreendidos até o dia de hoje. O que agrava essa dificuldade é que não há apenas um *Capital*, mas vários. Marx leva seu projeto de uma crítica da economia política de 1844 até sua morte. Depois de alguns breves rascunhos sobre o sistema monetário, os quais já se encontram em seus cadernos de notas de leitura conhecidos com o nome de *Londoner Hefte*, ele começa a escrever longos manuscritos a partir de 1857 – manuscritos de pesquisa e manuscritos de redação. Em certos períodos, ele escreve sobre outros temas – como em 1860 (a polêmica contra Vogt) ou em 1871 (correspondência ao Conselho Geral da AIT referente à guerra civil na França) –, porém não para de escrever até 1881-82.[6] Temos, portanto, quatro ou cinco versões diferentes da crítica da economia política de Marx. A primeira, conhecida com o nome de *Grundrisse*, foi escrita em 1857-58. Em 1858-59, ele redige o texto conhecido e publicado com o título *Zur Kritik der Politischen Ökonomie*. Depois, durante os anos 1861-63, Marx recomeça mais uma vez e produz uma terceira versão, essencialmente um manuscrito de pesquisa, do qual uma parte é conhecida com o nome de *Theorien über den Mehrwert*.[7]

Durante este período, Marx modifica o plano original (o plano em seis livros que data de 1858) e alcança a estrutura de exposição do que conhecemos com o título *Das Kapital*. Em 1864-65, Marx escreve uma primeira versão dos três livros de *O Capital*, mais ou menos na ordem inversa (a partir do Livro III). Esses manuscritos

---

[6] As notas de leitura sobre Adolph Wagner datam da primavera de 1881, seu último manuscrito para o Livro II data do verão de 1881.

[7] Uma parte deste manuscrito de pesquisa, as digressões de Marx sobre a história da economia política – frequentemente com longas críticas detalhadas dos escritos dos grandes economistas clássicos, sobretudo de Adam Smith e de Ricardo – foi publicada por Kautsky em três tomos (1905-1910) com o título *Theorien über den Mehrwert* [*Teorias da Mais-valia. História crítica do pensamento econômico*. Rio de Janeiro: Civilização Brasileira, 1980]. Foi preciso esperar até 1983 para ver publicado, na nova MEGA (ver MEGA II/3 em seis tomos), o conjunto do manuscrito em sua forma original.

permanecem inacabados, salvo o manuscrito do Livro I, do qual Marx reescreve e redige duas versões diferentes em 1865-66. A segunda é a única que ele escreve até o fim, alcançando finalmente uma versão que lhe pareceu conveniente. Depois da publicação do Livro I em 1867, Marx continua os trabalhos em duas direções. Por um lado, redige e remaneja o texto em várias ocasiões, principalmente em 1871-72. Por outro, ele continua trabalhando os temas dos Livros II e III, sem modificar o plano, reescrevendo e acrescentando rascunhos e outros manuscritos aos textos já escritos em 1864-65.[8] Todos esses textos, que serão publicados pela primeira vez na MEGA 2, com montanhas de notas de leitura e de materiais que ele acumulou até sua morte, nos dão uma ideia do que teria sido a última versão de *O Capital*, a quinta versão de sua crítica da economia política tal como a tinha planejado no último período de sua vida.

Entre essas diferentes versões não há uma ruptura nítida. A própria famosa mudança de plano de 1863 não se realizou de maneira precipitada, mas com passos de tartaruga.[9] As observações autocríticas mais radicais encontram-se no manuscrito de 1857-58. Neste manuscrito, ao tentar apresentar o sistema das categorias econômicas de uma maneira "dialética", Marx se depara com os limites próprios do método dialético e alcança um modo de exposição sistemático que lhe parece adequado para os requisitos de uma ciência social, histórica e política como a economia política. Ele retoma e leva mais adiante sua crítica a Hegel e do maneirismo hegeliano, afastando-se cada vez mais de uma dialética incondicional. Chega finalmente a uma dialética muito reduzida e comedida, o que ele não considera como um deslizamento em direção a uma popularização nem a uma vulgarização de sua teoria.

---

8   No que se refere à estrutura do livro, as maiores mudanças dizem respeito ao Livro I. A propósito dos acréscimos, os mais importantes encontram-se na Seção III do Livro II, e na Seção I do Livro III.

9   De fato, Marx nunca renunciou totalmente ao plano dos seis livros. Claramente, ele modificou a estrutura da obra, abandonando a dicotomia hegeliana do capital em geral *versus* os capitais individuais como princípio de organização da obra. Consequentemente, rearranjou a estrutura de exposição de *O Capital*. Entre 1863 e 1882, ele tomou consciência do alcance e dos limites de sua teoria geral do capitalismo. No que se refere às questões estudadas no Livro III, como o crédito, o comércio, a renda fundiária, ele não encontrou solução definitiva e satisfatória. Ele decidiu, provavelmente, ampliar sua apresentação do livro sobre o capital, ao qual o plano original deixava um espaço reduzido. Por exemplo, a categoria do mercado mundial já está manifestamente presente no Livro I – assim como o trecho referente à moeda mundial (ou universal) – no capítulo 3; ver também um capítulo inteiro sobre as "Diferenças nas taxas de salários nacionais", capítulo 22 do Livro I.

Marx era muito crítico para com seus manuscritos, sobretudo com o manuscrito de 1857-58, que alguns marxistas consideram hoje como a versão mais acabada de sua obra. O próprio Marx tinha outra opinião a respeito. O manuscrito de 1857-58 marca um passo a frente, porque seu autor aprendeu muito, principalmente sobre o método de exposição adequado a uma teoria geral e sistemática. A lição mais importante que ele lembrou foi a de ser preciso tomar consciência dos limites inevitáveis do método dialético e evitar até a aparência de uma construção apriorística. A partir dali, Marx pesquisa e corrige, tenta e começa de novo: os manuscritos de 1857-58, os manuscritos de 1861-63 e inclusive aqueles de 1864-65 são ainda manuscritos de pesquisa em vez de manuscritos de redação. Depois de 1867, esse trabalho não está acabado; muito pelo contrário. Marx, no fim dos anos setenta (e até 1882), continua a ler ou a reler *O Capital* – e a encontrar defeitos.

Podemos nos perguntar, como Raymond Aron já o fizera durante os anos sessenta, por que Marx não acabou *O Capital* ao longo dos quase quinze anos que lhe restavam depois da publicação do Livro I em 1867 (ARON, 2002, 390)? Houve, evidentemente, as doenças, e eram doenças graves, houve o cansaço, os dramas familiares. Em certos períodos, no entanto, ele era perfeitamente capaz de ler, trabalhar, reunir e examinar pilhas de materiais, mesmo quando ele se considerava incapaz de escrever – ou pelo menos segundo as exigências que lhe pareciam ser aquelas de seu *opus magnum*. Eis aqui o que permanece para ser considerado com mais detalhe.

Depois da publicação do Livro I em setembro de 1867, Marx volta quase imediatamente ao trabalho. Durante o ano de 1868 ele confirma, em cartas a Engels e a outros amigos, as grandes linhas e a estrutura de seu plano para os Livros II e III. Ele quer voltar ao trabalho e revisar os manuscritos que escrevera três ou quatro anos antes. No momento em que retoma o que considerava ser um trabalho de redação, um trabalho de vários meses, talvez um ano, percebe numerosos problemas nos manuscritos inacabados. O que ele faz? Recomeça seus estudos. Instala-se de novo, por muito tempo, no *British Museum*, onde produz uma ampla compilação de extratos, de notas de leituras, de estatísticas e também de extratos de relatórios oficiais (com seus próprios comentários), isto é, mais de 700 páginas no total.

Além disso, durante seis meses, e desta vez com a ajuda da filha Jenny, ele constrói uma vasta coleção de artigos recortados de jornais. Todos esses trabalhos se referem a um assunto que ele pensava dominar bastante – a moeda, suas diferentes formas, os mercados financeiros e suas crises – e, sobretudo, as crises financeiras recentes, isto é, os fenômenos que se manifestaram com a crise de 1866. Da mesma maneira que tinha feito nos anos cinquenta, com seus estudos sobre a crise de 1857-58 no seu auge, Marx, em 1868-69, produz ainda uma série completa de seus famosos cadernos sobre a moeda e as questões monetárias. O mais notável é que dez anos depois, em 1878, Marx repete essa proeza. Em poucos meses, completa de novo uma série de cadernos sobre a teoria e a história das relações monetárias nos países capitalistas mais importantes da época, incluindo os Estados Unidos e a Rússia.[10] E ele prossegue. Entre dezembro de 1878 e março de 1879, Marx redige extratos de uma ampla coleção de publicações recentes sobre as crises monetárias, atualizando e colocando em dia seu material.[11]

Dito isso, podemos já assinalar uma das principais matérias de seus estudos desde 1868: a moeda, o crédito, o sistema bancário e os fenômenos dos mercados financeiros, as crises monetárias, principalmente. Marx está fascinado pela descoberta de ouro na Califórnia e analisa as consequências deste fenômeno em 1850. Já em 1868, ele observa e estuda um novo fenômeno: a passagem do sistema monetário internacional ao famoso padrão ouro. Este fenômeno se revela perfeitamente compatível com o teor de sua teoria da moeda, como já o indicara no capítulo três do Livro I de *O Capital*.[12] A transformação da moeda no capitalismo moderno, a substituição do sistema monetário da moeda mercadoria pelo crédito e a moeda de crédito sob todas as formas, tanto em escala nacional quanto mundial, trata-se de um processo histórico que acontece nesse mesmo momento.

A Inglaterra é, então, o país mais avançado no que diz respeito à transformação do sistema monetário num sistema de crédito dominado pelos bancos privados e cada vez mais internacionais – como é também o país mais avançado da grande indústria e do grande comércio internacional. Marx estuda notadamente a formação do regime de padrão ouro, do qual ele descobriu o segredo: de fato, é um

---

10 Estas notas de leitura e extratos de 1868-69 e de 1878-79 encontram-se no IISG, Amsterdam, no Marx-Engels-Nachlass (MEN) com as siglas B 102, B 101, B 105, B 106, P1, P2, P3 e B 140, B 141, B 147, B 151, B 154. O primeiro grande caderno de Marx sobre a moeda e o crédito (Geldwesen, Kredit, Krisen), parte de novembro de 1854 até janeiro de 1857 (IISG, MEN, sigla B 79).

11 Estes cadernos encontram-se no IISG, Amsterdam, MEN, siglas B 132, B 141, B 132b, B 134, B 144, B 135, B 137, B 138. Todos estes cadernos serão publicados na seção IV da MEGA.

12 Perto do fim do citado capítulo, a moeda de crédito aparece em sua forma mais elementar e os futuros desenvolvimentos do sistema monetário já são anunciados. Para todos aqueles que sabem ler, está claro, desde o início, que a teoria da moeda de Marx não é uma teoria metalista ou reduzida à forma da moeda mercadoria, mas uma teoria do sistema monetário moderno, tal como ele surge com o capitalismo moderno, girando ao redor do sistema bancário e dos mercados financeiros.

padrão esterlino, a primeira moeda nacional, que está adquirindo o papel de moeda mundial. Ele vê claramente que em escala mundial, qualquer tipo de título inglês assume funções monetárias. O mercado financeiro de Londres – e então a dívida pública inglesa sob todas as suas formas – se torna o eixo, o ponto central do sistema financeiro internacional.

A renda fundiária foi outro assunto principal dos estudos de Marx. Desde o início dos anos 1870, ele se lançou em estudos sobre a agricultura e a agronomia. Durante mais de doze anos, explorou e estudou os desenvolvimentos da agricultura moderna, cada vez mais capitalista e industrial na Rússia e nos Estados Unidos. Ele amplia, assim, o alcance de suas pesquisas no âmbito agrícola. Começa por estudar os desenvolvimentos da agricultura na Rússia desde as reformas dos anos 1860 (a liberação dos servos russos) e chega progressivamente a uma série de trabalhos comparativos sobre as mudanças na agricultura dos países capitalistas mais importantes. Marx estuda, além disso, a agricultura dos países colonizados como a Irlanda ou as Índias e começa assim a olhar para os países situados fora e às margens da economia-mundo do capitalismo industrial. Aborda sem hesitar o estudo da agronomia, inclusive da agroquímica contemporânea e retoma seus estudos sobre as revoluções e as inovações tecnológicas recentes.

É nesse contexto que ele começa a se interessar seriamente pelos desenvolvimentos da agricultura americana, da qual tinha um conhecimento bastante extenso desde a Guerra Civil. Segundo Marx, os Estados Unidos e, sobretudo os Estados do Meio-Oeste, são um exemplo fascinante: ali ele vê emergir a agricultura industrial, uma forma de agricultura capitalista ainda mais avançada que aquela da Inglaterra. Era, uma vez mais, uma revolução agrícola sendo concluída no mundo capitalista e que iria mudar a estrutura do mercado mundial. Tudo isso em claro contraste com a estagnação, até mesmo o declínio, da agricultura na Rússia. A partir de 1872, Marx põe-se a estudar seriamente o novo desenvolvimento de um capitalismo industrial e agrícola na Rússia. A partir desse momento, está convencido de que existem várias vias de desenvolvimento do capitalismo no mundo e que o modelo clássico da "revolução industrial" – aquele da Inglaterra – é apenas válido para os países da Europa Ocidental.[13]

---

13 Marx o admite *expressis verbis*. A partir de 1872, defende-se contra a interpretação de sua crítica da lenda da acumulação primitiva, tão cara aos economistas clássicos, que fazem dela uma fórmula geral resultante de uma filosofia da história. Desafortunadamente, não protesta em público, mas em algumas cartas privadas que permaneceriam desconhecidas por muito tempo depois de sua morte.

Evidentemente, quando um pesquisador como Marx chega a tal conclusão, entende-se que sua concepção da teoria geral do capitalismo moderno seja chamada a realizar certas alterações.

Marx a caminho da versão final de *O Capital*?

Será fácil acompanhar, de leitura em releitura, as milhares de páginas, os extratos, notas de leituras, rascunhos e coleções de materiais diversos deixados pelo último Marx? Existe uma coerência, um vínculo entre todos os seus estudos realizados durante os últimos anos e seu grande trabalho inacabado, a crítica da economia política? Tal leitura seria, sem dúvida, muito tediosa se todos esses escritos fossem apenas esboços de obras fracassadas; ou se fossem apenas os restos de uma glutonaria intelectual que tivesse levado Marx a devorar inúmeros livros. No total, esses extratos e manuscritos são quase tão volumosos quanto o conjunto dos cadernos de estudos que Marx tinha produzido antes. Encontra-se neles, entre outras coisas, a mais ampla coleção de dados estatísticos que Marx jamais tinha compilado, sobre a Rússia, os Estados Unidos e outros países capitalistas.

Em minha opinião e de acordo com a experiência que tive, não é tedioso acompanhar Marx em seus estudos durante os últimos anos de sua vida. Há, de fato, uma coerência e podemos localizar nesses documentos relações evidentes com o trabalho que ele desenvolve para redigir e remanejar seus manuscritos previstos para os Livros II e III. A maioria destes, uma dezena no total, foi escrita ao longo desses anos. Os mais extensos foram redigidos entre dezembro de 1868 e julho de 1870 (uma segunda versão completa) e depois em 1877-78 e em 1880-81, tendo como resultado uma terceira versão bastante completa. Marx, de fato, busca novas soluções para problemas bastante conhecidos, aplica-se em corrigir a si mesmo, de reescrever e não apenas reler *O Capital*. A cronologia pode ajudar. Há, na maioria dos casos, uma relação temporal entre os estudos de Marx e seus esforços para redigir ou completar, ou mesmo, frequentemente, para reescrever seus manuscritos para os Livros II e III. Esses vínculos são bastante evidentes. Marx, como aparece nos cadernos de seus últimos anos, vistos no contexto particular do grande projeto da crítica da economia política, não mudou de caráter. Não se tornou um *pesquisador-gentleman* que procura qualquer coisa apenas por prazer próprio. Ele sabia perfeitamente o que fazia e o que procurava. Quando recomeça seus estudos matemáticos nos anos 1880-82, por exemplo, não se afasta realmente de seu assunto. Não está satisfeito com suas tentativas de análise das relações entre as mudanças da taxa de mais-valia e da taxa de lucro, para as quais ele quer encontrar as "leis de movimento".[14] Portanto, põe-se à procura dos melhores métodos de análise e de exposição – descobre o cálculo diferencial e começa a praticá-lo ao mesmo tempo em que outros economistas inventam a análise marginal!

Em várias ocasiões, ele retoma o estudo da moeda, das mudanças recentes no sistema monetário inglês e internacional – e, ao mesmo tempo, recomeça a redação ou a reescrita dos textos para o Livro II (em 1868-69 e em 1877-78). Naturalmente, suas pesquisas vão mais longe que os assuntos abordados no âmbito de uma teoria geral e ser o objeto de uma exposição sistemática no nível da análise da circulação do capital industrial! Uma boa razão para esse paralelismo entre estudos e trabalhos de redação reside no fato de que, na sua concepção, a circulação do capital tem uma dupla importância para a teoria da moeda: explica a circulação e também a imobilização da moeda nas economias capitalistas; ela também serve como base para as formas elementares do crédito, um pilar do capitalismo moderno. Encontramos, portanto, no último extenso manuscrito escrito pela pena de Marx para o Livro II – em comparação com o primeiro manuscrito para este livro, que data de 1864-65 – as bases de uma teoria do crédito muito mais clara e elaborada. Provavelmente, Marx sabia o que muitos marxistas não sabem ainda – que o Livro II seria uma etapa crucial para a exposição sistemática e genética de sua teoria da moeda moderna.

Começa, em 1867-68, por empreender o remanejamento de seu manuscrito do Livro III, que datava de 1864-65. Ao todo escreve, em pouco tempo, onze manuscritos referentes às categorias de lucro, de taxa de lucro, de lucro médio, de custo, de preço de produção e de preço de mercado. Além disso, nos manuscritos mais extensos, ele tenta em três ocasiões determinar as "leis" diversas da taxa de lucro, em todos os sentidos e segundo todas as variações possíveis dos fatores importantes. Várias vezes, nos mesmos manuscritos, tenta achar fórmulas adequadas que exprimam as "leis" da renda diferencial ou de seu desenvolvimento a longo prazo. São "leis" novas, marxianas e, naturalmente, diferentes das ideias ricardianas. O resultado deste trabalho é uma nova estrutura de argumentação para a Seção I do livro III, no qual Marx vai, então, começar com um novo "fato concreto" do capitalismo cotidiano, os fenômenos do custo e do

---

14 Assim como o próprio Marx diz em seu manuscrito de 1875: as leis da taxa de lucro são "leis de movimento", da variação dessa taxa em relação com a variação de uma série de fatores determinantes (MEGA II/14, 128-29).

lucro tais como cada capitalista os vê.[15] Simultaneamente, começa a estudar as técnicas da contabilidade comercial – até os detalhes das técnicas bancárias, estudos que retoma várias vezes durante os anos seguintes.

Pouco tempo depois, a partir de 1870, Marx põe-se a trabalhar de novo no texto do Livro I – por várias vezes, para a segunda edição alemã de 1872 – e, sobretudo, para a tradução francesa que se torna uma verdadeira edição francesa, publicada em fascículos em 1872-75. Marx apreciava muito essa edição para a qual ele mesmo tinha redigido e reescrito grande número de passagens e atribuía-lhe um valor científico próprio. Para ele, e segundo suas próprias instruções, a versão francesa devia ser a base de todas as futuras edições do Livro I de *O Capital*.[16] Por conseguinte, podemos supor que, desde 1873, Marx pensava em uma nova versão de *O Capital*, da qual já tinha produzido alguns elementos. Porém, o momento decisivo para o sucesso de toda sua obra seria a publicação do tomo II (com os Livros II e III) de *O Capital*.

Posteriormente, Marx redige vários manuscritos para o Livro II. São oito manuscritos no total, dentre os quais os mais extensos e elaborados, como o manuscrito VIII, escrito em 1880-81, que servirão a Engels de texto de base para sua edição do Livro II, depois da morte de Marx. O autor apresenta neles suas próprias tabelas econômicas – não é a primeira vez, mas o faz de maneira mais elegante –, usando fórmulas algébricas já conhecidas. Ele não as conclui e suas tabelas econômicas ficarão inacabadas. Porém, a análise do processo total da circulação e da reprodução, incluindo a acumulação do capital social é, geral e principalmente, considerada entre os economistas como uma de suas mais belas realizações. Não esqueçamos que o "velho" Marx consegue esta proeza em 1880-81. Existe, mais uma vez, uma relação temporal com outros trabalhos e estudos. Três anos antes, em 1877, escreveu um capítulo sobre a história da economia política, para ajudar Engels em sua polêmica com Dühring. Nesse contexto, ele retoma o estudo das tabelas econômicas de Quesnais em suas diferentes versões e seu capítulo para o *Anti-Dühring* proporciona, de fato, uma explicação detalhada das tabelas fisiocráticas. Podemos supor que é nesse momento que ele abandona sua primeira versão

---

15 Esses onze manuscritos de 1867-68 serão publicados em breve no tomo II/4.3 da MEGA.

16 A versão francesa é rica em modificações, acréscimos e extensões do texto alemão original, e a maioria dessas mudanças concerne às questões tratadas nos livros seguintes de *O Capital*, que seus amigos e seguidores já esperavam. Por exemplo, Marx anunciava pela primeira vez que explicaria as relações quantitativas entre taxa de mais-valia e taxa de lucro e as relações entre preço e valores. De fato, ao redigir e reescrever essa versão do Livro I em francês, Marx pensa nos problemas do Livro II e III.

de uma tabela econômica – aquela que se encontra no manuscrito de 1861-63 – e começa a refletir seriamente acerca da forma adequada de exposição para sua própria análise da circulação e reprodução do capital social total.

Para o Livro III, Marx escreve vários manuscritos entre 1871 e 1882. Esses textos foram publicados pela primeira vez em 2003 no tomo II/14 da MEGA. São rascunhos sobre os assuntos dos primeiros capítulos deste livro – as categorias de lucro, de taxa de lucro e de custo de produção – que se assemelham muito a exercícios matemáticos. Marx, como podemos ver nesses rascunhos, ainda está procurando as relações lógicas – na forma de "lei geral" – entre a taxa da mais-valia e a taxa de lucro. Existem vínculos entre esses manuscritos e os estudos de economia política que ele conduz ao mesmo tempo. Claro, Marx analisa diversas combinações (covariações dos fatores determinantes da taxa de lucro) logicamente possíveis ou imagináveis. Mas ele quer também encontrar combinações que teriam tido certo sentido econômico e põe-se à procura dessas combinações na história e nos desenvolvimentos contemporâneos do capitalismo industrial e agrícola em várias partes do mundo. Parece que considerou todo um capítulo final para a primeira seção do Livro III semelhante àquele que apresentava as "leis" da taxa da mais-valia, o capítulo XVII do Livro I. Autor de um projeto científico bastante ambicioso, Marx começa, simultaneamente, a procurar fatos e dados históricos e estatísticos referentes ao desenvolvimento das taxas de juros e ao desenvolvimento das taxas das rendas fundiárias.

Problemas e descobertas

Os manuscritos de *O Capital* deixados por Marx colocam problemas que não foram tratados de maneira satisfatória. Inclusive no que se refere à exposição de uma teoria sistemática e geral, mas historicizada ao mesmo tempo.[17] No entanto, os estudos e as notas de leitura de seu último período nos fornecem indicações: parece que Marx

---

17 Principalmente as partes ou passagens de história argumentada que estão em quase toda parte de *O Capital*, inclusive nos primeiros capítulos do Livro I. Certas pessoas, muitas vezes economistas, os consideram como "ilustrações" que poderiam ser facilmente negligenciadas. Eis aqui um grave erro. Para Marx, são elementos constitutivos e indispensáveis de sua exposição; elementos que indicam ao mesmo tempo os limites do método dialético e as aberturas em direção à teoria política, e inclusive à teoria do Estado. Ver, referente aos nexos entre a história, a história argumentada e a teoria geral do capitalismo em Marx (KRÄTKE, 2004).

estava perfeitamente consciente desses problemas, começando seriamente a procurar soluções mais sólidas que aquelas encontradas até então.

Tomemos um exemplo: em 1864-65, Marx vangloriava-se com seus amigos, sobretudo Engels, de ter encontrado uma solução cientificamente sólida para o velho problema da renda fundiária absoluta, um enigma que os economistas clássicos nunca tinham conseguido resolver. Sua solução é a seguinte: a agricultura em geral, todos os agricultores de uma economia capitalista, empregam mais capital variável e mão de obra em relação ao capital constante que a média do conjunto da economia. É por isso que produzem mais-valia adicional em relação ao capital empregado que a média do capital social total. Além disso, ao bloquear a concorrência e, assim, o acesso à agricultura para outros produtores/agricultores potenciais, os proprietários e agricultores capitalistas desse setor conseguem guardar pelo menos uma parte dessa mais-valia elevada. Isso explica porque todos os proprietários e grande parte dos agricultores recebem não apenas rendas diferenciais, mas também uma renda fundiária absoluta.

Marx estava satisfeito com essa solução. Porém, a partir do momento em que começa a estudar o desenvolvimento da agricultura nos Estados Unidos (a partir de 1872), dá-se conta que sua solução não é tão sólida quanto pensava. A partir de um estudo minucioso do caso dos Estados Unidos, Marx constata, de fato, a existência de uma agricultura em plena mudança: uma agricultura ainda primitiva, de subsistência, está se transformando, sob os seus olhos, em uma agricultura industrializada, mecanizada, organizada segundo o modelo próprio da usina. Ele observa, então, a emergência de uma agricultura capitalista, na qual a composição orgânica do capital empregado cresce rapidamente e não para de crescer. Fica fácil para Marx imaginar uma agricultura capitalista perfeitamente desenvolvida na qual a composição orgânica do capital seria tão elevada ou mais elevada ainda quanto a média do capital social total. Neste caso, a base para a renda fundiária absoluta, em termos de produção de mais-valia, teria desaparecido.

Nesse contexto, Marx observa e analisa uma agricultura na qual a concorrência nunca para. Simplesmente porque a transformação das terras em mercadoria, a comercialização da propriedade fundiária, é muito mais adiantada do que em qualquer parte da Europa. O que nosso autor faz então? Ele vê claramente que sua solução para o problema da renda fundiária absoluta *não era válida como solução geral. Eram, sua análise e sua solução, boas para certo período, mas* não valiam para qualquer lugar do mundo capitalista nem para a totalidade do período capitalista moderno. Era uma verdade histórica, transitória, que foi rapidamente ultrapassada pelo desenvolvimento do capitalismo agrícola. Marx já entendera que não havia base científica para as teses ricardianas sobre o progresso e a regressão da agricultura. Portanto, põe-se a estudar, durante muitos anos, a agronomia moderna e inclusive as bases da agroquímica. O desenvolvimento da tecnologia agrícola é o momento decisivo e subversivo que vai inverter todos os fatores "naturais" e imutáveis na agricultura. A descoberta da nova tecnologia de transmissão da eletricidade a longa distância acrescenta um novo elemento: uma parte da renda chamada "de situação" desaparecerá por consequência e, na medida em que a eletricidade será introduzida por toda parte; isso com a condição que a concorrência entre capitalistas e proprietários seja livre e a mercantilização das terras seja completa. Em 1881, depois de anos de estudos, Marx tem, então, todos os ingredientes em mãos para uma nova abordagem da análise da agricultura voltada para a agroindústria de grande escala no capitalismo moderno.

Tratando-se da nova solução que tivesse sido aquela do Marx depois de sua descoberta da agricultura capitalista e industrializada nos Estados Unidos, vejo apenas uma orientação possível: ela teria sido muito mais historicizada que aquela que conhecemos do manuscrito de 1864-65. Portanto, penso também que os estudos de Marx referentes à agricultura na Rússia lhe teriam servido para a redação do texto do Livro III. Na versão final de *O Capital*, como é de se imaginar, os Estados Unidos teriam ocupado o lugar do país capitalista padrão para a agricultura no século XIX, enquanto a Rússia teria servido de contra-exemplo:[18] o caso de uma agricultura vinculada aos mercados, inclusive o mercado mundial, embora sem as formas industriais e sem as formas de propriedade fundiária específicas convenientes para o capitalismo moderno. Isso tudo concordaria com a abordagem geral de Marx: há condições prévias para cada uma das relações econômicas do capitalismo propriamente dito, condições que não nasceram do capitalismo, mas que o precedem – como o dinheiro e a mercadoria, como o comércio (e até o comércio internacional), como a existência de uma classe trabalhadora e seu complemento lógico e histórico, a instituição da propriedade fundiária já na sua forma moderna, despojada de todo tipo de direito de uso comum (*commons*). Todas essas condições serão transformadas no âmbito do capitalismo moderno, tanto a moeda

---

18 Nas notas que ele acrescenta para a segunda edição do Livro I em 1872, Marx anuncia que tratará da revolução agrícola na Irlanda, imposta pelo poder do Império Britânico ao mesmo tempo que as mudanças no capitalismo agrícola inglês (ver: MEGA II/6, 643, 695). A revolução agrícola industrial nos Estados Unidos e a revolução industrial na Rússia, também dirigida e impulsionada pelo Estado, inscrever-se-iam muito bem nesse contexto da história contemporânea do capitalismo.

quanto a mercadoria, o trabalhador quanto a propriedade fundiária. Por conseguinte, a teoria geral do capitalismo de Marx é uma teoria historicizante em duas direções: a primeira rumo à pré-história do capitalismo (que faz parte de sua história contemporânea em escala mundial) e a segunda rumo à história própria do capitalismo, as diferentes vias de desenvolvimento do capitalismo e suas grandes tendências históricas que as famosas "leis tendenciais" deveriam esclarecer.

Os anos 1868-1882, uma nova etapa no itinerário intelectual de Marx

Quando nosso autor falece, em março de 1883, não acabara o trabalho que consistia em fazer e refazer *O Capital*. Ele nos deixou, contudo, uma pilha de estudos e manuscritos de uma altura considerável.

No que se refere ao Livro I, ele deixou uma lista de modificações, iniciada em 1877 – sobretudo com o objetivo de transferir trechos da edição francesa de 1872-75 para a terceira edição alemã, já em preparação e efetivamente publicada em 1883.[19] Além disso, tinha a intenção de remanejar o Livro I de maneira muito mais profunda, como o tinha indicado a Danielson em 1881.[20] Isso significava, naquele contexto e tendo-se em conta o estado de seus trabalhos, retomar o livro depois da publicação dos Livros II e III. E, claro, à luz de tudo o que ele queria colocar nas versões finais, prontas para serem publicadas. No que se refere ao Livro II, Marx deixou um pacote de manuscritos (dez no total, nove deles datando do período 1868-1881), dentre os quais duas versões mais ou menos completas do texto integral (os outros se referem apenas a alguns trechos ou capítulos). Há também uma grande quantidade de cadernos de notas e extratos que ele tinha começado a retrabalhar desde 1877-78. No que se refere ao Livro III, há apenas uma dezena de manuscritos, escritos entre 1868 e 1881, a maior parte era formada apenas por rascunhos bastante curtos; o mais longo contém 132 páginas – todos tratam da relação entre a taxa de mais-valia e a taxa de lucro. São, portanto, manuscritos de pesquisa e não de redação, para a primeira parte do Livro III. A grande maioria de seus outros escritos datando desse período são extratos, notas de leitura, recortes, coleções de materiais estatísticos. Apresentam, no entanto, relações bastante claras com várias seções do Livro III, principalmente com a famosa Seção

---

19 Ver MEGA II/8, 5-36.

20 Ver carta de Marx a Danielson, datada de 13 de dezembro de 1881 (MARX e ENGELS, 1956a, 246).

V – que trata do juro, do crédito, do capital bancário e da moeda de crédito e com a Seção VI, dedicada à renda fundiária.

Podemos retomar aqui o jogo de Raymond Aron: se eu fosse marxista, o que faria com tudo isso? Ou, melhor dizendo, se eu fosse Marx em 1883, se estivesse ainda com perfeita saúde, com todos meus documentos por perto, todos meus estudos realizados, o que faria com *O Capital*? Trata-se de pura especulação, porém, há nos manuscritos deixados por Marx, suficientes pontos de referência para ter uma ideia da direção que ele teria dado a seus trabalhos se tivesse tido a oportunidade de viver ainda alguns anos com saúde. *O Capital*, feito de novo e terminado por Marx, teria se tornado um livro ainda mais rico que aquele que conhecemos. Teria comportado muito menos "leis gerais" e muito mais reservas no que se refere à sua validade. Haveria muito mais causalidades bastante específicas, seja segundo "meios nacionais" (ou o tipo dominante do capitalismo), seja segundo "meios históricos" diferentes, dos quais surjam formas diferentes de capitalismo industrial, agrícola e comercial. Haveria muito mais explicações em termos de desenvolvimento do capitalismo considerado segundo os diferentes tipos de duração e também em termos de "mudanças" necessárias, seja das tendências gerais, seja das formas elementares. *O Capital* teria, portanto, se tornado um livro muito mais historicizado, mas não puramente histórico e menos ainda historicista. Um livro que contém partes de história argumentada do capitalismo moderno, que expõe ainda mais suas mudanças estruturais no que se refere ao regime monetário, às formas da renda fundiária, às formas de propriedade e de gestão do capital etc.

Certamente, Marx não teria renunciado a seu método "genético" de "desenvolvimento" das categorias. Porém, durante o trabalho realizado ao longo de seus quinze últimos anos, ele não perdeu uma oportunidade de perceber cada vez mais claramente os "limites do método dialético". Em 1882, Marx tinha a sua disposição um vasto conjunto de conhecimentos empíricos e teóricos. Podemos supor que teria tirado proveito de seus conhecimentos e capacidades analíticos para conferir às categorias de sua teoria geral uma dimensão mais "histórica". Sua argumentação teria se modificado e se tornado mais complexa e mais complicada do que antes. Contudo, *O Capital* jamais seria um livro fácil de ler.

Bibliografia

Aron, Raymond. *Le Marxisme de Marx*. Paris: Bernard de Fallois, 2002.

Krätke, Michael R. "Kapitalismus als Weltsystem. Allgemeine Gesetze und die Vielfalt der Kapitalismen". In: *Beiträge zur Marx-Engels-Forschung*, 2004.

Marx, Karl e Engels, Friedrich. *Werke: Herausgege ben vom Institut für Marxismus-Leninismus beim ZK der SED*. Vol. 33. Berlim: Dietz-Verlag, 1956.

_____. *Werke: Herausgege ben vom Institut für Marxismus-Leninismus beim ZK der SED*. Vol. 35. Berlim: Dietz-Verlag, 1956a.

_____. *Marx-Engels Gesamtausgabe*. Berlim: Marx-Engels Institute. (Sobre o projeto MEGA e seu desenvolvimento consultar: http://www.bbaw.de/forschung/mega).

As quatro redações de *O Capital* (1857-1880): rumo a uma nova interpretação do pensamento dialético de Marx[1]

Enrique Dussel[2]

O primeiro século após a morte de Marx (1883-1983) ocorreu, em um primeiro momento, sob a autoridade de Engels e, posteriormente, sob a hegemonia da II Internacional (Kautsky, Lênin, Rosa Luxemburgo etc.). O período leninista da III Internacional foi breve, e caiu rapidamente sob o domínio do stalinismo. O segundo século de Marx (1983-2083), começou com a "perestroika", com a abertura do socialismo real na Europa do Leste, e com a publicação maciça de manuscritos até então desconhecidos. Marx, em seu segundo século, será algo muito distinto do que foi em seu primeiro século. Será um Marx cujo pensamento crítico estará nas mãos da humanidade – crítica do capitalismo e, de maneira positiva (para abrir sua etapa democrática e criadora), do socialismo real. Estamos, talvez, mais próximos de Marx do que nunca.

---

1 Trabalho apresentando no *5º Colóquio Marx Engels*, na sessão "Oficina MEGA: Marx-Engels Gesamtausgabe" no dia 6 de novembro de 2007. Artigo publicado também em *Signos. Anuario de Humanidades,* México, UAM-Izta-palapa, V, t. 3, 1991; em First International Conferencia of Social Critical Reviews, *Eszélet Foundation,* Budapest, 1/abril/1991, e; em *Concordia,* Aachen, 19, 1991. Um resumo deste texto com o título *"Variaciones sobre un mismo capital"* foi publicado em *La Jornada*, México, 56, 1990. Tradução e notas de tradução (N.T.) de Bertrand Borgo. Revisão técnica e notas de revisão (N.R.) dos organizadores.

2 Professor do Departamento de Filosofia da Universidad Autónoma Metropolitana (Unidad Iztapalapa, México) e da Universidad Nacional Autônoma de México.

O próprio Engels confundia em demasia ao usar o "nós" (Marx e eu) o que era de Marx e o que tinha sido colocado por Engels. Além disso, por um explicável sentido defensivo, não podia ter uma visão arqueológica e nítida dos descobrimentos teóricos de Marx como podemos tê-la hoje, devido aos descobrimentos aos quais faremos referência neste artigo. Kautsky, Lênin e tantos outros marxistas posteriores tiveram menos acesso ainda aos textos que conhecemos hoje.

Esse texto trata, portanto, de uma releitura completa de Marx. Releitura esta realizada com novos olhos; como latino-americano em face da crescente miséria do mundo periférico, subdesenvolvido e explorado pelo capitalismo de finais do século XX. Marx, da perspectiva que adotamos aqui, é mais pertinente na periferia hoje do que na Inglaterra de meados do século XIX.

Introdução

Marx foi interpretado durante cinco décadas desde o stalinismo sofrendo deformações tão evidentes que não é preciso sequer se remeter a elas. Por sua vez, o chamado "marxismo ocidental"[3] trabalhou filosoficamente, de preferência, o "jovem Marx".[4] De qualquer forma, os autores desse marxismo dispunham, no começo, dos materiais editados por Engels e Kautsky. Quando foram publicados os *Manuscritos de 44*, que Marcuse tão acertadamente soube comentar, se produziu um redescobrimento de Marx. *Os Grundrisse* – publicados em 1939 e 1954 – não causaram o mesmo efeito. O livro de Roman Rosdolsky (1978) foi a primeira "recepção" importante da referida obra. Algo mudou a visão tradicional de Marx, mas não fundamentalmente.[5]

Quanto a nós, começamos, em 1977, na *Universidade Nacional Autônoma do México* (UNAM)[6] um seminário onde relemos cronologicamente, "arqueologicamente", a obra central de Marx: desde os preparativos mais distantes até os mais próximos

---

[3] Refiro-me àquele existente a partir de 1923, de Lukács e Korsch até Kosik, Marcuse, Althusser, Colletti ou Habermas.

[4] Embora Lukács seja a exceção, especialmente em sua obra madura sobre "o ser social".

[5] O "hegelianismo" de Marx, já proposto por Lukács, seria negado por Althusser ou Colleti, contra toda evidência.

[6] Nesse momento me encontrava em exílio fora da Argentina, onde se iniciava a repressão peronista militar de direita como em 1933 na Alemanha.

à publicação de *O Capital*. Os frutos desse seminário foram os três tomos que publicamos sobre o tema (DUSSEL, 1985, 1988 e 1990).

Iniciei uma leitura completa, com a intenção de descobrir diacronicamente a constituição das categorias em Marx, desde seus exames de *bachillerato*[7] em 1835[8] até sua tese de doutorado de 1841, passando pelos seus artigos de 1842-1843, e o começo de seu exílio. Nessa leitura, estudamos detidamente os trabalhos de Paris e Bruxelas, constatando que ao final de 1843 Marx deu início a seus estudos em economia que se estenderam até 1849. Esta parte de sua vida tem sido suficientemente estudada pela filosofia contemporânea – em especial pela polêmica da *"rupture épistémologique"* de Althusser. Para nós, contudo, a etapa posterior revelou-se mais interessante.

De fato, em 1849, Marx parte para Londres. Lá, diariamente, a partir de 1851, na biblioteca do Museu Britânico, realizará uma gigantesca tarefa de "leitura" que testemunham os mais de cem "cadernos" de notas deixados por ele.[9] Até agora, temos apenas os sete primeiros tomos (MEGA[10] IV, 1-7), mas não é esta seção da MEGA que nos interessa em particular.

De fato, relendo cronologicamente esses materiais de Marx, chegamos até o ano 1857. Naquele seminário da UNAM já mencionado descobrimos a presença massiva de Hegel nos chamados *Grundrisse* (MARX, 1857). Finalizada a leitura e o debate, soubemos de outros manuscritos (MARX, 1861) que acabavam de ser editados em Berlim. Estudamo-los em equipe, "arqueologicamente", observando como Marx "desenvolvia o conceito de capital" através da "constituição de novas categorias". Em novembro e dezembro de 1857, Marx descobriu a categoria "mais-valia" (DUSSEL, 1985, 137ss.). De novembro de 1862 a janeiro de 1963 terminou de constituir, de maneira definitiva, a categoria "preço de produção" (MARX, 1861, do caderno XV em diante; DUSSEL 1988, 239ss).

Assim, tomávamos consciência que se tratava da segunda redação de *O Capital*, isto é, dos Manuscritos de 1861-1863. Terminada a obra, partimos para a obtenção dos

---

7   O *bachillerato* consiste no período de estudos compreendidos entre o término da educação secundária e o início da educação universitária, após o qual se obtém o grau de *bachiller*. (N. R.)

8   É nesse momento que se descobre a importância do conceito de "vida" ou de "sacrifício" [*opfern*], por exemplo.

9   Esses cadernos representarão mais de quarenta tomos na seção IV da MEGA, editado pelo Instituto de Marxismo-Leninismo de Berlim-Moscou.

10 Marx-Engels-Gesamtausgabe (Mega). Em português: Marx-Engels / edição completa.

materiais que seguiam. No *Arquivo de Amsterdã* e no *Instituto de Marxismo-Leninismo de Berlim* – onde nos receberam e abriram as portas para usarmos o material – descobrimos, já em 1987, a existência dos Manuscritos de 1863-1865 (Marx, 1863).

Tínhamos, portanto, fechado o círculo e podíamos agora enfrentar a "quarta redação" de *O Capital* (Marx, 1867), que Marx empreendeu em janeiro de 1866; obra pela qual toda a tradição tinha começado a ler a Marx.[11] Tínhamos, pela primeira vez, uma visão completa – se agregarmos os manuscritos inéditos dos livros II e III, aos quais faremos referência adiante. Somente então podíamos tentar uma interpretação própria que não dependesse necessariamente de outras interpretações europeias existentes e que respondesse aos "interesses" concretos e históricos da miséria latino-americana e à necessidade de um processo revolucionário da periferia do mundo capitalista no final do século XX e começo do XXI.

Acredito que esse Marx do final do século XX e início do XXI não será apenas o "Marx da perestroika", mas o Marx do segundo século (1983-2083), o filósofo e economista que desconstrói a economia capitalista criticamente e a reconstrói antropológica e eticamente segundo uma visão democrática em que o individuo participante e responsável se realiza plenamente na comunidade solidária. O importante é descrever a matriz crítica "a partir da qual" Marx criticou o capitalismo, pois, partindo desta matriz, pode-se criticar também "qualquer sistema econômico futuro possível".

As quatro redações de *O Capital* (1857-1880)

Vejamos, em primeiro lugar, de maneira puramente externa, a problemática que representa, para a "interpretação" da obra de Marx, o fato dele ter escrito "quatro vezes" *O Capital*.

Primeira redação de *O Capital* (1857-1858)

Quando no dia 23 de agosto de 1857, Marx começa um novo Caderno de notas (Caderno M), um de tantos, não tinha certamente consciência que iniciava os dez anos mais produtivos de sua vida no que se refere à produção teórica (exatamente, de 1857

---

[11] Essa redação foi exatamente a última que Marx escreveu, particularmente, como veremos, o famoso capítulo I, "introdutório" (Marx, 1873, cap. I).

a 1867). Contra os que imaginam uma total ausência de "problemática filosófica" em Marx, e sobretudo hegeliana, Marx escrevia, meses depois, em janeiro de 1858:

> Por mero acaso, tinha voltado a folhear a Lógica de Hegel. Freiligrath achou alguns livros de Hegel que tinham pertencido antes a Bakunin e os mandou para mim como presente (MARX e ENGELS, 1956a, 260).

Hoje sabemos, além disso, que Marx leu de novo a *Lógica* em 1860 (MALLEY, 1977)[12] e demosntrou interesse em escrever um panfleto popular para mostrar a importância desta obra (DUSSEL, 1990). É a partir um paradigma filosófico que Marx inverte (mas o usa, contudo, em todas suas partes) o "núcleo racional" hegeliano (MARX, 1873, 709, 28-29; inglês I, 20), começando a desenvolver o conceito econômico de capital (DUSSEL, 1985, 79ss).

Subitamente Marx inicia o desenvolvimento de seu "próprio" discurso e abandona o estilo literário do comentário, da nota ou da crítica contra o proudhoniano Marimon (MARX, 1857, 59). Trata-se do "Marx definitivo", diante do qual todos os momentos anteriores de sua vida (1835-1857) foram "cientificamente"[13] preparatórios. Desde o mês de outubro de 1857 até a publicação de *O Capital*, em 1867, o discurso dialético de Marx não tem pausa – a não ser durante alguns poucos meses entre 1859 e o verão de 1861 – construirá uma por uma, suas categorias.

Nos Grundrisse, Marx já expõe, de maneira genial e inesperada[14] a "ordem" quase definitiva de *O Capital*. Há, contudo, algumas diferenças. Por exemplo, a discussão sobre o dinheiro (MARX, 1857, 35-162; Caderno I e II até o fólio 12 do manuscrito) lhe permite descobrir a problemática distinta do capital (que até aquele momento não era de maneira nenhuma o propósito de sua investigação). Ao construir dialeticamente o conceito de dinheiro, Marx descobre, pela primeira vez em sua vida, a importância do conceito de capital como "permanência" (conservação) e "processo" (movimento) – o "sentido do ser" em Hegel (a "Bewegenheit" que Marcuse estudou em sua tese de doutorado sobre a ontologia hegeliana) – do "valor". O dinheiro "como dinheiro", não é a mesma coisa que o dinheiro "como capital". Marx descobre o capital, porém

---

12 Ver também, no arquivo de Amsterdã, o manuscrito B 96, onde está a anotação de próprio punho de Marx).

13 Segundo o conceito "de ciência" para Marx. Ver Dussel (1988, 285-310).

14 Talvez para si mesmo, mas manifestando com isso a "lógica" racional de seu discurso.

primeiramente como "capital circulante" (Marx, 1857, 166-177). Desde a "aparência (Erscheinung)" da circulação ele retorna ao "fundamento (Grund)" do que "não aparece": a "essência (Wesen)".

Tendo chegado a este ponto – tomando agora em conta as "quatro redações" – Marx "volta para trás" a respeito do que será a "condição absoluta de possibilidade" da existência do capital: a questão da "transformação do dinheiro em capital".[15] O início radical de todo *O Capital*[16] é enunciado da seguinte maneira:

> A dissociação entre a propriedade e o trabalho se apresenta como lei necessária desse intercâmbio entre capital e trabalho. O trabalho, colocado como não-capital enquanto tal, é: 1) trabalho não-objetivado, concebido negativamente [...]. Este trabalho vivo (lebendige Arbeit) [...] este completo despojamento, esta privação de toda objetividade, esta existência puramente subjetiva [...]. O trabalho como pobreza absoluta (Absolute Armut) [...] não separada da pessoa: apenas uma objetividade que coincide com sua imediata corporeidade (leiblichkeit) [...]. 2) Trabalho não-objetivado [...] concebido positivamente [...] isto é, pura existência subjetiva do trabalho. Trabalho não como objeto, senão como atividade; não como autovalor, senão como a fonte viva do valor (lebendige Quelle des Werts) (Marx, 1857, 203).

Este texto, presente no início dos Manuscritos de 1861-1863 (Marx, 1861, 147-148; e na página 30: "atividade criadora de valor [Werlhschaffenden Thaetigkeit]"), (Dussel, 1988, 62), e que devia estar igualmente presente nos Manuscritos de 1863-1865 (Marx, 1863), estará também no mesmo lugar lógico-dialético em *O Capital* "definitivo", capítulo[17] 2.3 da edição de 1867.

---

15 Questão que ele tratará em primeiro lugar em 1861, em 1863 e em 1866, porque Marx começará a redação definitiva pelo "capítulo 2" [Marx,1866], que depois se tornará a "seção 2" (Marx, 1873).

16 Isso já é uma conclusão interpretativa de fundo, em discordância com toda a tradição, especialmente com Lukács ou Marcuse que não consideram a "exterioridade" como ponto de partida, senão "a totalidade" (Jay, 1984).

17 Optamos por conservar as expressões utilizadas pelo autor. As passagens que se referem a seções, capítulos, parágrafos e itens merecem atenção do leitor na medida em que vão, ao longo do texto, convertendo-se em novas formas de classificação. (N. R.)

Desde a "exterioridade" do "trabalho vivo",[18] desde a pobreza (o *"pauper"* como costumava escrever Marx) da pessoa, subjetividade, corporeidade do trabalhador como "não-capital" (Nicht-capital) transcendental, então, à "totalidade" do capital, o "trabalho vivo" é "subsumido"[19] no "processo de trabalho". É a partir deste horizonte que Marx rapidamente levanta o problema sobre como aparece "mais valor" (Mehr-wert) e por isso o faz descobrir, pela primeira vez em sua vida, a questão da "mais-valia": "a mais-valia que o capital apresenta ao terminar o processo de produção [...] é maior que aquela existente nos componentes oriundos do capital" (MARX, 1857, 227).

Em primeiro lugar, Marx concentra-se na descrição da mais-valia que chamará posteriormente de "relativa", para depois ter clara a categoria de mais-valia "absoluta" (DUSSEL, 1985). Marx tratará aqui de maneira *sui generis* toda a problemática da "desvalorização" do capital e nunca a enfocará, com tanta clareza, como neste momento. A realização do capital, afinal, é a "desrealização" do trabalho vivo: seu "não-ser".

Também nos Grundrisse, Marx expõe de maneira exemplar a descrição dos "modos de apropriação" pré-capitalistas, destruindo os esquemas unilineares e necessários da sucessão; modos de produção primitivo, escravista, feudal, capitalista, socialista; tão alheios ao espírito de Marx (DUSSEL, 1885).

A partir desse momento, Marx pode começar a descobrir o conceito de cada "determinação" do capital: Mercadoria (M), Dinheiro (D), Capacidade de Trabalho (T), Meios de produção (MP), Produto (P) etc.:

$$T$$
$$C- D- \qquad\qquad P- C'- M'-$$
$$MP$$

A partir do movimento do capital em sua fase produtiva, Marx passa a descrever, posteriormente, o processo no capital circulante (DUSSEL, 1985). Algumas páginas

---

18 Que não é a "capacidade de trabalho", nem a "força de trabalho", denominação que certamente Marx somente usou a partir de 1866.

19 A "subsunção" é o ato transontológico por excelência que nega a exterioridade e incorpora o "trabalho vivo" ao capital.

sobre o futuro livro III se dedicam a expor todo o problema de "O Capital e do lucro". A riqueza dos *Grundrisse* sequer pode ser sugerida nessas poucas linhas.

Marx termina os *Grundrisse* em junho de 1857. Um ano depois, entre agosto e novembro de 1858, Marx escreveu o Urtext ("texto original" de *O Capital*), em que apresenta um texto curto sobre a mercadoria, sobre o dinheiro e, então, começa o "capítulo 3" sobre o capital. Porém o abandona (Dussel, 1985, 329ss).

Segunda redação de *O Capital* (1861-1863)

Devemos considerar a *Contribuição à crítica da economia política* (Marx, 1859) como o começo dos *Manuscritos de 1861-1863* (Marx, 1861). De fato, Marx escreve o capítulo sobre a mercadoria primeiro e posteriormente aquele do dinheiro.[20] Porém, ele se detém e promete escrever futuramente o "capítulo 3" sobre o capital. É a primeira redação definitiva da futura seção I de *O Capital* (Marx, 1873). O interesse disso é que permite ver o desenvolvimento em relação aos *Grundrisse* e a imaturidade com relação à redação de 1867 e 1873. Cabe ressaltar que durante oito anos (de 1859 a 1867), Marx não voltará ao tema, o que explicará em 1867 – no momento em que se decide a escrever o capítulo I da edição de 1867 – que não tenha avançado muito teoricamente nesta temática durante esses anos. Por isso, a segunda redação do capítulo I de *O Capital* em 1873 (que se denominará "seção 1" apenas nesse momento) terá muitas variantes de importância.

Somente em agosto de 1861, depois de uma pausa de dois anos, é que Marx pega novamente sua caneta e empreende, em um impulso só, um período muito produtivo teoricamente: de agosto de 1861 até abril de 1867, dessa vez sem pausas muito longas, embora com algumas curtas, devido às doenças que sempre atacavam o Marx londrino. Escreveu 23 cadernos de notas – que chamaremos *Manuscritos de 1861-1863* –, publicados pela primeira vez na íntegra e sem alterações engelsianas ou kautskianas entre 1977 e 1982.[21] Gigantesco material que não recebeu até hoje a atenção merecida por parte dos estudiosos de Marx (Dussel, 1988).

A estrutura dos *Manuscritos de 1861-1863* pode ser dividida, para simplificar, em três partes: a primeira, do caderno I ao V, texto quase definitivo sobre a transformação do dinheiro em capital, sobre a mais-valia absoluta e relativa (Dussel, 1988, 55-107).

---

20 Ver comentário linha por linha em Dussel, 1988, cap. 1-2.
21 MEGA II, t. 3, vols. 1-6; 2384 editados dos 1472 fólios manuscritos de Marx.

Uma vez que tais problemas ficaram claros para Marx – isto é, tendo constituído o essencial das categorias mencionadas de maneira "definitiva" – ele pôde então enfrentar a história da economia para refletir sobre o que disseram os economistas a respeito do tema e para observar, por contraposição, se seu marco categorial "resistia" à crítica. Não é uma história – e por isso não tem nada a ver com o IV livro de *O Capital* – e sequer o mais importante é essa história. O que na realidade interessa – e é o que expomos em nosso comentário (Dussel, 1988, 109-281) – é o desenvolvimento de seu marco categorial. Isto é, quando Marx enfrenta no Caderno VI (em março de 1862) a Steuart, o mais importante para o leitor do manuscrito não é apenas observar simplesmente em que o critica, mas em que medida começa a "desenvolver" novas categorias.

A criação de novas categorias não está contemplada no plano de Marx – pois é apenas um marco histórico formal. O texto deve ser lido, portanto, "obliquamente". Não se trata de ver apenas o que é criticado, mas "como" é criticado, com quais categorias se faz a crítica, quais aparecem. Ou seja, é necessário uma "atenção" epistemológica, mas principalmente "terminológica". Nesse caso, as "palavras" contam e as traduções para o inglês ou para o espanhol, quando existem – e muitos desses textos não estão traduzidos para nenhuma outra língua que o original em alemão – traem Marx.

Trata-se, assim, de "perseguir" não apenas as palavras, mas seus "conteúdos" semânticos. Com frequência, a palavra é a mesma, mas não o seu conteúdo (seu conceito). Outras vezes as palavras mudam (por exemplo, "preço de custo" ou "preço de produção"), mas o conceito permanece idêntico. Essas flutuações, variações, transformações, indicam um estado "imaturo" na "constituição" ou "construção" de algumas categorias. Quando Marx termina de "construir" uma categoria, ele vai usar, de maneira definitiva, "um" nome para "um" conceito. O caso mais paradigmático é o seguinte:

> Todos os economistas cometem a mesmo equívoco: em vez de considerar a mais-valia puramente enquanto tal, fazem-no através das formas particulares de lucro ou de renda (Marx, 1861, 333.2-6; em espanhol 1,33).

Ou seja, o "nome" mais-valia, ele mesmo, tem "um" conceito, tal como foi descrito nos primeiros Cadernos. Já sua "forma" fenomênica de aparição, superficial e mais complexa, no "mundo das mercadorias", é lucro ou renda, ou seja, "dois" conceitos distintos que com aquele de mais-valia, já seriam "três" conceitos. Porém, os economistas os "confundem" em "um" único conceito. Trata-se, portanto, de "separar", "distinguir" conceitos e lhes "dar" denominações diversas para evitar confusões. Deveríamos desenvolver aqui toda uma "teoria" da constituição das categorias – mas foi para isso que escrevemos os três tomos de comentários.

Talvez o momento mais criativo seja quando Marx trata da questão da renda – partindo da posição de Rodbertus.[22] Criticando-o, desenvolve o conceito de composição orgânica, monopólio etc. (Dussel, 1988). A categoria fundamental que Marx descobre nos *Manuscritos de 1861-1863* é aquela de "preço de produção", o que lhe permite afirmar que, através do preço de produção, a agricultura pode manter um preço mais elevado a partir do qual se paga a renda em questão. Esses temas, por exemplo, não correspondem mais ao livro I, mas à parte do discurso dialético que será exposta no livro III de *O Capital*, desde o horizonte mais concreto da "concorrência". Sem tê-lo programado previamente, um tema tratado também com frequência é aquele da questão da "reprodução" (Dussel, 1988).

O manuscrito termina (Cadernos XIX a XXIII) tocando em questões dos livros II e III (capital mercantil, lucro etc.), e também referentes ao livro I (em que, pela primeira vez, esclarece a questão da "subsunção real" do trabalho vivo) (Dussel,1988).

A terceira redação de *O Capital* (1863-1865)

Em julho de 1863, Marx termina os mencionados manuscritos e, neste mesmo mês, começa os manuscritos de 1863-1865 (Marx, 1863; Dussel, 1990). São mais de 1220 fólios manuscritos – que começaram a ser editados pela MEGA em 1988 e da qual o famoso "Capítulo VI inédito" faz parte. Esta foi a única vez na vida de Marx em que escreveu por inteiro os três livros de *O Capital*. É, além disso, o único texto completo (embora em certas partes seja apenas um esboço) dos livros II e III. É preciso levar em consideração que o livro I, salvo algumas páginas esparsas, assim como o chamado "Capítulo VI inédito" (fólios 441 a 495 do manuscrito), foram perdidos. Acredito que era tão parecido com o texto da "quarta redação" que Marx o destruiu ao terminar de modificá-lo, ou de copiá-lo na redação definitiva de 1886.

Os materiais que permaneceram do livro I foram editados em alemão recentemente (Marx, 1863; Dussel, 1990). O livro teve 495 fólios manuscritos e foi dividido em seis capítulos:

---

22 Johann Karl Rodbertus (12 de agosto de 1805 – 6 de dezembro de 1875), também conhecido como Karl Rodbertus-Jagetzow, economista e socialista alemão.

1. Transformação do dinheiro em capital.
2. Mais-valia absoluta.
3. Mais-valia relativa.
4. Combinação de ambas as mais-valias e o problema do salário.
5. A acumulação.
6. O resultado do processo do capital.

Como se pode observar, não havia, neste momento, a ideia de incluir um capítulo introdutório, pois o tema tinha sido exposto em 1859 na *Contribuição* (Marx, 1859). Aqui, Marx trata o problema da "subsunção (*subsumption*) formal" e "real", questão que ficará insuficientemente tratada na "Quarta redação" devido à eliminação deste "Capítulo VI inédito" de 1863-1864.

Durante o verão londrino de 1864, até dezembro desse mesmo ano, Marx começa a redação do livro III (Marx, 1863; Dussel, 1990). Os textos manifestam uma grande proximidade com a temática do livro I, isto é, a passagem da mais-valia (nível essencial profundo, simples) ao lucro (sua forma de aparição fenomênica, superficial e complexa). São textos magníficos, com uma grande precisão hegeliana – Marx vai se "hegelianizando" cada vez mais até 1880 – com pleno domínio de sua fenomenologia, dos planos de profundidade, dos níveis de abstração, da "sistemática" dialética das categorias e, enfim, de uma "exposição" plenamente "científica".[23] Marx utiliza sempre "capacidade de trabalho (Arbeitsvermoege)"; Engels corrigirá, na edição de 1894, por "força de trabalho (Arbeitskraft)". Trata-se do Manuscrito Principal (ou "Manuscrito I") do livro III, completo (sob a referência "A 80" no Instituto de Amsterdã), com 575 fólios manuscritos (ainda inéditos em alemão).

Por volta de dezembro de 1864 – e, certamente, a partir de janeiro de 1865 – Marx interrompe a redação do livro III, e escreve de uma vez só o livro II (Manuscrito I; Marx, 1863; Dussel, 1990). Alguns pensam que ele não abandonou a redação antes do fólio 256 (Wygodski, 1982), enquanto Otani demonstra, com firme argumentação, que Marx deve ter abandonado a redação depois do folio 182 e antes do 243 (Otani, 1983). Marx inclui, no final, no ítem 5 do capítulo 3, o problema da "A acumulação mediando dinheiro", questão não proposta – sequer como possível – na edição posterior de Engels.[24] Pela primeira vez na história do marxismo, toda a problemática

---

[23] Se por "ciência" entendemos a passagem do fenômeno, do visível à consciência, à essência, ao invisível.
[24] Engels ignorou esse manuscrito, sem saber que era o único completo.

do livro II, com este e os manuscritos restantes sobre os quais falaremos depois, pôde ser realmente tratada.

Em meados de 1865, depois de ter concluído o livro II, Marx volta ao livro III. No momento em que pronuncia seu discurso sobre "Salário, preço, e lucro", pode-se observar os temas que ainda lhe faltavam por escrever:

> A renda advinda do solo, o interesse e o lucro industrial, não são mais que outros tantos nomes diversos para exprimir as diversas partes da mais-valia da mercadoria (MARX e ENGELS, 1956, 137).

O livro II de *O Capital* termina no capítulo 7 (DUSSEL, 1990), tratando dos "réditos", isto é, da questão do fetichismo. Nesse capítulo, Marx recorre a muitas das reflexões realizadas no final da chamada "Teoria sobre a mais-valia", de 1863.

Em dezembro de 1865, Marx tem, pela primeira vez em sua vida, os três livros de sua obra diante dos olhos, "como um todo orgânico". É a primeira de quatro partes (as restantes eram: a concorrência, capital creditício e acionário) e de seis tratados (os restantes eram: a renda, o salário, o Estado, a relação entre os Estados, o Mercado Mundial). Isso tudo – contrariamente ao que menciona Rosdolsky (1978), como o comprovamos em nossos comentários – continua sendo o "plano fundamental" de toda sua obra. O capital é apenas um começo.

A quarta redação de *O Capital* (1866-1880)

"Arqueológica" e diacronicamente, só agora poderíamos abrir as primeiras páginas de *O Capital* em sua forma definitiva. Porém, não é assim, pois na realidade, Marx começou a redação pelo capítulo 2: "A transformação do dinheiro em capital" (MARX, 1866) que se tornará depois a seção 2 (MARX, 1873). Desde a exposição na Internacional no ano anterior, Marx está convencido de que o que tinha escrito em 1859 havia sido totalmente esquecido. Era necessário escrever um capítulo "introdutório" sobre a mercadoria e o dinheiro. Ele não havia tratado do tema nos últimos oito anos. No entanto, deixou este capítulo por último, em 1867, e isso é significativo. *O Capital*, seu discurso dialético, lógico e essencial, começa pela "transformação do dinheiro em capital". Daí deriva o fundamental de nossa pretensão de reinterpretação total do discurso dialético de Marx.

Marx iniciou, nas quatro redações, pelo "capítulo do capital" ("capítulo" que se transformou em uma seção, em um livro, em três livros e, por último, em quatro livros, em três tomos). A questão da mercadoria e do dinheiro era um suposto necessário para a "explicação" (isto é, para saber o que é o dinheiro: trabalho vivo "objetivado"), mas *O Capital* começa quando, a partir da circulação e como contradição, o "trabalho vivo (lebendige Arbeit)" é "subsumido" em um processo de trabalho que é a origem primeira do capital pela negação do dinheiro como dinheiro (no pagamento do primeiro salário):

> [...] Uma mercadoria cujo valor de uso possuísse a peculiar propriedade de ser fonte de valor [...], e, portanto criação de valor (Welthschopfung). E o possuidor do dinheiro encontra no mercado essa mercadoria específica: a capacidade de trabalho (Arbeitsvermoegen) ou força de trabalho (Arbeitskraft) (MARX, 1967, 120; em castelhano, p. 167; DUSSEL, 1990).

Como podemos ver, Marx duvida, titubeia em usar "capacidade de trabalho ou força de trabalho". Por três vezes em uma página colocará ambas as denominações, e ainda invertendo a sua ordem. Por último, ao escrever essas páginas, optou pela denominação "força de trabalho" – decisão terminológica tomada em janeiro de 1866, pela primeira vez em sua obra. "Capacidade de trabalho" talvez exprimisse melhor o conteúdo conceitual do assunto do que "força de trabalho".

Cronologia da redação do livro I de *O Capital*

1. De janeiro de 1866 a início de 1867: capítulos 2 a 16.
2. Posteriormente: capítulo I (texto 1).
3. De abril a julho de 1867: Apêndice sobre a "Forma de valor" (texto 2).
4. O dia 17 de julho de 1867: o "Prólogo" à primeira edição.
5. De dezembro de 1871 a janeiro de 1872: algumas páginas para correções da segunda edição (em Marx 1873) (texto 3).
6. De 1871 a 1873: segunda edição (texto 4); "Epílogo".
7. Até 1875: correções à edição francesa (importantes para a discussão com os "populistas").

Os capítulos 2 a 4 (a transformação do dinheiro em capital, a mais-valia absoluta e relativa) não apresentavam dificuldade, pois desde 1861 o assunto havia adquirido clareza quase definitiva. Porém, subitamente, na questão da "Jornada de trabalho", estende-se muito mais do planejado e a obra vai alcançando proporções inesperadas. Isso acontecerá também com o capítulo sobre a "Maquinaria e a grande indústria", que ascendem a níveis mais concretos, bem como o item do salário, necessário para entender a mais-valia, mesmo sendo um assunto que se refere à parte da circulação ou do tratado respectivo depois da renda.

O capítulo 5 é mais complexo (Dussel, 1990). Nele, de uma maneira ainda um pouco confusa, enfocam-se diversos problemas – como se pode observar nos sucessivos "planos" desta parte. Inclui temas tais como o trabalho produtivo e improdutivo, a subsunção formal e real, o fetichismo, o "preço da força de trabalho" etc. Esse capítulo 5 se dividirá em 1873 em duas seções (a 5 e 6). O capítulo 6, sobre a acumulação, encerra o livro.

Ao terminar o manuscrito, Marx deve ter escrito o capítulo (Texto 1, Marx, 1866). Quando o terminou, Kugelmann leu o texto e sugeriu a Marx tratar a questão da "Forma de valor" (Apêndice, Marx, 1866), em que esclarece a questão da forma "relativa" e "equivalente" do valor de troca. Na nota 9 do capítulo I, Marx afirma que *"quando usamos a palavra valor sem outra determinação adicional, referimo-nos sempre ao valor de troca"* (Marx, 1866, 19 e 40-41). Essa nota desaparece em 1873, porque Marx, pela primeira vez na sua obra (pelo menos até 1872) faz a distinção entre "valor" e "valor de troca" (Dussel, 1990).

Assim, é possível trabalhar detalhadamente o famoso texto, último da obra publicada por Marx, isto é, o item 4 do capítulo 1, sobre o fetichismo da mercadoria (Marx, 1873). O texto pelo qual muitos começaram a ler Marx é justamente aquele do final de sua obra editada, em que Marx introduziu, talvez antecipadamente, a questão do fetichismo (que devia ocupar seu lugar natural no final do livro III), tomando consciência que muito possivelmente nunca conseguiria terminar os livros restantes para serem publicados. Acreditamos que, pela primeira vez, na história do marxismo, será possível começar um estudo detalhado dessa constituição do "texto" – com um sentido diacrônico, sincrônico, semântico etc.

| CONFLUÊNCIA DE |
| TRÊS TEXTOS ANTERIORES NO DEFINITIVO DE 1873 |

Texto 1	Texto 3	Texto 2
Capítulo 1	páginas 1871-1872	Forma de valor
(1867)		(1867)

Texto 4
capítulo 1 (1873)
1.1-1.2
1.3
1.4 (Nova redação)

Terminado o livro I, Marx trabalhou nos livros II e III. À guisa de resumo – questão que temos tratado com minúcia e comentado em cada manuscrito (DUSSEL, 1990, cap. 6 e 7) incluímos nesse artigo dois quadros com todos os manuscritos de tais livros – que Engels recebeu em duas caixas organizadas por Marx com "dez pertencentes ao livro II", e o "que pertence ao livro III". São manuscritos ainda inéditos, que esperamos sejam editados em breve na MEGA II.

Marx, depois da edição do livro I, trabalhou relativamente pouco nos manuscritos dos livros II e III. Entretanto, iniciou uma enorme pesquisa sobre o problema agrário na Rússia, bem como muitos outros temas (DUSSEL, 1990). Além disso, colocamos ali um apêndice temático com todos os Cadernos de 1868 a 1882 relativos a esses temas, guardados no Arquivo de Amsterdã. Sem dúvida, Marx, desafiado pelos jovens populistas russos, primeiramente por Danielson, teve que realizar uma "virada" fundamental em suas pesquisas. Em resposta às críticas de Mikhailovski, em 1877, escreve:

> O capítulo sobre a acumulação primitiva pretende apenas traçar o caminho por onde, na Europa Ocidental, o sistema econômico capitalista surgiu das entranhas do sistema feudal (SHANIN, 1983, 57ss).

MANUSCRITOS QUE PERTENCEM AO LIVRO II (Zu Buch 2 gehoeriges)				
Classificação	Data de elaboração	Conteúdo	Fólios	Outros
II SG ANTIGA NOVA				
	1863-1865	Manuscrito I (MEGA II, 4, 1, p. 137ss.)		
A 64 A 50-52	1865-1867	Manuscrito III	88	70
A 65 A 43	vern. 1867	Manuscrito IV	58	34
A 63 A 42-43	1868-1870	Manuscrito II	202	133
A 66 A 45-47	1877	Manuscrito V	61	44
A 67 A 49	26.X.1877	Manuscrito VI	17	17
A 68 A 48	2.VII.1878	Manuscrito VII	7	6
A 70 B 132b	III.1878	Sobre Malthus	4	3
A 69 B 130	pós 1878	Manuscrito VIII	76	77
(Dussel, 1990, palabras preliminares III)				

MANUSCRITOS QUE PERTENCEM AO LIVRO III (Zu Buch 3 gehoeriges)				
Classificação	Data de elaboração	Conteúdo	Fólios	Outros
II SG ANTIGA NOVA				
A 80 A 54	1864-1865	Manuscrito principal (MEGA II, 4, 2 inédito)	575	373

Marxismo: Teoria, História e Política

B 115 A 58b-f	1863-1870	Renda diferencial, etc.	49	49
A 71 A 58d	1867-1870	A lei da taxa de lucro etc.	9	8
A 76 A 59e	1867-1870	A lei geral da taxa de lucro etc.	30	26
A 79 A 57-58A	1867-1870	Notas sobre Malthus.	2	2
A 78 A 59	1867-1870 ss.	Diferença entre taxa de lucro etc.	40	40
A 77 A 77	V.1875	Cálculos matemáticos. Taxa de mais-valia etc.	131	135
A 72 A 83c	1870-1880	Cálculos da taxa de lucro etc.	2	1
A 75 A 57	1870-1880	Manuscrito IV	1	1
A 74 A 56	1870-1880	Manuscrito III	8	7
A 73 A 55	1870-1880	Manuscrito II	7	7
A 113	1881-1882	Reforma agrária na Rússia	21	21
A81	XII.1881- III 1882	Taxa de lucro	1	1
(Dussel, 1990, palabras preliminares III)				

E em resposta a Vera Zasulitch, em 1881, Marx expõe de maneira clara:

> A análise de *O Capital* não oferece nenhuma razão, a favor ou contra a vitalidade da comuna rural (russa), mas o estudo especial que tenho realizado, para o qual procurei materiais em fontes originais, convenceu-me que esta comuna é o ponto de apoio (fulcrum) para a regeneração social da Rússia (Shanin, 1983, 124).

O capital deverá ser desenvolvido, em níveis mais concretos, não só nos países centrais do capitalismo (a Inglaterra e a Europa Ocidental), mas também nos países periféricos (desde a Rússia no século XIX até a América Latina, a África ou a Ásia no século XX (Dussel, 1990).

Chegamos, então, ao final da descrição, puramente externa, das "quatro redações (drafts)" de *O Capital*. O "corpus" do texto está à nossa disposição. Teremos que analisá-lo nestes anos iniciais deste segundo século de Marx (que começou em 1983). Pela primeira vez, temos diante de nossos olhos a totalidade dos materiais necessários para compreender o que "Marx" tentou exprimir teoricamente.

Algumas possíveis hipóteses interpretativas

Diante da totalidade dos manuscritos preparatórios e definitivos de *O Capital*, pensamos que podemos levantar algumas "hipóteses" para iniciar o debate sobre a "interpretação" de tão magna obra, que comoveu a história mundial nas suas fundações desde o final do século XIX.

"Trabalho vivo" versus "trabalho objetivado". A lógica de *O Capital*

O movimento lógico dialético de *O Capital* começa na contradição radical de "trabalho vivo" e "trabalho objetivado" como capital. No *Urtext* (1858), Marx comenta:

A única contradição que se opõe ao trabalho objetivado (*gegenstaendliche Arbeit*) é o não-objetivado; em contradição com o trabalho objetivado [...]. O trabalho como capacidade (*Vermoegen*), possibilidade, faculdade [...]; a capacidade de trabalho como sujeito vivo. Apenas a capacidade viva de trabalho pode constituir a contradição absoluta com o capital como trabalho objetivado (Marx, 1857, 19-29 e 942).

A distinção fundamental de todo o pensamento de Marx não reside no trabalho abstrato e concreto, nem na diferença entre valor de uso e valor de troca, mas sim – e sem que o próprio Marx tivesse consciência disso – na diferença entre "trabalho vivo" e "trabalho objetivado".

O trabalho vivo (*lebendigen Arbeit*) se enfrenta com o trabalho passado (*vergangne*), a atividade com o produto, o homem com a coisa, o trabalho com suas próprias condições objetivas, como sujeitos alheios, independentes e autônomos como personificações do próprio trabalho, do qual se apropriam ao invés de serem apropriados por ele [...] (Marx, 1861, 1473).

O "trabalho vivo", como ponto de partida absoluto do discurso dialético, anterior à existência do capital e como "fonte criadora do valor" do capital, a partir do nada, é pessoa, subjetividade, corporeidade imediata. Mas, ao mesmo tempo, o "trabalho vivo" é pobreza absoluta, o *pauper* por excelência (DUSSEL, 1985, 1988 e 1990). Contudo, essa "fonte criadora" é subsumida, incorporada, colocada no capital, "fundada" como "mediação" para a valorização do valor do capital. A "fonte" é colocada desde o "fundamento" como instrumento.

O capital comporta-se diante da mais-valia como se este fosse o fundamento (*Grund*) [...]. Comporta-se, ao mesmo tempo, como fundamento de si mesmo enquanto fundado (*Begruendetem*) [...]. A mais-valia não aparece pela sua relação simples e imediata com o trabalho vivo [...]. O capital se comporta consigo mesmo como valor que se aumenta a si mesmo, isto é, comporta-se em relação à mais-valia como se fosse colocado e fundado por ele (MARX, 1857, 631).

Marx distingue, então, o "trabalho vivo" como "fonte" (que deve se distinguir do "fundamento": o valor como o "ser" do capital) anterior e na "exterioridade"; como fonte "criadora" que não é a mesma coisa que "produtora". "Produz-se" desde o valor do salário no "tempo necessário"; "cria-se" desde a "fonte criadora", além do 'fundamento', do valor; cria-se desde o 'mais-tempo-de-trabalho' pelo 'mais-trabalho' desde o nada do capital até a 'mais-valia'" (DUSSEL, 1990).

O "trabalho vivo" (o não-ser anterior à "totalidade" de Lukács e descrita por Martin Jay em 1984) é a categoria geradora de todas as categorias restantes de Marx. A não referência ao "trabalho vivo" de qualquer categoria constitui o caráter fetichista de cada uma delas:

> O trabalho vivo [...] abre mão da sua força criadora (*schoepferische Kraft*). Ele tem que se empobrecer, pois a força criadora de seu trabalho enquanto força de capital, estabelece-se diante dele como poder alienado. O trabalho aliena (*entaussert*) sua força produtiva da riqueza (MARX, 1857).

Na acumulação, essa alienação ou negação, desrealização do trabalho vivo, se consuma:

> O trabalho constitui-se objetivamente no produto, mas estabelece sua objetividade como seu não-ser (*Nichtsein*) ou como o ser (*Sein*) do não ser (*das Sein ihres Nichtseins*); o ser do capital (MARX, 1861, p. 2239)

O "desenvolvimento" do conceito de capital através da "construção" de categorias – que é o trabalho dialético de Marx em *O Capital* – é cumprido passo a passo, partindo do "trabalho vivo" e desdobrando, posteriormente, todos os momentos do "trabalho objetivado": valor, mais-valia etc., culminando: na acumulação, primeiro círculo; na reprodução, segundo círculo; na distribuição por classes da mais-valia (como "lucros" ou "réditos"), terceiro círculo. Estes três círculos, como uma espiral, constituem os três livros de *O Capital* – que expomos detalhadamente nos três tomos de comentários (Dussel, 1985, 1988 e 1990). De seu "plano", Marx conseguiu publicar apenas o 1/72: somente a "produção do capital" (primeira de três partes, das quatro partes do tratado do capital. Primeiro dos seis tratados projetados: 3x4x6=72). Isso nos permite ter plena consciência da importância de conhecer bem o método que Marx usou no "começo" de sua exposição, para podermos, posteriormente, "desenvolver" seu discurso dialético em níveis mais concretos (como, por exemplo, aquele do capitalismo periférico latino-americano).

Crítica da Economia Política. Uma "ética" transcendental

A "inversão" do "núcleo racional" de Hegel vai consistir em começar pelo "não-ser" (o "trabalho vivo") como "fonte criadora" (como Schelling) "desde o nada" do "ser" (o valor e a mais-valia) do capital (Dussel, 1990). Uma vez subsumido, o trabalho vivo se torna uma determinação do capital: a força de trabalho que se consome no processo produtivo do capital. Dessa maneira, a "lógica" hegeliana "funciona" perfeitamente. Marx continua hegeliano no que diz respeito ao uso da dialética ontológica na "totalidade", mas, ao mesmo tempo, infunde, na referida "totalidade", uma "novidade" que chega sempre ao capital "desde fora", da transcendentalidade criadora do "trabalho vivo". Porque, embora o trabalho vivo tenha sido subsumido, continua "criado" desde o nada do capital: desde sua subjetividade que pode produzir "valor" além de seu salário (além do "ser": do valor pago).

Em agosto de 1862, quando Marx estudava a questão da renda nos *Manuscritos de 1861-1863*, descobriu a importância da "lei do valor". Escreveu a Engels no dia 9 daquele mês: "a única coisa que tentei provar é a possibilidade da renda absoluta, sem negar a lei do valor [...] Ricardo nega a dita possibilidade; eu afirmo que é possível" (Marx e Engels, 1956b, 274).

A "lei do valor" indica que nenhum valor de troca pode ter outra fonte senão o "trabalho vivo". Nem a terra, nem nenhuma outra coisa, salvo a pessoa humana, pode produzir "valor de troca". A terra produz apenas "valor de uso". Mas, tanto a pessoa – ou a subjetividade do "trabalho vivo" – quanto a terra, por não serem produtos do trabalho, podem não ter valor de troca algum. Elas podem ter valor de uso, ou ainda, pensando hoje na questão ecológica contemporânea, podem ter "dignidade", "valor ecológico" ou "ontológico", como dirão os clássicos, mas podem não ter "valor de troca" econômico, no sentido que se refere Marx. Por isso, e essa é a primeira conclusão da diferença entre "trabalho vivo" e "trabalho objetivado", o "trabalho vivo" não pode ter valor de troca (e um "preço do trabalho" é uma categoria sem conteúdo), porque é a sustância ou a fonte causadora do valor; enquanto a "capacidade" ou "força de trabalho" tem valor de troca, porque pode se consumir e se reproduzir.

A "lei do valor" unifica e dá solidez ao desenvolvimento do conceito e à constituição das categorias no momento em que são relacionadas ao "trabalho vivo" como sua "fonte criadora" única. Dali o interesse na questão da renda nos *Manuscritos de 1861-1863*, não tanto pela solução, mas pela "intenção" racional em toda a tarefa teórica de Marx. Trata-se de demonstrar a coerência, a fundamentalidade e a articulação racional de todo o sistema das categorias supostas na economia política burguesa, que, entretanto, é negada por sua incoerência, irracionalidade e contradições constantes. Trata-se, assim, de *"the general criticism of the total system of the categories of the economics"* (Marx, 1861, 1385).

Marx "tenta" então uma crítica (*kritik*) da economia efetiva e da ciência econômica burguesa. Uma "crítica desde a transcendentalidade"[25] do "trabalho vivo" *ante festum* – como costumava escrever Marx.

"Transcendentalidade" consecutiva ao desenvolvimento do movimento dialético; já que o "trabalho vivo", em cada momento do desenvolvimento (efetivo como processo de trabalho, acumulação, reprodução, distribuição etc.; ou teórico dialético, como exposição científica do sistema das categorias) continua manifestando seu "além" do valor "produzindo mais-valia". Nesse caso, não é mais "exterioridade" *a priori*, mas "transcendentalidade interna" consecutiva, *in festum*.

Contudo, e por último, é transcendentalidade *a posteriori*, *post festum*, como trabalho inútil do desempregado, ou como trabalho que se liberta do capitalismo para constituir outro modo de produção (por exemplo, aquele do socialismo real, em que

---

25 A priori, porque pertence ao suposto temporal e lógico da existência do capital; questão desenvolvida na problemática da "transformação do dinheiro em capital", como já o mostramos.

será "subsumido" dentro de outra lógica – mas não por isso menos "subsumido" – e com um novo tipo, não o mesmo, de alienação).

Pois bem, é desde a referida "transcendentalidade" (*ante*, *in* e *post*) ao capital que Marx realiza sua "crítica". Crítica trans-ontológica (se a ontologia trata sobre o "ser"); "crítica ética", se por ética se entende a crítica transcendental de toda moral constituída, efetiva, como a "moral burguesa" que Marx tanto criticou (Dussel, 1990):

> Não faz sentido falar aqui, como o faz Gilbart, de justiça natural [...]. Podemos dizer que [o] conteúdo é justo enquanto corresponde ao modo de produção, enquanto é adequado a este; é injusto quando se encontra em contradição com este. A escravidão, dentro do modo de produção capitalista, é injusta, como o é também a fraude em relação à qualidade da mercadoria (Marx, 1863).

Isto é, Marx distingue a "ética" do que chamarei a "moral". A "moral" (e, portanto, a "moral burguesa", assim como a "moral asteca", a "moral feudal" ou a "moral do socialismo real") é uma totalidade de práxis, relações, ideologias justificativas etc., "efetivas", concretas, históricas, (o que Hegel chamaria de "*Sittlichkeit*" [costumes]). De minha parte, chamarei de "ética" a práxis, relações, costumes etc., e a teoria que critica "transcendentalmente" as morais. Desta maneira, "Marx criticou" (e *O Capital* é uma "crítica [*kritik*]" da Economia Política e não meramente uma "Economia Política" positiva) a economia burguesa, a economia efetiva e sua teoria supostamente "científica" que, na realidade, cai no fetichismo desconstruindo, uma por uma, suas "categorias", e "reconstruindo-as" em um "sistema" em que aparecem as contradições "éticas" ocultas (como, por exemplo, a mais-valia como "trabalho não pago"). Esse caráter "não pago" do trabalho que produz a mais-valia como mais-trabalho é invisível à "moral" burguesa. Mas não é invisível à crítica (à "ética" transcendental) de Marx. Ele tem, então, uma referência transcendental à totalidade do capital e sua moral, a partir da qual pode "criticar" a dita totalidade a partir da exterioridade do "trabalho vivo". Marx escreve:

> A economia clássica se contradiz às vezes [...]. Isso pode ser deduzido a partir do método analítico com o qual estes economistas se veem obrigados a realizar a crítica (*kritik*) e a traçar seus conceitos. Não têm interesse em desenvolver geneticamente (*genetrisch zu entwicklen*) as diversas formas, senão em reduzi-las analiticamente a uma unidade, pois partem

delas como pressupostos dados. Pois bem, a análise é o pressuposto necessário ao processo das figuras (*gestaltungsprocesses*) nas suas diferentes fases. A economia clássica falha, por último, e revela nisso seus defeitos ao não enfocar a forma fundamental (*grundform*) do capital, a produção encaminhada à apropriação do trabalho alheio, como uma forma histórica, mas como uma forma natural da produção social (Marx, 1861, 1499).

Pressupõe-se que o "trabalho vivo", categoria fundamental de todo o "desenvolvimento dialético", é uma "determinação" natural do capital. A "subsunção" desde a exterioridade tem sido negada (o momento "ético" ou "crítico" por excelência) e se parte de um capital "já-desde sempre-constituído".

A exposição de todas essas hipóteses foi desenvolvida em minhas três obras já mencionadas (Dussel, 1985, 1988, 1990), às quais devemos nos remeter para estabelecer, minuciosamente, com textos probatórios, numerosos e lógicos, o que avançamos neste curto artigo, que não tem por objetivo expor o tema, mas indicar um caminho possível a ser percorrido na desconstrução e reconstrução necessária do pensamento de Marx.

Perspectivas

Diante da "Perestroika", a "abertura" da Europa do Leste, o recrudescimento da guerra imperialista na América Central, na África e na Ásia, o marxismo necessita voltar a suas "fontes", e, além do pós-marxismo, reinterpretar a totalidade da obra de Marx para fazer frente a uma nova crítica do "capitalismo tardio", do "socialismo democrático" do Leste e dos movimentos de libertação nacionalistas, populares e revolucionários marxistas da periferia capitalista pobre e explorada. A superação do materialismo dialético ingênuo e stalinista, do economicismo simplista, do historicismo teleológico esquerdista, do dogmatismo como posição teórica, exige continuar a "tarefa" teórica de Marx, "desenvolvendo", com seu próprio método, um discurso coerente e radical que se espera em nosso tempo. Trata-se de um "voltar ao próprio texto de Marx", para dar conta da "realidade" cambiante do final do século XX e do começo do século XXI – o "segundo século" de Marx.

As "quatro redações", disponíveis pela primeira vez na história do marxismo, para os pesquisadores, nos dão a possibilidade – diante do entusiasmo da juventude ao tomar conhecimento de que ainda não se sabe tudo – de caminhar por "trilhas perdidas no bosque", nunca antes transitadas. Embora pareça pretensioso, a herança teórica de Marx ainda está, em grande medida, no futuro e não é difícil compreender por que na periferia do capitalismo – que vive na pele torturada e em seus corpos massacrados, as contradições do dito capitalismo do centro – surgem as propostas com maior sentido histórico. Para nós, a revolução não é uma hipótese, é uma necessidade clamada pelo povo, em sua fome, em sua dor. Se os teóricos a decretarem impossível, os povos provarão, com sua práxis, sua peremptória necessidade como exigência de vida. A teoria segue à práxis, não a antecipa. A "crítica" segue a "fome", e justifica teoricamente a utopia do "desejar comer". A "esperança" do comer vence todas as "dietas" que os obesos, em sua disciplina, se impõem em abundância, procedente da injustiça que é o fundamento da morte dos pobres – e, porque "pobre" (*pauper* escrevia Marx) – é a condição de possibilidade da reprodução do capital mundial (central e periférico).

Bibliografia

1. El "Corpus" de las cuatro redacciones de *El Capital*

1.1 Primeira redação de *O Capital*

MARX, Karl. *Grundrisse der Kritik der politischen Oekonomie (Rohentwurf) [Grundrisse]*. 3ª edição. Berlim: Dietz, (1857) 1974.

_____. *Elementos fundamentales para la crítica de la economía política (borrador) (1857-1858)*. México: Siglo XXI, t. I-III, 1971-1976.

1.2 Segunda redação de *O Capital*

MARX, Karl. "Zur Kritik der politischen Oekonomie (1859)". In: *MEGA* II, n. 2. Berlim: Dietz, 1978.

_____. *Contribución a la crítica de la economía política*. México: Siglo XXI, 1980.

_____. "Zur Kritik der politischen Oekonomie (1861) (Manuskript 1861-1863)". In: *MEGA* II, n. 3, vol. 1-6. Berlim: Dietz, 1977-1982.

_____. *Teorías sobre la plusvalía*. México: FCE, t. I-III, 1980.

_____. *Progreso técnico y desarrollo capitalista*. México: Siglo XXI, 1982.

1.3 Terceira redação de *O Capital*

MARX, Karl. "Zur Kritik der politischen Oekonomie (1863) (Manuskript 1863-1867)". In: *MEGA* II, n. 4, 1.[26]

1.4 Quarta redação de *O Capital*

MARX, Karl. "Das Kapital. Kritik der politischen Oekonomie (1867)". In: *MEGA* II, n. 5, 1983.

_____. "El cap. 1 y la forma de valor". In: *El Capital*. México: Siglo XXI, 1979, 1/3, p. 971-1042.

_____. "Das Kapital. Kritik der politischen Oekonomie (1873)". In: *MEGA*, n. 11, 6, 1987.

_____. *El Capital*. México: Siglo XXI, t. 1/1-3, 1979.[27]

_____. *Manuscritos dos Livros II e III* (1865-80). Algumas páginas dos Manuscritos do livro 11. In: "K. Marx, Capital II". MARX, Karl e ENGELS, Friedrich. *Werke*: *Herausgege ben vom Institut für Marxismus-Leninismus beim ZK der SED*. Vol. 24. Berlim: Dietz-Verlag, 1956.

_____. *El Capital*. México: Siglo XXI, t. II-/4-5, 1980; com o Manuscrito IV, em p. 641-684.

2. Comentários completos do "Corpus" das quatro redações de *O Capital*

DUSSEL, E. *La producción teórica de Marx. Un comentario a los "Grundrisse"*. México: Siglo XXI, 1985.

---

26 Questão que ele tratará em primeiro lugar em 1861, em 1863 e em 1866, porque Marx começará a redação definitiva pelo "capítulo 2" [MARX, 1866], que depois se tornará a "seção 2" (MARX, 1873).

27 Isso já é uma conclusão interpretativa de fundo, em discordância com toda a tradição, especialmente com Lukács ou Marcuse que não consideram a "exterioridade" como ponto de partida, senão "a totalidade" (JAY, 1984).

_____. *Hacia un Marx desconocido. Un comentario de los Manuscritos del 61-63*. México: Siglo XXI, 1998.

_____. *El Marx definitivo (1863-1882). Un comentario a la III y IV redacción de "El Capital"*. México: Siglo XXI, 1990.

3. Outras Bibliografia Citadas

CECONIK, Josef. "Theorie und Theoriegeschichte der politischen Oekonomie bei Marx in den Jahren 1857 bis 1867". *Arbeitsblaetter zur Marx-Engels-Forschung*, n. 9, p. 33-58, 1979.

JAHN, Wolfgang. "Zur Entwicklung der Struktur des geplanten oekonomischen Hauptwerkes von K. Marx". *Arbeitsblaetter zur Marx-Engels-Forschung*, n. 20, p. 6-44, 1986.

JAHN, W. Mueller. *Der zweite Entwurf des "Kapital". Analysen. Aspekte. Argumente*, Berlim: Dietz, 1983.

JAY, Martin. *Marxism and totality*. Berkeley Univ. Press, 1984.

MARX, Karl e ENGELS, Friedrich. *Werke: Herausgege ben vom Institut für Marxismus-Leninismus beim ZK der SED*. Vol. 16. Berlin: Dietz-Verlag, 1956.

_____. *Werke: Herausgege ben vom Institut für Marxismus-Leninismus beim ZK der SED*. Vol. 29. Berlin: Dietz-Verlag, 1956a.

_____. *Werke: Herausgege ben vom Institut für Marxismus-Leninismus beim ZK der SED*. Vol. 30. Berlin: Dietz-Verlag, 1956b.

MALLEY, J. O.; SCHRADER, F. "Marx´s precis of Hegel's doctrine of being". *International Review of Social History*, XXII, p. 423-431, 1977.

MISKEVÍTSCH, L.; WYGODSKI, W. "Ueber die Arbeit von Marx am II. Und III. Buch des Kapitals in den Jahren 1866-1867". *Marx-Engels Jahrbuch*, n. 8, p. 198-212, 1985.

MUELLER, Manfred. *Auf dem wege zun "Kapital"*. Berlim: Akademie Verlang, 1978.

OTANI, Teinosure. "Zur Datierung der Arbeit von K. Marx am II. und III. Buch des Kapitals". *International Review of Social History*, XXVIII, p. 91-104, 1983.

Rosdolsky, Roman. *Génesis y estructura de El Capital de Marx.* (1968). México: Siglo XXI, 1978.

Shanin, Theodor. *Late Marx and the Russian Road.* Nova York: Monthly Review Press, 1983.

Tuchscheerer, Walter. *Bevor "Das Kapital".* Berlim: entsand, Akademier V, 1968.

Wygodski, Witali S. *Das Werden der Oekonomische Theorie von Marx.* Berlim: Dietz, 1978.

_____. *Die Geschichte einer grossen Entdeckung.* Moscou: Myal, 1965.

Wygodski, W.; Miskewitsch, L.; Ternowski, M. *et al.* "Zur periodisierung der Arbeit von K. Marx am Kapital in den Jahren 1863 bis 1867". *Marx-Engels Jahrbuch*, n. 5, p. 244-322, 1982.

Parte II: O pensamento marxista na América Latina

América Latina: o marxismo fora do lugar[1]

Álvaro Bianchi[2]

> No queremos, ciertamente, que el socialismo sea en América calco y copia. Debe ser creación heroica. Tenemos que dar vida, con nuestra propia realidad, en nuestro propio lenguaje, al socialismo indoamericano. He aquí una misión digna de una generación nueva (MARIÁTEGUI, 1987, 249).

Embora a presença de Marx seja incontornável em nosso subcontinente, a existência de um pensamento marxista latino-americano deveria surpreender. Marx e Engels não deixaram de ter dificuldades para apreender a realidade da América Latina e tenderam, em vários momentos, a adotar uma visada eurocêntrica. Não deixavam de repercutir nessa visada uma filosofia da história de corte hegeliano. Se bem fosse Engels e não Marx quem estivesse mais preso a essa filosofia, o que se evidencia nas repetidas vezes em que este fez referência aos "povos sem história", ela não deixava de se fazer presente no autor d'*O Capital*.

Essa dificuldade se expressa na diferença existente entre o tratamento dispensado por Marx ao presidente dos Estados Unidos, Abraham Lincoln, e a Simon Bolívar, libertador da América. Em uma carta a Lincoln redigida por Marx e publicada em dezembro de 1864, a Associação Internacional de Trabalhadores (AIT) congratulava "o povo americano pela sua reeleição por larga maioria". E acrescentava: "Se a resistência ao Poder

---

[1] Trabalho apresentando no *5º Colóquio Marx Engels*, na sessão plenária: "O Marxismo na América Latina", no dia 7 de novembro de 2007.

[2] Professor do Departamento de Ciência Política – IFCH/Unicamp e diretor associado do Centro de Estudos Marxistas (Cemarx).

Escravista era a moderada palavra-de-ordem de sua primeira eleição, o grito de batalha triunfal de sua reeleição é Morte à Escravidão." (Marx e Engels, 1976d, 19).[3] E concluía afirmando que os trabalhadores da Europa consideravam um "augúrio da época em que entramos que tenha correspondido a Abraham Lincoln, o determinado filho da classe trabalhadora, liderar seu país através de uma guerra sem precedentes com o propósito de resgatar uma raça acorrentada e reconstruir o mundo social." (Marx e Engels, 1976d, 20.) A admiração de Marx reaparece na carta que a AIT enviou ao presidente Andrew Johnson, após o assassinato de Lincoln.[4] A missiva concluía afirmando que o povo americano "ao iniciar a nova era de emancipação do trabalho (…) atribuiu as responsabilidades de liderança a dois homens do trabalho – o primeiro Abraham Lincoln e o outro Andrew Johnson" (Marx e Engels, 1976d, 100).

O contraste com sua apreciação de Simon Bolívar é imenso e chama a atenção. Ele se revela em toda sua amplitude em um artigo redigido em 1858, para *The New American Cyclopedia* no qual Marx não apenas ressaltou sua oposição à figura de Bolívar, como também a imagem negativa que fazia dos habitantes da América hispânica. Seu juízo era implacável:

> como a maioria de seus compatriotas [Bolívar] era incapaz de todo esforço de longo prazo e sua ditadura degenerou rapidamente em uma anarquia militar na qual o assuntos mais importantes ficavam nas mãos de favoritos que arruinavam as finanças públicas e logo recorriam a meios odiosos para reorganizá-las (Marx e Engels, 1976c, 221-222).

Tão implacável era esse juízo que o editor Charles Dana objetou a Marx que ao contrário dos demais artigos da *Cyclopedia*, esse estava escrito em um "estilo partidário" e solicitou que deixasse claro quais eram suas fontes. Em carta a Engels, datada de 14 de fevereiro de 1858, Marx admitiu que seu estilo era mesmo partidário e carregou ainda mais nos adjetivos referindo-se a Bolívar como "o mais covarde, miserável e ignóbil dos canalhas" (Marx e Engels, 1976g, 266). A aversão a Bolívar é ainda mais

---

3 A carta não deixava de saudar o nascimento em solo americano, um século antes da "ideia de uma grande República democrática", da "primeira declaração dos Direitos do Homem" e do "primeiro grande impulso à revolução europeia do século XVIII".

4 Nela era ressaltada "a modéstia desse homem grande e bom que o mundo descobriu como herói quando já tinha caído como mártir" (Marx e Engels, 1976d, 99-100).

surpreendente na medida em que ele, em mais de uma ocasião e com diferentes argumentos havia defendido, assim como Lincoln, o fim da escravidão.

É verdade que a visada eurocêntrica não explica totalmente essa aversão. O risco dos novos governos na América Latina assumirem formas bonapartistas preocupava Marx. Mas também nessa justa preocupação sua visada reaparecia, uma vez que a oposição ao regime de Luís Bonaparte, considerado como um obstáculo para o desenvolvimento da revolução europeia era deslocada, de modo às vezes mecânico, para sua análise de Simon Bolívar (cf. ZEA, 1983, 64).

Embora o volume de textos de Marx sobre a América Latina seja maior do que se pensava há algumas décadas, não é possível encontrar nesses textos senão indicações muito rudimentares para se pensar a América Latina. Também nesse ponto contrasta, tanto pelo volume como pela originalidade, a atenção dedicada por Marx à análise da história dos Estados Unidos. Aí está um ponto sobre o qual o pensamento crítico deveria se debruçar com mais atenção. Já foi ressaltado por mais de um comentador que na análise da guerra entre Estados Unidos e México, Marx e Engels tomaram partido decididamente pelo primeiro.

Engels a esse propósito foi muito mais efusivo do que seu companheiro. Já em 1847 escrevia ter "testemunhado a conquista do México e se regozijado com isso". Evidenciava, desse modo, aquela filosofia da história à qual fizemos referência e erigia o progresso como medida da história. Um progresso que era identificado com o movimento de emancipação dos trabalhadores. Nessa perspectiva, esse autor escrevia ainda referindo-se ao México: "Quando um país que até então vivia encerrado exclusivamente em si próprio, perpetuamente dilacerado por guerras civis e completamente impossibilitado de desenvolver-se (...) quando tal país é arrastado forçosamente pelo processo histórico, trata-se de um progresso" (MARX e ENGELS, 1976, 527).

Dois anos depois, o mesmo Engels voltaria à carga e ridicularizaria aqueles que lamentavam "que a esplêndida Califórnia tenha sido tomada dos preguiçosos mexicanos, os quais nada fariam com ela". E depois de narrar a expansão das forças produtivas e do comércio que pela primeira vez teriam aberto o Oceano Pacífico à civilização, concluía:

> A "independência" de uns poucos espanhóis californianos e texanos pode sofrer por causa disso e em alguns casos 'justiça' e outros princípios morais deverão ser violados; mas onde está o problema comparativamente a tais fatos de significação histórica mundial? (MARX e ENGELS, 1976a, 365-366).

Luciana Aliaga, Henrique Amorim e Paula Marcelino (orgs.)

A ideologia do "destino manifesto" encontrava desse modo em Engels um entusiasta defensor. Analisando os escritos de Marx e Engels sobre a guerra dos Estados Unidos contra o México, Monjarás-Ruiz (1983, 108) apontou que o juízo mais acertado de ambos os autores a respeito foi a previsão de que a derrota deste último provocaria a subordinação do restante da América Latina à dominação estadunidense. Um olhar treinado pelas tragédias dos séculos XX e XXI, não deixa, assim, de se surpreender com o caráter positivo que atribuíam a essa dominação.

A dificuldade para compreender a América Latina era análoga aquela que Marx enfrentou para compreender a dominação colonial na Índia. No artigo "*The British Rule in India*", publicado em 10 de junho de 1853 no *New York Daily Tribune*, Marx atribuiu um caráter claramente positivo aos resultados da dominação britânica no subcontinente asiático. Muito embora ele lamentasse os efeitos destrutivos dessa dominação, afirmava que esta havia destruído as "semibárbaras e semicivilizadas comunidades" que caracterizavam a vida social na Índia e promovido, desse modo, uma verdadeira revolução social (Marx e Engels, 1976b, 131-132). Assim, apesar de toda dor que essa dominação pudesse provocar e "quaisquer que sejam os crimes da Inglaterra, ela era uma ferramenta inconsciente da história para realizar aquela revolução" (Marx e Engels, 1976b, 132).[5]

Marx, entretanto, começou a mudar sua visada a partir da luta pela independência da Irlanda e uma atitude crítica do processo de expansão econômica e política do capitalismo ocupou gradativamente lugar em sua obra. A dominação inglesa na Irlanda havia promovido uma destruição de sua agricultura e da incipiente indústria, que em muito se assemelhava àquela ocorrida na Índia. E assim como na Índia o lugar deixado por essa destruição não havia sido preenchido por novas e modernas formas de organização da economia. Mas a atitude de Marx para com o movimento nacional irlandês era muito diferente daquela que havia tido com relação à Índia.

Para Marx, a Inglaterra era "o baluarte da grande propriedade territorial e do capitalismo europeus", mas era na atrasada Irlanda que esse baluarte poderia sofrer uma derrota decisiva porque "a luta econômica se concentra exclusivamente sobre a propriedade territorial, porque esta luta é ali ao mesmo tempo uma luta nacional, e porque o povo se manifesta mais revolucionário e mais furioso do que na Inglaterra" (Marx e Engels, 1976d, 119). Não era no concentrado e organizado proletariado fabril das

---

5 Essa chocante opinião a respeito da dominação colonial britânica foi novamente sustentada no artigo "The Future Results of Brithis Rule in India", de 22 de julho de 1853.

cidades industriais inglesas que Marx depositava as esperanças da revolução e sim nas atrasadas massas urbanas e rurais da Irlanda. Sua conclusão era surpreendente: "No momento em que cesse a forçada União entre os dois países começará na Irlanda, *ainda que sob formas antiquadas*, uma revolução social" (MARX e ENGELS, 1976d, 119-120, grifos meus).

Muito embora a revolução social na Irlanda pudesse ocorrer de modo diferente daquele esperado nos países nos quais o proletariado industrial encontrava-se concentrado e organizado, ou seja, muito embora a revolução social irlandesa pudesse assumir "formas antiquadas" e mesmo uma feição nacional, Marx não apenas a apoiava como deposita nela a sua esperança, na medida em que se conectava com a revolução europeia.[6]

Essa nova atitude, que se distanciava claramente de uma filosofia da história, se expressou de modo ainda mais nítido na apreciação que Marx passou a fazer do desenvolvimento do capitalismo na Rússia. O tema o atraiu enormemente a partir de 1873 e para estudá-lo melhor dedicou-se à aprendizagem do idioma russo. Já em 1877 havia expressado o problema em sua conhecida carta aos editores da *Otiechesviennie Zpiski*. Na carta Marx sumariava as ideias de Nikolay Gavrilovich Chernyshevsky, segundo Marx "um grande estudioso e crítico russo", para o qual a Rússia ao invés de destruir a comuna rural para promover o desenvolvimento, poderia adquirir todos os seus frutos "sem sofrer seus tormentos, desenvolvendo suas próprias condições históricas". "Eu partilho seu ponto de vista sobre esta questão", afirmou Marx. E a seguir rejeitou toda tentativa de transformar sua análise do capital em uma filosofia da história na qual o curso da história universal fosse previamente traçado: "O capítulo sobre a acumulação primitiva não pretende mais do que traçar o caminho pelo qual na *Europa ocidental* a ordem econômica capitalista emergiu das entranhas da ordem econômica feudal" (MARX e ENGELS, 1976f, 199, grifos meus).

Essa passagem de Marx enfatizando que sua análise restringia-se à Europa ocidental é relevante para compreender a nova visada assumida. De fato, ela lembra uma importante alteração feita alguns anos antes na edição francesa do texto de *O Capital*.[7] No capítulo sobre a acumulação primitiva, sobre o qual estava fundamentada toda a polêmica com os "marxistas" russos que se apropriavam do texto ao pé da letra, Marx decidiu alterar o texto da edição original alemã para enfatizar justamente o caráter historicamente

---

[6] As minutas da reunião do Conselho Geral da Associação Internacional dos Trabalhadores de 14 de dezembro de 1869 registram: "Ele [Marx] considerou a solução da questão irlandesa como a solução da inglesa e a inglesa como a solução da europeia." (MARX e ENGELS, 1976e, 413).

[7] Enrique Dussel (1990, 255-256) chamou a atenção para essa mudança e para sua importância.

circunscrito à Europa ocidental de sua análise. A comparação entre os textos evidencia a intenção de Marx:

> Na história da acumulação primitiva fazem época todas as revoluções que servem como ponto de apoio à nascente classe dos capitalistas e principalmente todos os momentos nos quais as grandes massas de homens são despojadas repentina e violentamente de seus meios de subsistência para serem lançadas no mercado de trabalho livre como proletários livres (*vogelfreie*). A expropriação que priva o produtor rural, o camponês, de sua terra serve de base a todo esse processo. Sua história apresenta uma modalidade diversa em cada país e em cada um deles recorre as diferentes fases em diferentes ordens e em diferentes épocas históricas. Apenas na Inglaterra, que aqui tomamos como exemplo, ela reveste sua forma clássica [Nur in England, das wir daher als Beispiel nehmen, besitzt sie klassische Form] (MARX, 1990a, 876; MARX e ENGELS, 1956, 744).

> Na história da acumulação primitiva fazem época todas as revoluções que servem como alavanca ao avanço da classe capitalista em vias de formação e, principalmente, todas as que despojam as grandes massas de seus meios de produção e subsistência tradicionais, lançando-as imprevistamente no mercado de trabalho. Mas a base de toda essa evolução é a expropriação dos cultivadores. Ela não se completou de uma maneira radical senão na Inglaterra, país, que terá, então, um papel principal em nosso esboço. *Mas todos os países da Europa ocidental percorrem o mesmo movimento, ainda que segundo o contexto ele mude sua cor local, ou se restrinja a um círculo mais estreito, ou apresente um caráter menos fortemente pronunciado, ou segundo uma ordem de sucessão diferente* [Elle ne s'est encore accomplie d'une manière radicale qu'en Angleterre: ce pays jouera donc nécessairement le premier rôle dans notre esquisse. Mais tous les autres pays de l'Europe occidentale parcourent le même mouvement, bien que selon le milieu il change de couleur locale, ou se resserre dans un cercle plus étroit, ou présente un caractère moins fortement prononcé, ou suive un ordre de succession different] (MARX, 1872, 315, grifos meus)

O sentido dessa alteração torna-se ainda mais evidente no uso que Marx fez da edição francesa em sua troca de correspondência com Vera Zasulich em 1881, a respeito do destino da comuna rural russa. Nessa missiva, depois de citar a passagem de

O Capital acima destacada, a qual afirmava que todos os países da Europa ocidental deveriam seguir o mesmo caminho de separação do produtor dos meios de produção e da consequente expropriação dos produtores agrícolas, seu autor insistiu: "Portanto, a 'inevitabilidade histórica' desse processo está estritamente limitada aos países da Europa ocidental" (MARX e ENGELS, 1976f, 370).

A particularidade histórica russa era, assim, ressaltada, ao mesmo tempo em que era apontada uma via não-clássica (não-Ocidental) de modernização da sociedade russa. O caráter historicamente particular do desenvolvimento capitalista na Rússia fazia com que para o autor de *O capital*, a comuna rural fosse nesse país "o ponto fulcral da regeneração social" (MARX e ENGELS, 1976f, 371). No primeiro rascunho a essa carta, Marx havia sido ainda mais enfático, escrevendo:

> Se a revolução vier no momento oportuno, se ela concentrar todas suas forças para permitir à comuna rural seu pleno desenvolvimento, esta poderá prontamente se desenvolver como um elemento de regeneração na sociedade russa e um elemento de superioridade sobre os países escravizados pelo sistema capitalista (MARX e ENGELS, 1976f, 360.)

A reflexão marxiana sobre o desenvolvimento do capitalismo na Rússia parece ter alterado até mesmo seu juízo sobre o domínio colonial na Índia. Referindo-se justamente àquelas comunidades que uma vez havia descrito como "semibárbaras e semicivilizadas" e cuja destruição havia considerado um fator de progresso histórico, Marx escreveu:

> No que diz respeito à Índia oriental, por exemplo, todos, com a exceção de sir Henry Maine e gente de sua laia, sabem que a supressão da propriedade comunal foi apenas uma ato de vandalismo inglês que conduziu os povos nativos não para a frente e sim para trás (MARX e ENGELS, 1976f, 365).

Essa nova perspectiva que Marx formula a partir de sua reflexão, primeiro sobre a Irlanda e depois sobre o desenvolvimento do capitalismo na Rússia, representa uma ruptura decisiva com toda filosofia da história e assenta as bases para uma melhor compreensão da realidade latino-americana.[8] Mas trata-se, apenas de pistas e não de uma resposta acabada a nossas indagações. Para os que vivem neste continente esse deslocamento de perspectiva é fundamental e deveria servir como um ponto de partida para apreendermos nosso desenvolvimento desigual e combinado. Pois trata-se, para aqueles marxistas que não querem fazer uma filosofia da história, justamente de interpretar a particularidade do desenvolvimento capitalista na América Latina. Esse nunca foi um problema para os partidos comunistas de nosso continente, os quais procuraram justificar a política da Internacional Comunista para as colônias e semicolônias por meio de uma teoria que não era, senão "calco y cópia".[9]

Para aqueles que se colocavam em outra perspectiva histórica e política, interpretar a América Latina a partir da obra de Marx implicava um esforço criativo de estudo de sua obra, de construção teórica e um reconhecimento, ao menos implícito, de que a fidelidade a sua dialética implicava, às vezes, em afastar-se de seu texto. De fato, também muitas da ideias de Marx estavam em nosso continente fora de lugar. Apropriadas de modo dogmático, não faziam senão erguer barreiras cognitivas à compreensão de nossa história. Interpretar essa história foi, assim, o primeiro desafio dos marxistas latino-americanos, dentre eles os brasileiros. Daí que a investigação sobre nossa *formação*, ou seja, sobre a construção histórica de nossa particularidade, tenha atraído algumas das melhores inteligências como Caio Prado Júnior, com seu *Formação do Brasil Contemporâneo*, de 1942, Nelson Werneck Sodré, com *Formação da Sociedade Brasileira*, de 1944, e *Formação Histórica do Brasil*, de 1962, e Antonio Candido, com a *Formação da Literatura Brasileira*, de 1957, ou ainda, fora do espectro do marxismo, mas em profundo diálogo com ele, Celso Furtado, com *Formação econômica do Brasil*, de 1959.

---

8   Enrique Dussel (1990) destacou com ênfase a importância desse 'último Marx" para a América Latina.

9   Construída após a afirmação de um programa a sofrível interpretação da América Latina pelos partidos comunistas, elaborada a partir da década de 1920, não fazia senão reproduzir uma cultura de manuais na qual as diversas etapas do desenvolvimento econômico e social pelas quais a Europa supostamente teria passado eram universalizadas. Essa operação intelectual visava sustentar as políticas de alianças com a burguesia nacional e a afirmação de programas "nacional-populares", "democrático-populares" ou "democrático-nacionais".

Marxismo e teoria da dependência

A necessidade de desenvolver uma interpretação de nossa realidade torna a trajetória do marxismo latino-americano desviante. Perry Anderson (2004) analisou o deslocamento que ocorreu no marxismo europeu do pós-guerra para os temas da filosofia e da crítica literária. A necessidade do marxismo interpretar a América Latina e, particularmente, o Brasil impediu que a pesquisa histórica, social, política e econômica sofressem o mesmo deslocamento. Pode-se, até mesmo, dizer que a filosofia e a crítica literária brasileiras foram desde cedo marcadas pela análise histórica e social, inclusive no marxismo, ou seja, que o objetivo explícito dessa filosofia e dessa crítica literária foi, senão sempre, pelo menos na maioria das vezes, interpretar o Brasil.

Isso é evidente naqueles autores já citados que assumiram como desafio o estudo da *formação* do Brasil. Mas pretendo apresentar de modo mais detalhado um caso que tinha tudo para ser a realização do "marxismo ocidental" no Brasil, mas que nunca o foi: o lendário "Seminário d'*O Capital*", aquele grupo de estudos sobre a obra de Marx integrado por José Arthur Giannotti, Fernando Henrique e Ruth Cardoso, Paul Singer, Fernando Novais, Octávio Ianni e outros.

Em um certo sentido a conformação do Seminário tinha um caráter de contestação à figura de Florestan Fernandes e àquilo que Gabriel Cohn chamou de seu "ecletismo bem temperado".[10] Mas embora esse desafio existisse, as exigências de rigor e cientificidade que este havia imposto a seu próprio trabalho eram por todos partilhadas, daí que Giannotti pudesse, retrospectivamente ressaltar "a vocação científica do grupo" (SCHWARTZ, 1999, 116) e Roberto Schwarz (1999, 89) dizer que o objetivo do grupo era "uma concepção científica superior".

Aqui está um ponto importante que merece ser destacado. A crítica explicita à tradução das ideias marxistas realizadas no Brasil pelo stalinismo, que sempre atravessou o grupo, encontrava-se amparada em uma também explícita distinção entre ciência e ideologia. Distinção essa que deveria ser viabilizada metodologicamente por uma leitura rigorosa d'*O Capital*. O papel de Giannotti como guardião epistêmico era, aí, crucial e foi por meio dele que o enfoque estruturalista de Martial Guéroult e Victor

---

10 Ver a opinião de Sallum Jr. (2002, 75-76). O projeto intelectual de Florestan procurava integrar de modo interdependente e complementar os diferentes aportes da sociologia sistemática, de Weber; da sociologia diferencial, de Marx; da sociologia comparada, de Durkheim; da sociologia descritiva, da Escola de Chicago; e da sociologia teórica, de Mannheim. Assim, a formação do grupo, ao afirmar as ideias de Marx como um ponto de partida, claramente desafiava Florestan.

Goldschmidt se tornou um modelo para uma leitura rigorosamente interna do texto de Marx, permitindo o que consideravam ser uma abordagem científica desta. Paulo Arantes e Roberto Schwarz (1999, 91) já destacaram a ironia presente no fato de que a empresa intelectual de um grupo que pretendia renovar criticamente e mesmo revolucionar a recepção de Marx no Brasil estava sustentada em uma técnica de leitura que era lugar comum para qualquer estudante do secundário francês.

Ironias à parte, a separação entre ciência e ideologia preconizada pelo grupo não deixava, entretanto, de ser ela mesma ideológica. A política permanecia não apenas como um objeto, mas também como um desejo. Todos liam *O Capital*, confessou Giannotti, com o objetivo de "entender o estágio em que se encontravam as relações sociais do desenvolvimento econômico e social brasileiro, com o intuito muito preciso de poder avaliar as políticas em curso" (Giannotti, 1998, 116). E a "aposta no rigor e na superioridade intelectual de Marx (…) era redefinida nos termos da agenda local, de superação do atraso por meio da industrialização" (Schwartz, 1999, 88), o que impedia os membros do Seminário de se afastarem das diretrizes do PCB ou da Cepal tanto quanto afirmavam querer.

O "estudo rigoroso" da obra de Marx tinha, assim, um claro propósito instrumental. O contexto é importante para compreender esse propósito. A promessa de desenvolvimento e a ideologia do progresso contida no programa de Juscelino Kubitschek pareciam materializar-se no vertiginoso crescimento industrial e na construção de Brasília. Nesse cenário, no qual o Brasil moderno parecia travar sua luta definitiva contra o Brasil arcaico, o que interessava a esses autores era "afinar conceitos científicos que lhes fornecessem instrumentos de intervenção na própria universidade e na política brasileira." (Giannotti, 1998, 119.)

Dentre aquelas questões de ordem teórica e interpretativa que se manifestavam com mais urgência, estava o acerto de contas com a ideia de *burguesia nacional* corrente tanto no discurso nacional-desenvolvimentista como naquele que tinha sede no Partido Comunista Brasileiro (PCB).[11] Foi numa clara contraposição a essa ideia

---

11 O Partido Comunista Brasileiro reagiu às transformações que se tornavam evidentes na sociedade brasileira deixando para trás sua fase esquerdista e destacando, na conhecida Declaração de Março de 1958, a existência de uma contradição fundamental entre uma burguesia "nacional e progressista" e o imperialismo norte-americano e seus aliados. Anunciada a contradição, a política indicada foi a constituição de uma Frente Nacionalista, constituída pelos "patriotas da burguesia nacional", a pequena burguesia e o proletariado urbano e rural. Tal frente poderia desenvolver suas forças pacificamente, chegando até mesmo a constituir, por esses meios, um governo nacional e

que apareceu a obra *Empresário industrial e desenvolvimento econômico*, de Fernando Henrique Cardoso (1964). Nela, eram apresentadas as inconsistência do projeto de hegemonia política da burguesia industrial brasileira. Presa entre motivações e interesses tradicionais que a prendiam ao latifúndio e ao capitalismo internacional, ao qual se encontrava associada, essa burguesia encontrava-se impossibilitada de aliar-se de modo duradouro às classes urbanas e populares.

Cardoso concluía seu livro com uma disjuntiva dilacerante. Ou esse capitalismo associado se consolidaria assegurando à burguesia brasileira a condição de sócia-menor do capitalismo ocidental ou as massas urbanas e os grupos populares manifestariam uma nova forma de organização capaz de "levar mais adiante a modernização política e o processo de desenvolvimento econômico do país". Em última instância, concluía Cardoso, "a pergunta será então, subcapitalismo ou socialismo?" (Cardoso, 1964, 187.)

Talvez, dado o ceticismo e a desconfiança que Cardoso demonstrou desde cedo perante o movimento operário, a interrogação já contivesse sua resposta. Mas outras são as questões que eu gostaria de levantar nesse momento. Os méritos e os limites desse livro podem ser encontrados na relação que estabelece entre a teoria marxista e a pesquisa empírica. A apropriação do marxismo por parte de Cardoso não foi feita de modo mecânico. O objetivo do autor era uma análise das características particulares que a burguesia assumia em uma sociedade que era desviante, mas não alheia ao desenvolvimento do capitalismo. O marxismo deveria, desse modo, viabilizar uma interpretação do Brasil que evitasse considerar seu "caso" como um "evento singular discreto" à maneira de um historicismo vulgar, ao mesmo tempo que rejeitasse as tentações do economicismo que apresentava a formação da ordem capitalista industrial em nosso país como uma "tendência inexorável" (Cardoso, 1964, 42-43).

Reconhecer o mérito dessa abordagem não implica, entretanto, afirmar sua exclusividade, ou mesmo sua originalidade. As críticas à noção de "burguesia nacional" e aos esquemas etapistas que caracterizavam a análise do PCB eram voz corrente na esquerda anti-stalinista da época e, particularmente na Organização Revolucionária Marxista-Política Operária (Polop), fundada em 1961 (cf. Sader, 1997, 110; e Mattos, 2002, 186). E haviam sido antecedidas em muito pelas pioneiras análises da Liga Comunista

---

a realizar "por formas e meios pacíficos", a revolução antiimperialista e antifeudal (PCB, 1982). As diretrizes anunciadas pela Declaração de Março foram ratificadas pelo 5º Congresso do PCB, realizado em 1960. O apoio à candidatura do marechal Lott, em 1961, e o suporte dado pelo partido ao governo de João Goulart foram os desdobramentos práticos dessas teses.

Luciana Aliaga, Henrique Amorim e Paula Marcelino (orgs.)

Internacionalista na década de 1930 e, particularmente pelo "Esboço de uma análise da situação econômica e social do Brasil", de Mario Pedrosa e Lívio Xavier (1987).

Crítica similar poderia ser encontrada em outros países e antecedendo muito os trabalhos do "Seminário d'*O Capital*". Na Argentina, Nahuel Moreno havia formulado em 1948 "Cuatro tesis sobre la colonización española y portuguesa em América" (MORENO, 1957) e o agudo historiador argentino Milcíades Peña, um personagem sobre o qual o marxismo latino-americano deveria prestar mais atenção, escreveu entre 1955 e 1957 um conjunto de importantes textos daquilo que pretendia ser um amplo painel da formação e da perspectiva das classes sociais na Argentina (ver Peña, 1975, 1975a, 1975b, 1975c, 1975d e 1975e).[12]

Os limites da abordagem de Fernando Henrique Cardoso ficariam mais evidentes posteriormente com a publicação em coautoria com Enzo Faletto de sua *magnum opus Dependência e Desenvolvimento na América Latina* (CARDOSO e FALETTO, 2004). Criticando o dualismo estrutural que caracterizava muito das teorias do subdesenvolvimento, Cardoso e Faletto (2004, 34) propunham uma "análise integrada do desenvolvimento", na qual este era concebido como "o resultado da interação de grupos e classes sociais que têm um modo de relação que lhes é próprio". O foco da análise passava, assim, a ser "o estudo das estruturas de dominação e das formas de estratificação social que condicionam os mecanismos e os tipos de controle e decisão do sistema econômico em cada situação particular" (CARDOSO e FALETTO, 2004, 37).

O pressuposto era o mesmo que animava *Empresário industrial e desenvolvimento econômico*: construir uma análise que permitisse a interpretação de casos particulares, rejeitando tanto o recurso a teorias *ad hoc* como a generalizações abstratas. Mas os objetivos de *Dependência e Desenvolvimento na América Latina* eram muito mais ambiciosos, uma vez que deixava de lado os estreitos quadros da sociedade brasileira e adotava para a análise do desenvolvimento uma perspectiva latino-americana. Para tal, seus autores procuravam, por meio da noção de dependência, aludir às condições particulares de existência e funcionamento do sistema econômico e do sistema político e as relações que estes

---

12 Em sua curta vida, Milcíades Peña (1933-1965) produziu uma obra extremamente significativa na qual empreendeu um importante esforço de revisão da história argentina. No mesmo ano em que Cardoso publicou seu livro sobre os empresários industriais, Peña deu início à publicação de três artigos na revista Fichas de Investigación Económica y Social reunidos logo depois no livro Industria, burguesía industrial y liberación nacional (1974).

mantinham nos planos interno e externo, insistindo "na natureza política dos processos de transformação econômica" (CARDOSO e FALETTO, 2004, 179).[13]

De modo apropriado, João Quartim de Moraes perguntou à época a respeito do "estatuto teórico da teoria da dependência" e, mais precisamente, a respeito da relação desta com a teoria marxista (MORAES, 1972). Respondendo a Weffort (1989) que, dogmaticamente, procurava contrapor uma teoria baseada na ideia de nação a uma teoria baseada na ideia de classe, Cardoso explicou que não havia procurado construir uma "teoria da dependência" e sim fazer uma "análise concreta das situações de dependência". O conceito de dependência seria constituído por meio da saturação histórica das contradições particulares que lhe dariam sentido. Mas esse conceito não estaria definido no campo teórico do modo de produção. Tratar-se-ia de um conceito "reflexo" que seria "explicado por conceitos que constituem a teoria do capitalismo na fase imperialista (…). Quando, entretanto, o conceito de dependência se refere às formações sociais (…) o procedimento adequado para construí-lo teoricamente é o de reter conceitualmente as contradições que ele quer expressar." (CARDOSO, 1972, 129).

Afirmando que não pretendia construir uma teoria geral da dependência, mas apenas aplicar o conceito às formações sociais, Cardoso se eximia, desse modo, de explicar o conceito de dependência por meio das categorias que constituem a teoria do capitalismo e procurava resolver as dificuldades conceituais postas por uma teoria da dependência por meio do estudo empírico das realidades nacionais concretas. A dificuldade de pensar a América Latina por meio das categorias d'*O Capital* era contornada por Fernando Henrique Cardoso, mas não solucionada. Por essa razão Marx não era citado em todo o texto e as categorias marxianas da análise do capitalismo não apareciam na análise da dependência que fazia Cardoso. Embora não fosse citado, Marx comparecia em *Dependência e Desenvolvimento na América Latina*, como de resto no conjunto da produção da década de 1960 dos membros do "Seminário d'*O Capital*". Mas o fazia na condição de epistemólogo e era como tal que ele estava sempre presente nessa produção.

Em *Dependência e Desenvolvimento na América Latina* está consolidada uma notável análise da situação latino-americana que procurava articular as dimensões política

---

13 Assim, "Ao considerar a 'situação de dependência', na análise do desenvolvimento latino-americano, o que se pretende ressaltar é que o modo de integração das economias nacionais no mercado internacional supõe formas distintas de inter-relação dos grupos sociais de cada país, entre si e com os grupos externos." (CARDOSO e FALETTO, 2004, 43).

e econômica. Mas as questões fundamentais de todo processo de dependência, a produção de valor e mais-valor e a transferência de mais-valor, não eram abordadas. Era justamente o tratamento teórico dessas questões o que permitiria esclarecer os processos concretos que teriam lugar nas diferentes realidades nacionais e, principalmente, as formas que a contradição entre as classes assumiria em cada país.

Em sua reconstrução da trajetória do "Seminário d'*O Capital*", Roberto Schwarz (1999, 103) apontou que o grupo não se interessou pela crítica de Marx ao fetichismo da mercadoria. Mas é sempre conveniente recordar que a análise marxiana do fetichismo é um capítulo de sua teoria do valor. É justamente esta que parece estar ausente. As dificuldades que José Serra e Fernando Henrique Cardoso (1979) encontraram para responder às objeções de Ruy Mauro Marini e o tratamento pobre que deram às categorias de valor e de mais-valor nessa ocasião tornam ainda mais sentida essa ausência (cf. MARINI, 2000, 177-181).

Na conclusão de *Dependência e Desenvolvimento na América Latina* esses limites revelam-se de modo dramático. Nela, a oposição entre "socialismo e subcapitalismo" era substituída de modo ainda não desenvolvido teoricamente pela oposição entre dependência e interdependência. A nova situação da dependência caracterizada pela inserção dos "interesses externos" no setor de produção para o mercado interno e sua sustentação em alianças políticas das quais fariam parte as classes urbanas tornaria possível que os países dependentes superassem a situação de subdesenvolvimento por meio de um desenvolvimento capitalista associado.

A base dessa nova interdependência estaria na crescente solidariedade entre os investimentos industriais estrangeiros e a expansão econômica do mercado interno que se evidenciaria em uma forte tendência ao reinvestimento de parte dos lucros obtidos pelas empresas transnacionais no mercado interno (cf. CARDOSO e FALETTO, 2004, 164). Assim, mesmo que o novo tipo de desenvolvimento implicasse em que mecanismos de controle da economia nacional fugissem do controle interno, excluindo qualquer alternativa, devido à unificação dos sistemas produtivos e dos mercados (cf. CARDOSO e FALETTO, 2004, 167), isto não implicaria uma intensificação da dependência: "vínculos posteriores com a economia internacional poderiam ser do tipo normal nas economias modernas, nas quais sempre há interdependência" (cf. CARDOSO e FALETTO, 2004, 165).

O que esses autores consideram como vínculos de "tipo normal com a economia internacional" é um comércio internacional que não implicasse em uma transferência de valor, ou seja, um comércio mundial ricardiano, no qual as vantagens comparativas de cada nação garantiriam mútuos benefícios.[14] Em termos teóricos, esse argumento é colocado de modo mais intenso e acabado na polêmica que Fernando Henrique Cardoso e José Serra moveram contra Ruy Mauro Marini. Em uma passagem crucial de seu texto, esses autores questionam a possibilidade de transferência de valor por meio do comércio internacional afirmando que "não havendo mobilidade da força de trabalho fica difícil estabelecer-se, em escala internacional, o conceito de tempo de trabalho socialmente necessário, o qual, por sua vez, é crucial como requisito para a operação da lei do valor" (SERRA e CARDOSO, 1979, 49).

Marini surpreendeu-se com esse argumento e não viu o nexo anunciado por Serra e Cardoso entre a mobilidade da força de trabalho e o tempo de trabalho socialmente necessário. E de fato, tal nexo não existe na obra de Marx. Mas tal nexo é importante para a teoria ricardiana do comércio. Daí que, sem maiores explicações, Serra e Cardoso simplesmente rejeitem a operação da lei do valor no comércio mundial. Como consequência, ao invés de discutir as diferenças de "produtividade e de valores unitários" mostram-se interessados na variação dos preços relativos e na deterioração dos "índices de relações de troca" que teriam como "componente dinâmico na explicação" a "luta de classes" (SERRA e CARDOSO, 1979, 45).

Jogada à cara de Marini, a referência à "luta de classes" tinha o propósito de demarcar posições entre uma leitura aberta, heterodoxa e até mesmo radical e outra economicista e ortodoxa. No argumento de Raúl Prebisch aceito por Serra e Cardoso, os aumentos de produtividade na produção de máquinas e equipamentos nos países desenvolvidos seriam rápidos e não se traduziriam em redução proporcional do preço unitário, enquanto que nos países subdesenvolvidos os aumentos de produtividade seriam lentos e se refletiriam em reduções proporcionais do preço. As razões para tal adviriam do fato de que nos países industrializados os ganhos de produtividade seriam repartidos entre capitalistas e trabalhadores, enquanto que nos países periféricos isso não ocorreria devido, entre outras razões, à incapacidade política dos trabalhadores imporem níveis salariais mais elevados e à debilidade das burguesias nacionais. As diferenças salariais decorrentes da luta de classes seriam, assim, cruciais para explicar o comportamento desigual dos preços dos produtos comercializados por nações industrializadas e periféricas (cf. SERRA e CARDOSO, 1979, 43). Daí a conclusão:

---

14 Anwar Shaikh (1991) argumenta vigorosamente que a lei ricardiana dos custos comparativos não é compatível com a teoria marxiana do valor.

> Sem que se considere, por um lado, a capacidade de luta dos trabalhadores industriais no Centro bem como a defesa pelos empresários de seus interesses monopolistas e, por outro, a fraqueza relativa de ambos na periferia, não se explica o intercâmbio desigual, processo que reflete as condições reais das relações sociais nas quais se desenvolve a produção capitalista (Serra e Cardoso, 1979, 45).

Este argumento, que parece a primeira vista fazer sentido quando mobilizado para explicar as relações centro-periferia, demonstra sua fragilidade quando utilizado para explicar as diferenças existentes entre países industrializados, como por exemplo, a Inglaterra e os Estados Unidos na primeira metade do século XX. Afinal, de que lado do Atlântico era possível encontrar uma classe operária mais organizada e uma luta de classes mais intensa? Certamente não era do lado dos Estados Unidos, para onde, paradoxalmente, a balança do comércio exterior inclinava-se favoravelmente. O recurso à luta de classes para solucionar os impasses aos quais chega o modelo explicativo tem o valor de um argumento *ad hoc*.

Por sua vez, um argumento que estivesse assentado nas categorias marxianas poderia debruçar-se sobre os processos de transferência de valor por meio do mercado mundial e, desse modo, chegar a resultados mais consistentes a respeito da dependência. A superioridade teórica do argumento de Ruy Mauro Marini em sua *Dialética da dependência* (2000) reside justamente neste ponto. Considerado a partir dessas categorias, o problema da dependência encontra sua explicação a partir de uma perspectiva totalizante que articula os processos de produção de mercadorias em contextos nacionais de desenvolvimentos desiguais e combinados com a circulação de mercadorias no mercado mundial e a transferência de mais-valor que esta possibilita. Esse tema foi apenas esboçado por Marx, mas tal esboço já fornece importantes pistas para a solução.

Analisando as diferenças nacionais de produtividade de trabalho, Marx apontou, no livro I de *O capital*, que a intensidade média do trabalho varia de país para país. Comparando um trabalho mais intensivo com outro menos intensivo se verificará que o trabalho mais intensivo produz em um mesmo tempo mais valor. Desse modo, "o trabalho nacional mais produtivo é considerado ao mesmo tempo como mais intensivo, sempre que a nação mais produtiva não seja obrigada pela concorrência a reduzir o preço de venda de suas mercadorias até o limite de seu valor" (Marx, 1990a, 702).

Adquirem posição predominante no comércio internacional aquelas nações nas quais a intensidade e produtividade do trabalho superam o nível internacional. E muito embora o salário nominal – o equivalente da força de trabalho expresso em dinheiro – seja mais elevado nesses países do que nos demais, o preço relativo do salário, ou seja, sua relação com o mais-valor e com o valor do produto será nele mais baixo do que nos países nos quais predomine um regime capitalista menos desenvolvido. Um exemplo numérico pode ajudar a esclarecer essa questão. Ernest Mandel (1982, 250-254) propôs, em sua análise da troca desigual, um exemplo no qual dois países – A (desenvolvido) e B (subdesenvolvido) - importam e exportam mercadorias entre si. O valor do pacote de mercadorias exportado por A corresponde a $5.000c + 4.000v + 4.000s = 13.000$, onde c corresponde ao capital constante, v ao capital variável e s o mais-valor, a taxa de lucro (s/[c+v]) é igual a 44% e a taxa de mais-valor (s/v) igual a 100%. O valor do pacote de mercadorias exportado por B corresponde a $200c + 2.000v + 1.800s = 4.000$, a taxa de lucro é igual a 82% e a taxa de mais-valor igual a 90%. Perceba-se que nesse caso, embora a taxa de lucro de B seja quase o dobro de A, a taxa de mais-valor (taxa de exploração) de A é maior do que a taxa de mais-valor de B.

Nessa situação, que pressupõe diferentes taxas de lucro nacionais, a equivalência de valores internacionais em uma situação na qual B exporta 4.000 unidades monetárias é a seguinte: $1.538c^A + 1.231v^A + 1.231s^A = 200c^B + 2.000v^B + 1.800s^B$. Assim, embora valores internacionais sejam trocados por seus equivalentes, esses valores iguais representam quantidades desiguais de trabalho decorrentes das diferenças de produtividade entre as diferentes nações: $1.231v^A < 2.000v^B$. Mas ao contrário do que parecem insistir Cardoso e Serra – e antes deles Raúl Prebisch –, a questão fundamental nessa diferença não reside nos custos salariais desiguais e sim no fato de que a hora de trabalho de A é mais produtiva do que a hora de trabalho de B. A troca desigual é, assim, uma transferência de valor, ou seja, de quantidades de trabalho.[15]

Embora Mandel assuma como pressuposto que não existe um nivelamento internacional das taxas de lucro, a troca desigual persistiria mesmo na hipótese de que ocorresse o nivelamento. Dividindo a massa total de mais-valor pela massa total de capital adiantado (5800/11200), obtém-se uma taxa de lucro do conjunto do sistema igual a aproximadamente 52%. Equalizadas nesse índice as taxas de lucro tem-se que para A o preço de produção do pacote de mercadorias seria $5.000c + 4.000v + 4.661pr$

---

15 Esclareça-se que a competição entre setores industriais e no interior de setores industriais, ou seja, o intercâmbio desigual, não é a única fonte de transferência de valor. A estas fontes é possível acrescentar a repatriação de lucros, *royalties* e rendas, os empréstimos bancários e as dívidas públicas dos países periféricos (cf. Shaikh, 1991 e Cooney, 2004).

= 13.661 e para B esse preço seria de 200c + 2.000v + 1.139pr = 3.339. Nesse caso a troca se daria nos seguintes termos: 1.222c^A + 978v^A + 1.139pr^A = 200c^B + 2.000v^B + 1.139pr^B, portanto, 978v^A < 2.000v^B, uma diferença ainda maior. A troca de quantidades desiguais de trabalho permaneceria, assim, como o fundamento da troca desigual. Marx descreveu rapidamente esse processo n'*O Capital*:

> Os capitais investidos no comércio exterior podem levantar uma quota mais elevada de lucro, em primeiro lugar porque competem com mercadorias produzidas com facilidades de produção menos desenvolvidas, por isso o país mais adiantado vende suas mercadorias acima de seu valor, ainda que mais baratas do que os países competidores. (...) O país mais favorecido obtém uma quantidade maior de trabalho em troca de uma menor, ainda que a diferença, o excedente, seja embolsado por uma determinada classe, como ocorre em geral com o intercâmbio ente capital e trabalho (MARX, 1990c, 344-346).

A concorrência tende, portanto, a agravar as condições nas quais ocorre o processo de distribuição do mais-valor na esfera mundial. Esse processo é completamente assimétrico e ditado não apenas pelos diferentes níveis nacionais de intensidade e produtividade do trabalho como, também, pelas condições econômicas e políticas que permitiriam para alguns países sustentar o preço de mercadorias acima de seu valor, enquanto imporiam a outros preços inferiores ao valor. Nessas condições não há como falar de interdependência a não ser que esta signifique simplesmente subordinação.

Isso implica em uma abordagem economicista como Cardoso e Serra afirmaram? Seria uma abordagem economicista se as diferenças de produtividade fossem atribuídas exclusivamente ao variado desenvolvimento tecnológico. A abordagem marxiana é, entretanto, mais complexa. Segundo Marx a produtividade é "determinada por uma ampla gama de circunstâncias; é determinada dentre outras coisa pelo grau médio de habilidade dos trabalhadores, o nível do desenvolvimento da ciência e de suas aplicações tecnológicas, a organização social do processo de produção, a extensão e eficiência dos meios de produção e as condições encontradas em seu ambiente natural" (MARX, 1990b, 130). É, pois, no desenvolvimento histórico desigual e combinado do capitalismo que encontraremos as determinações das diferentes produtividades do trabalho. A luta de classes atravessa essas múltiplas determinações, sobredeterminando-as.

O que a recorrente acusação de economicismo aventada por Cardoso e Serra revela, por outro lado, é uma concepção de atividade econômica na qual a luta de classes não tem lugar. Mas é, justamente, no processo de produção de mercadorias que a luta de classes ocorre de modo mais intenso. Na obra de Marx a luta de classes não ocorre após encerrada a jornada de trabalho, ela tem lugar no próprio processo de produção. As categorias de valor, mais-valor, lucro, taxa de mais-valor, taxa de lucro e produtividade do trabalho, às quais fizemos referência ao longo deste texto expressam relações sociais marcadas pelo conflito social. Daí que elas representem o antagonismo social, ao invés das possibilidades de harmonização dos interesses, como ocorre com as categorias ecléticas sobre as quais muitos dos argumentos de Cardoso e Serra repousavam.

Grandezas e misérias de uma tradição crítica

Dependência e Desenvolvimento na América Latina, juntamente com o restante da produção teórica dos membros do "Seminário d'*O Capital*" Marx, constitui um ponto alto do pensamento marxista brasileiro ao mesmo tempo em que revela a dificuldade em articular as dimensões teórica e empírica da pesquisa marxista que se expressava nesse grupo, evidenciando seus limites. Contribuía para exacerbar essa dificuldade a divisão de trabalho que imperava nesse grupo. Uma divisão que, segundo um dos expoentes do Seminário "sempre foi prezada; mais ainda, cultuada, pois entendíamos que nossas práticas públicas e políticas somente poderiam se legitimar a partir dos particularismos de nossas respectivas tradições" (GIANOTTI, 1998, 121). Se o objetivo era legitimar carreiras intelectuais em um contexto de institucionalização crescente das ciências humanas, tal divisão de trabalho sem dúvida deu bons frutos. Mas embora os beneficiados possam se regozijar com seu sucesso, essa estratégia teve um impacto negativo sobre o próprio desenvolvimento da teoria marxista.

Cabe ressaltar, entretanto, a dimensão da contribuição dos membros do "Seminário d'*O Capital*" para o desenvolvimento do pensamento marxista no Brasil. A importância capital dos estudos do Seminário, principalmente daqueles voltados para a compreensão do Brasil, reside no golpe fatal que assestaram nas teses do "feudalismo brasileiro" e da burguesia nacional. Essas teses que, durante decênios, embasaram as políticas conciliadoras do marxismo oficial no Brasil, foram completamente desacreditadas pelos estudos de Fernando Novais, Fernando Henrique Cardoso, Octávio Ianni e outros.

De vários modos, dentre os quais os políticos não são os menores, as gerações posteriores ao Seminário superaram esta. Mas coube a ela estabelecer uma medida a partir da qual os trabalhos posteriores podem ser comparados e evidenciar as dificuldades próprias à construção da unidade entre pesquisa marxista teórica e empírica. A tradição crítica que se fazia presente no "Seminário d'*O Capital*" (mas não se restringia apenas a ele) deixou um importante legado e assentou as bases para uma interpretação da realidade brasileira e latino-americana, mas não deixou de mostrar seus limites.

Essa corrente intelectual, entretanto, agonizou lentamente a partir dos anos 1970, à medida que seus expoentes ascenderam a posições de poder (cf. Coggiola, 2005). Os compromissos com a política cotidiana se fizeram cada vez mais intensos, arrefecendo o impulso crítico que haviam sido exibidos anteriormente. Na década de 1990, já na presidência da República, Fernando Henrique Cardoso não era senão uma grosseira caricatura de si mesmo. Uma leitura retrospectiva poderá procurar nas ideias correntes naquele Seminário a miséria de nosso presente, mas o idealismo dessa leitura que procura as determinações da luta de classes nas ideias salta aos olhos.

Detive-me na exposição das grandezas e misérias que parecem caracterizar a produção científica dos membros desse Seminário porque creio que ela evidencia as dificuldades reais de afirmação de um marxismo latino-americano ou brasileiro, capaz de unificar pesquisa teórica e pesquisa empírica. E optei por apresentar rapidamente a modalidade de manifestação dessa dificuldade na obra de Fernando Henrique Cardoso uma vez que ela é não apenas a mais conhecida, como, também, a que melhor expressou um certo modo de interpretar o Brasil cujos fundamentos foram lançados no "Seminário d'*O Capital*". Foi por isso mesmo aquela que evidenciou de modo mais intenso em nosso país os dilemas do marxismo na América Latina.

Seria essa dificuldade uma refração da separação entre teoria e prática que caracterizaria o marxismo ocidental segundo a versão de Perry Anderson? Não o creio. É claro que, na trajetória do Seminário, alguns mais apressados poderiam encontrar a separação entre teoria e prática que se evidencia na Europa. De certo modo, a atividade do grupo prefigurou um deslocamento do marxismo para o interior das universidades, que se tornou mais evidente depois do Ato Institucional 5, em 1968. Mas esse deslocamento pode esconder o fato de que para vários dos membros do Seminário a política era parte constitutiva de sua práxis e que a própria agenda de pesquisa era politicamente orientada. Fernando Henrique Cardoso não é o melhor exemplo dessa práxis, uma vez que a abraçou apenas tardiamente, muito embora seja o que tenha ido mais longe. Mas não podemos esquecer que Paul Singer, um dos fundadores da Polop, também fazia parte do grupo.[16]

Em que reside, pois, essa dificuldade de articular de modo apropriado a pesquisa teórica e a pesquisa empírica de modo a permitir uma compreensão profunda da realidade latino-americana e da brasileira em particular? As vicissitudes históricas da difusão do marxismo em nosso subcontinente podem explicar os bloqueios políticos a essa compreensão. A hegemonia do stalinismo e do populismo, bem como as tendências anti-intelectualistas que se faziam presentes nessas correntes foram, sem dúvida, importantes barreiras, as mais difíceis de transpor. Mas se quisermos superar esses obstáculos, é preciso reconhecer as "cegueiras e obstáculos cognitivos" que se manifestavam no âmbito da própria teoria.

A realidade rebelde, constituída pelo caráter desviante do capitalismo que tem lugar neste subcontinente, colocou desafios teóricos e interpretativos para o pensamento crítico que este nem sempre soube enfrentar de modo apropriado.[17] Foi no trabalho de formulação teórica que as maiores dificuldades se apresentaram. Detendo-se onde era preciso avançar, muitos enfrentaram essas dificuldades subsumindo a realidade das formações econômico-sociais de nosso Continente a uma estreita lógica do capital que apagava as diferenças; tinham as soluções, mas lhes faltavam as perguntas. Outros avançaram por caminhos tortuosos, deixando de lado a teoria e empenhando-se em descrições densas de nossas realidades; foram capazes de identificar questões pertinentes, mas não tinham as respostas.

A solução do problema parece estar na construção de uma unidade profunda entre teoria e prática, pesquisa teórica e empírica. O pressuposto, mais uma vez, o de um

---

16 Essa relação com a política que caracterizava tão intensamente o marxismo brasileiro, mesmo aquele sediado nas universidades, ficava ainda mais evidente na segunda geração do Seminário d'*O Capital*, da qual faziam parte Emir Sader, Francisco Weffort, João Quartim de Moraes, Paulo Sandroni e Ruy Fausto, dentre outros. Além do mais, a mesma dificuldade de articular pesquisa teórica e pesquisa empírica se manifestava no Rio de Janeiro, onde os vínculos com a política e, particularmente, com o Partido Comunista Brasileiro eram mais intensos e se expressavam por meio da revista Civilização Brasileira.

17 Segundo Marini: "Frente ao parâmetro do modo de produção capitalista puro, a economia latino-americana apresenta peculiaridades, que às vezes se dão como insuficiências, e outras – nem sempre distinguíveis facilmente das primeiras – como deformações. (...) é por isso que mais que o capitalismo, o que temos é um capitalismo *sui generis*, que só ganha sentido se o contemplarmos tanto a nível nacional como, principalmente, a nível internacional." (MARINI, 2000, 106.)

retorno a Marx. Enfrentar de modo crítico os desafios apresentados por sua obra, reconhecendo seus limites e lacunas é condição essencial. A identificação dos pontos cegos da teoria deve ter como consequência uma paciente prática teórica capaz de restaurar sua capacidade explicativa. A América Latina é, sem dúvida, um desses pontos cegos, como vimos. Por essa razão, também nosso marxismo não pode ser "calco y copia". Para ser crítico ele deve ser "criação heroica".

Bibliografia

ANDERSON, Perry. *Considerações sobre o marxismo ocidental. Nas trilhas do materialismo histórico.* São Paulo: Boitempo, 2004.

CARDOSO, Fernando Henrique e FALETTO, Enzo. *Dependência e desenvolvimento na América Latina*: ensaio de interpretação sociológica. Rio de Janeiro: Civilização Brasileira, 2004.

CARDOSO, Fernando Henrique. "Teoria de dependência" ou análises concretas de situações de dependência. In: *O modelo político brasileiro*. São Paulo: Difusão Europeia do Livro, p. 123-139, 1972.

CARDOSO, Fernando Henrique e SERRA, José. "As desventuras da dialética da dependência". *Estudos Cebrap*, São Paulo, n. 23, p. 34-80, 1979.

CARDOSO, Fernando Henrique. *Empresário industrial e desenvolvimento econômico no Brasil*. São Paulo: Difusão Europeia do Livro, 1964.

COGGIOLA, Osvaldo. "A agonia da tradição crítica brasileira e latino-americana". *Crítica Marxista*, São Paulo, n. 20, p. 90-110, 2005.

COONEY, Paul. "Towards and empirical measure of international transfers of value". In: FREEMAN, Alan; KLIMAN, Andrew e WELLS, Julian. *The New Value Controversy and the Foundations of Economics*. Cheltenham: Edward Elgar, 2004, p. 241-260.

DUSSEL, Enrique. *El último Marx (1863-1882) y la liberación latinoamericana*. México D.F.: Siglo XXI, 1990.

GIANNOTTI, José Arthur. "Recepções de Marx". *Novos Estudos Cebrap*, São Paulo, n. 50, p. 115-124, 1998.

Mariátegui, José Carlos. *Ideologia y politica*. Lima: Amauta, 1987 (Obras completas, vol. 13).

Marini, Ruy Mauro. *Dialética da dependência*. Petrópolis: Vozes/Clacso, 2000.

Marx, Karl. *Le capital*. Vol. 1. Paris: M. Lachâtre, 1872.

Marx, Karl e Engels, Friedrich. *Werke: Herausgege ben vom Institut für Marxismus-Leninismus beim ZK der SED*. Vol. 23. Berlim: Dietz-Verlag, 1956.

_____. *Collected Works*. Vol. 6. Nova York: International Publisher, 1976.

_____. *Collected Works*. Vol. 8. Nova York: International Publisher, 1976a.

_____. *Collected Works*. Vol. 12. Nova York: International Publisher, 1976b.

_____. *Collected Works*. Vol. 18. Nova York: International Publisher, 1976c.

_____ *Collected Works*. Vol. 20. Nova York: International Publisher, 1976d.

_____. *Collected Works*. Vol. 21. Nova York: International Publisher, 1976e.

_____. *Collected Works*. Vol. 24. Nova York: International Publisher, 1976f.

_____. *Collected Works*. Vol. 40. Nova York: International Publisher, 1976g.

Marx, Karl. *Capital*. Vol. 1. Londres: Penguin, 1990.

_____. *Capital*. Vol. 2. Londres: Penguin, 1990.

_____. *Capital*. Vol. 3. Londres: Penguin, 1990.

Mandel, Ernest. *O capitalismo tardio*. São Paulo: Abril Cultural, 1982.

Mattos, Marcelo Badaró. "Em busca da revolução socialista: a trajetória da Polop (1961-1967)". In: Ridenti, Marcelo e Reis Filho, Daniel Aarão. *História do marxismo no Brasil: partidos e organizações dos anos 20 aos 60*. Campinas: Editora da Unicamp, 2002, vol. 5, p. 185-212.

Monjarás-Ruiz, Jesús. "México em los escritos y fuentes de Karl Marx". *Nueva Sociedad*, n. 66, p. 105-111, 1983.

Moraes, João Quartim de. "Le statut theorique de la notion de dependence". VVAA. *Dependencia y estructura de clase em America Latina*. Genebra: Centre Europe-Tiers Monde, 1972.

MORENO, Nahuel. "Cuatro tesis sobre la colonización española y portuguesa em América". *Estratégia*, Buenos Aires, n. 1, 1957.

PCB. "Declaração sobre a política do PCB. *Voz Operária*, 22 mar. 1958". In: CARONE, Edgar. *O PCB (1943-1964)*. São Paulo: Difel, 1982.

PEDROSA, Mario e XAVIER, Livio. "Esboço de uma análise da situação econômica e social do Brasil". In: ABRAMO, Fúlvio e KAREPOVS, Dainis. *Na contracorrente da história*: documentos da Liga Comunista internacionalista (1930-1933). São Paulo: Brasiliense, 1987.

PEÑA, Milcíades. *Antes de Mayo*. Buenos Aires: Fichas, 1975.

_____. *El paraíso terrateniente*. Buenos Aires: Fichas, 1975a.

_____. *La era de Mitre*. Buenos Aires: Fichas; 1975b.

_____. *De Mitre a Roca*. Buenos Aires: Fichas, 1975c.

_____. *Alberdi, Sarmiento y el 90*. Buenos Aires: Fichas, 1975d.

_____. *Masas caudillos y elites*. Buenos Aires: Fichas, 1975e.

_____. *Indústria, burguesia industrial y liberación nacional*. Buenos Aires: Fichas, 1974.

SADER, Emir. "Nós que amávamos tanto *O Capital*: fragmentos para a história de uma geração". In: *O poder, cadê o poder? Ensaios para uma nova esquerda*. São Paulo: Boitempo, 1997, p. 87-111.

SALLUM JR., Brasílio. "Notas sobre o surgimento da Sociologia Política em São Paulo". *Política & Sociedade*, Florianópolis, vol. 1, n. 1, p. 73-86, 2002.

SCHWARZ, Roberto. *Sequências brasileiras*: ensaios. São Paulo: Companhia das Letras, 1999.

SERRA, José e CARDOSO, Fernando Henrique. "As desventuras da dialética da dependência". *Estudos Cebrap*, n. 33-80, 1979.

SHAIKH, Anwar. *Valor, acumulación y crisis*: ensayos de economia política. Bogotá: Tercer Mundo, 1991.

WEFFORT, Francisco. "Dependência: teoria de classes ou ideologia nacional?" In: *O populismo na política brasileira*. Rio de Janeiro: Paz e Terra, 1989, p. 165-181.

ZEA, Leopoldo. "Visión de Marx sobre América Latina". *Nueva Sociedad*, n. 55, p. 59-66, 1983.

O marxismo na América Latina[1]

Cláudio Katz[2]

O debate sobre o marxismo na América Latina esteve tradicionalmente vinculado à problemática da revolução. Essa temática decaiu abruptamente nos anos 1990 como consequência do colapso da URSS, da expansão do constitucionalismo e do auge do neoliberalismo. Em um clima de hegemonia do pensamento conservador, a revolução foi expurgada da linguagem política. Converteu-se em um conceito censurado na academia, esquecido pelos meios de comunicação e evitado por muitos intelectuais.

Essa proibição foi recentemente destruída e, ao final, esse conceito foi reincorporado ao léxico corrente de vários países. Ele é utilizado diariamente na Venezuela, recuperou legitimidade na Bolívia, adota referências cidadãs no Equador, motivou importantes controvérsias na Argentina durante a insurreição de 2001 e persiste como um conceito central da sociedade cubana.

A revolução é um tema inevitável se o objetivo é esclarecer quem dirige o Estado e não somente quem preside o governo. Permite explicar como se obtém, mantém ou perde o poder. Seu debate coloca as grandes alternativas estratégicas no centro da cena. A revolução é necessária, conveniente ou factível na atualidade? Que formas e

---

1 Trabalho apresentando no *5º Colóquio Marx Engels*, na sessão plenária: "O Marxismo na América Latina", no dia 7 de novembro de 2007. Artigo publicado também como capítulo do livro: Katz, C. Las disyuntivas de la izquierda en América Latina. Ediciones Luxemburg, Buenos Aires, 2008. E ainda como artigo "Controversias sobre la revolución", Revista Internacional Marx Ahor, Instituto de Filosofía, La Habana, n. 25 de 2008. Tradução e notas de tradução (N.T.) de Elaine Amorim.

2 Professor da Universidade de Buenos Aires e pesquisador do Conicet.

variedades ela apresenta na era contemporânea? É um acontecimento prescrito ou tenderá a irromper no futuro?

A cruzada na América Latina

No começo dos anos 1990 os intelectuais alinhados com o *establishment* receberam com entusiasmo a "renúncia à revolução" proclamada por vários líderes da esquerda regional. Festejaram a "derrota sem clemência" do socialismo e o abandono deste projeto "como uma etapa diferente da história mundial". Previram, além disso, que os triunfos do capitalismo, os êxitos dos Estados Unidos e a diminuição das rebeliões populares determinariam um "futuro sem marxistas" (CASTAÑEDA, 1993).

Essas caracterizações foram desmentidas pelo curso dos acontecimentos. Desde o início da década os direitistas tiveram de lidar com a crise do modelo neoliberal, o retrocesso dos governos conservadores e o ressurgimento dos levantes sociais.

Os defensores do *status quo* afrontam o fracasso da ALCA, o estancamento dos tratados de livre comércio e a perda de iniciativa diplomática do Departamento de Estado. Seus elogios ao neoliberalismo chocam-se com a crise das privatizações e os nefastos resultados da desregulamentação.

Os apologistas do capitalismo anunciaram o fim do protesto popular em coincidência com o "caracazo"[3] e pouco antes do levante zapatista. Anteciparam a passividade dos oprimidos quando começavam as grandes rebeliões da Bolívia, Equador, Venezuela e Argentina. Tais desacertos estenderam-se à celebração de um "futuro sem marxistas", que ficou obscurecida pela recente reativação do pensamento de esquerda.

Os conservadores afirmam que a revolução perdeu sentido ao eliminar as esperanças de um mundo melhor (CASTAÑEDA, 1993). Mas esta percepção pessimista foi exposta para respaldar os velhos postulados reacionários. Afirmaram que a ordem vigente é imutável, que o capitalismo perdurará até a eternidade e que os oprimidos se resignarão a padecer a injustiça. Fundamentaram essas teses com argumentos antropológicos, considerações religiosas e crenças vulgares.

Porém essa visão não somente impossibilita o socialismo senão qualquer outra proposta de mudança, já que pressupõe a imutabilidade da ordem vigente. Semelhante

---

3 O "caracazo" corresponde a uma série de intensos protestos populares realizados em várias cidades da Venezuela, entre os dias 27 e 28 de fevereiro de 1989, durante o governo de Carlos Andrés Pérez. O nome caracazo remete à Caracas, onde, parte desses conflitos ocorreu. (N.T.)

freio da história é tão ilusório como a reciclagem interminável do capitalismo. É muito mais utópico supor que um regime social pode se autorrecriar indefinidamente, que imaginar sua substituição por algum outro sistema.

Objeções primitivas

A crítica direitista à revolução se inspira em velhas teorias conspirativas. Os vilões da guerra fria (agitadores comunistas e soviéticos infiltrados) foram substituídos por terroristas e fundamentalistas, mas o livreto não mudou. Os conservadores sempre percebem a mão de algum extremista no surto de qualquer convulsão, que contrapõem com o espírito moderado dos trabalhadores.

Sua paranoia baseia-se em uma suposta estabilidade, normalidade e equilíbrio do capitalismo. Supõem que o sistema é somente perturbado pela ação de alguma força exterior à dinâmica do regime e consideram que os levantes são aberrações ocasionais. É evidente que essa visão não pode fornecer nenhuma ideia relevante para a análise da revolução.

Outros autores direitistas atribuem o descontentamento revolucionário ao mal-estar que acumulam os indivíduos frente a uma pesada carga de frustrações. Recorrem a um modelo vulcânico de tensão crescente, para descrever como o agravamento das desventuras pessoais gera rebeliões massivas.[4]

Porém essa atenção às motivações individuais deixa de lado as causas sociais que determinam a insubordinação popular. As concepções elitistas não indagam como a opressão de uma minoria endinheirada desencadeia resistências do grosso da população, senão que reduzem essas reações a uma somatória de irritações particulares. As contradições, os conflitos e as tensões sociais são vistos através de um microscópio que investiga o desamparo, a angústia ou a desilusão pessoal.

Por esse caminho a dinâmica da revolução resulta inexplicável, já que os grandes acontecimentos sociais seguem um padrão de ação coletiva muito diferente do mal-estar ou do despeito pessoal. A revolução é um enigma insolúvel para quem desconhece causas políticas e contextos históricos. Ao ignorar tais determinantes as concepções elitistas estabelecem falsas analogias com o vandalismo ou a violência irracional. Nunca registram que qualquer revolução coloca sempre em jogo a legitimação de direitos e demandas populares.

---

4   Uma revisão crítica destas abordagens é exposta por Aya (1979).

Essa omissão das motivações políticas impede explicar a liderança social desses acontecimentos. O protagonismo não é habitualmente assumido pelas principais vítimas da injustiça, senão por setores com maior capacidade de intervenção política. O padecimento extremo frequentemente origina um grau de desespero que conduz à impotência. Por esta razão os setores explorados que encabeçam as rebeliões não suportam, habitualmente, situações tão humilhantes. A proporcionalidade entre sofrimento e rebelião que imaginam os elitistas não se verificou nunca.

As características direitistas mais compassivas ressaltam certas conexões das revoluções com a pobreza. Mas tendem a omitir que a rejeição da desigualdade tem uma força equivalente ou superior no desencadeamento desses surtos. Os levantes frequentemente irrompem quando se violam direitos já conquistados ou se reforça a injusta distribuição dos recursos existentes, ou seja, explodem com antecedência ao agravamento da miséria. As massas reagem contra uma situação intolerável em função de sua própria escala de valores. Não existe um padrão que determine a priori, quais são as agressões que desencadeiam essa insubordinação (Arcary, 2006).

As revoluções somente podem ser explicadas com critérios políticos. As generalizações sociológicas que atribuem sua explosão ao desconcerto provocado pela modernização ou à erosão dos valores tradicionais, não esclarecem por qual razão estas insurgências verificam-se em certos lugares, países e conjunturas. Surtos ocorrem quando as transformações sociais minam a autoridade das classes dominantes, quebram a hegemonia política dos poderosos, desatam crises econômicas de envergadura ou aumentam a organização dos explorados. Analisar essas condições histórico-políticas é a única forma de aproximar-se do problema.

Questionamentos gradualistas

Alguns ideólogos conservadores consideram que as revoluções são reminiscências de um passado pré-constitucional, que perdeu vigência com o fim de muitas monarquias e ditaduras. Mas as revoltas populares não respeitaram – especialmente na América Latina – a estrita separação entre formas tirânicas e republicanas. As insurgências registradas na região confirmam que as rebeliões não são somente reações frente a regimes opressores. São também levantes contra os atropelos sociais, que o capitalismo gera e que o neoliberalismo agravou.

Os teóricos do social-liberalismo ignoram essas tendências e proclamam que a "revolução desapareceu sem deixar rastros", na nova era da globalização. Atribuem este declínio à atenuação dos conflitos sociais e à dissolução das inimizades políticas (GIDDENS, 2000 e 2007).

Porém qualquer espiada para o que ocorreu nas últimas décadas desmente essa percepção. Se for aceito que a revolução depende de contradições econômicas não resolvidas e de tensões sociais acentuadas, é muito difícil questionar sua vigência sob o capitalismo atual. Ela apresenta novos ritmos, formas e localizações, mas não é sensato descartá-la com argumentos de crescente convivência entre adversários.

Alguns pensadores também relativizam a importância da revolução no passado monárquico. Afirmam que esses acontecimentos coroaram modificações já perpetradas com antecedência de forma pausada. Ressaltam a continuidade dos processos históricos e tiram a importância dos grandes giros históricos (FURET, 1978).

Mas se esses acontecimentos se limitassem a concluir uma obra já realizada, não teriam relevância e seriam esquecidos. Eles perduram na história porque introduzem fortes mudanças nas evoluções históricas incompletas ou obstruídas. As revoluções explodem para resolver essas carências. São episódios traumáticos que aparecem frente à permanência de problemas irresolutos. Sua explosão nunca é arbitrária, já que irrompem para concluir desenvolvimentos inacabados.

A apresentação da revolução como um acontecimento secundário de processos já consumados apoia-se em critérios fatalistas. Supõe que o desenvolvimento histórico mantém um padrão semelhante na ausência ou na presença dessas irrupções, desconhecendo como tais eclosões modificam o curso dos fatos. As revoluções não são inofensivas. Ao contrário de colocar uma simples marca nas configurações sociais já definidas, revertem certas tendências e definem o resultado de grandes encruzilhadas históricas.

Alguns autores consideram que o peso das revoluções foi exagerado, com a sua mistificação como momentos de iluminação do futuro. Com base nesta caracterização eles convocam a abandonar o "modelo jacobino" e a "centralidade ontológica", que tradicionalmente se designou à revolução como instância fundadora da sociedade (LACLAU, 1987).

Porém, com essa visão esquecem que o impacto legado por 1789 e 1917 não é arbitrário. Esses episódios conduziram respectivamente ao predomínio da burguesia e ao primeiro ensaio de construção socialista. Tais consequências de grande alcance impactaram a memória de muitas gerações, mediante tradições que resistiram ao longo do tempo. As figuras, heróis e comemorações que esses acontecimentos geraram não são caprichos da imaginação; lembram fatos que alteraram o destino de milhões de indivíduos.

A alergia à revolução impede de compreender esse impacto. Leva a supor que a influência desses episódios foi superdimensionada, como se a história das sociedades fosse um relato forjado. Essa visão ignora que alguns mitos persistem na imaginação coletiva por sua relação com a realidade contemporânea. Frequentemente as velhas revoluções são comemoradas pela sua relação com encruzilhadas atuais.

A recusa da revolução se inspira em concepções gradualistas, que ressaltam a preeminência de padrões de mudança histórica pausada. Tal evolucionismo observa essas convulsões como momentos de obstrução transitória, que tendem a dissipar-se com o restabelecimento do equilíbrio natural da sociedade. A metáfora da febre ou da tormenta é frequentemente utilizada para descrever estes desajustes temporários.

Mas essas comparações se esquecem que as enfermidades e os cataclismos climáticos não são equivalentes a comoções sociais. A ação humana racional tem um papel muito mais significativo neste último tipo de irrupção. Os direitistas não distinguem essas diferenças porque pressupõem a salubridade natural do capitalismo. Por isso identificam a revolução com um estado doentio. Mais adequado seria inverter a metáfora e observar este acontecimento como um doloroso tratamento que tende a extirpar os sofrimentos gerados pela concorrência, o lucro e a exploração.

O gradualismo ignora a existência de periódicas rupturas no desenvolvimento das sociedades. Confunde o caráter insólito das revoluções com sua invalidez e desconhece a função historicamente progressiva que cumpriu as convulsões, que abriram o caminho para remover regimes políticos e sistemas sociais opressores.

Marxistas e estruturalistas

Tanto o marxismo como o estruturalismo consideram que as revoluções são processos histórico-sociais. Mas o primeiro enfoque atribui esse surto à confluência de contradições objetivas do capitalismo com intervenções subjetivas das massas, em certas condições, países e circunstâncias. Consideram que o resultado desses episódios consiste em um choque pelo controle do Estado, que opõe as classes sociais em disputa pelo poder. A revolução é um momento decisivo de processos mais prolongados, que definem quem orientará o desenvolvimento da sociedade.[5]

A concepção estruturalista indaga a relação das grandes revoluções clássicas (França 1789, Rússia 1917, China 1949) com as crises políticas precipitadas por

---

5   Duas apresentações clássicas desse enfoque são Lênin (1974) e Trotsky (1972).

convulsões externas e revoltas camponesas. Como o marxismo, polemiza com a desqualificação direitista destes episódios e nega sua redução a motivações individuais.[6]

Porém, várias diferenças significativas separam ambas as concepções. O estruturalismo focaliza a indagação nos aspectos objetivos e impessoais das revoltas, em detrimento do papel desempenhado pelos sujeitos. Questiona o voluntarismo e a ingenuidade dos seguidores de Marx, que, a seu juízo, dispensariam excessiva atenção ao papel dos participantes em cada mudança revolucionária (SKOCPOL, 1984).

Mas essa objeção leva os seguidores do estruturalismo a diluírem a relevância dos atores, que se potenciou à medida que as revoluções transformaram-se em grandes acontecimentos de massas. A força dos oprimidos aumentou especialmente no século XX, junto a surtos que expressaram projetos políticos populares e formas de liderança ou a organização dos explorados.

O marco objetivo – que o estruturalismo analisa – somente limita a possibilidade das revoluções. Não define a concretização dos acontecimentos, nem determina seus resultados. A vontade, a decisão, a inclinação política ou ideológica dos sujeitos atuantes impõem desfechos muito diversos a esses episódios. O marxismo ressalta essa centralidade, em sua análise da revolução como um produto da luta de classes.

Tal enfoque evita as limitações da visão objetivista, que tende a apresentar os artífices das grandes convulsões como executantes passivos de processos pré-determinados. A visão estrutural impede, especialmente, a avaliação das lutas e dos conflitos políticos das revoluções contemporâneas, que buscaram criar uma sociedade liberada da exploração e da desigualdade.[7]

A visão marxista considera que a revolução é uma insurgência de baixo para cima, que se generaliza com a adoção de diversos métodos de luta. Esse tipo de rebelião localiza-se no lado diametralmente oposto às mudanças administradas pelos opressores da cúpula do Estado, que frequentemente foram denominadas "revoluções por cima". Este conceito faz alusão a processos de modernização política, deslocamento de oligarquias ou desenvolvimentos industriais, que estão sujeitos a dinâmicas muito distintas a qualquer revolução genuína.

Os marxistas identificam a revolução com a entrada massiva dos explorados na ação política direta. Em contrapartida, os estruturalistas investigam a origem desses

---

6 Díaz (1994) resume as teses desta escola e Charles (1984) sintetiza os conceitos historiográficos desta corrente, encabeçada por Theda Skocpol.

7 Uma crítica a este enfoque é desenvolvida por Himmelstein e Kimmel (1981).

surtos nas rivalidades militares que opõem às grandes potências. Consideram que a concorrência das elites nacionais pelo domínio do planeta precipitou essas convulsões ao gerar crises, devastações ou guerras.

Uma causalidade pode ser averiguada em numerosas trajetórias, mas não oferece uma explicação geral das revoluções. Ela ignora a especificidade desses acontecimentos como extensões do protesto por baixo. Ao invés de valorizar a ação, a visão estrutural analisa o comportamento das elites e perde de vista o sentido principal destes episódios.

O marxismo salienta também o fundamento das revoluções nas crises do capitalismo, que se dissolvem em enfrentamentos entre classes sociais. Destaca que a transformação revolucionária que acompanhou o surgimento desse sistema deixou para trás um padrão precedente de evolução, mas que continua. Uma dinâmica menos brusca marcou, por exemplo, a passagem da escravidão ao feudalismo, que se consumou sem cortes históricos nítidos através da prolongada conversão dos donos de escravos em dominadores de servos. As invasões, guerras e conflitos externos determinam, em grande medida, o resultado dos processos pré-capitalistas, processos esses que não incluíam revoluções no sentido contemporâneo do termo.

A visão estruturalista compartilha muitos aspectos desse enfoque, mas enfatiza outros traços. Destaca especialmente como as revoluções acabaram sob o incentivo de burocracias nacionais, que rivalizaram pela supremacia internacional. O papel desse segmento é realçado seguindo uma caracterização weberiana, que associa a força destes funcionários com a expansão de suas normas de gestão a todos os âmbitos e espaços da sociedade (SKOCPOL,1985).

Esse enfoque separa o papel da burocracia do comportamento geral das classes dominantes. Ilustra, acertadamente, como a ambição de poder dos generais, administradores e gerentes desata conflitos internacionais que podem desembocar em revoluções. Porém, omite a consideração de que processos se desenvolvem em concordância com os objetivos dos industriais, latifundiários ou banqueiros que manejam os recursos econômicos de cada país. É certo que as elites governam com autonomia em relação aos grandes proprietários dos meios de produção, mas sempre atuam em sintonia com seus interesses. Inclusive os choques entre ambos os setores se desenvolvem em um marco de opressão comum sobre os explorados.

A ótica estruturalista observa detalhadamente as tensões de cima, sem perceber as reações de baixo. Essa abordagem resulta de uma visão do Estado como âmbito de competição entre as elites, que não levam em conta a função opressiva deste organismo a serviço de todos os dominadores. Ao ignorar esse conteúdo de classe, tampouco registra de que forma a ação coercitiva dessa instituição para beneficiar os capitalistas, determina o surgimento das revoluções sociais.

Uma distinção essencial

O marxismo estabelece uma diferença central entre as revoluções burguesas e socialistas. Enquanto o primeiro tipo de eclosão apareceu entre os séculos XVII e XIX para formar o capitalismo, a segunda modalidade buscou, desde então, a instituição de regimes igualitários, mediante a implantação da propriedade coletiva dos meios de produção.

Ambas as revoluções buscaram atingir metas significativamente diferentes. As revoluções burguesas tenderam a renovar a dominação por meio de mudanças na forma de exploração, mas seus equivalentes socialistas buscaram erradicar a opressão social. Nesse plano essencial, 1789 difere de 1917.

Os projetos anticapitalistas exigem níveis mais elevados de consciência política e tendem a se desenvolver em um raio de ação mais vasto de ação geográfica. Enquanto as revoluções burguesas tiveram primazia nacional, seus pares socialistas apresentaram um alcance histórico mundial. No primeiro caso se ajustaram à formação de estados em países controlados por classes capitalistas e, na segunda variante, tenderam a favorecer os interesses internacionais convergentes de todos os explorados.[8]

Os estruturalistas negam essa diferenciação entre revoluções burguesas e socialistas, afirmando que ela não esclarece a especificidade dos acontecimentos. Recusam esta classificação e propugnam o uso de outras categorias analíticas (SKOCPOL, 1984).

Porém, ao omitir essa distinção, diluem os propósitos históricos básicos de cada rebelião. Ignoram que as revoluções burguesas buscaram construir o capitalismo e que suas contrapartes socialistas aspiraram a erradicar esse sistema. Para além do resultado de ambos os processos, tal diferença constitui um ponto de partida essencial para compreender as metas, os programas e os sujeitos sociais que participam em cada revolução.

Alguns autores ressaltam outras classificações da revolução para distinguir as formas da ação coletiva, os contextos econômicos de longo prazo, os padrões de acumulação ou os marcos institucionais singulares (ANSALDI, 2006).

---

8 Essas diferenças são estabelecidas por Davidson (2005).

Mas as precisões que esses elementos oferecem dependem de sua incorporação a uma diferenciação básica entre revoluções burguesas e socialistas. Pode-se recorrer a muitos critérios complementares para ilustrar situações, comparar acontecimentos e explicar peculiaridades. Porém, eles não esclarecem quais são as forças sociais que impulsionam cada revolução, nem indicam que tipos de regimes surgem destas comoções.

Essa carência tampouco se supera com estudos detalhados das frequências ou modalidades que assumiram as revoluções. A exposição minuciosa desses eventos aumenta o conhecimento dos acontecimentos, mas não resolve os dilemas conceituais. Distinguir as revoluções burguesas das socialistas é a base dessa indagação. Ambos os conceitos definem se a acumulação capitalista ou a igualdade social real serão as metas de uma rebelião e se os dominadores ou dominados serão os sujeitos protagonistas dos processos.

O enfoque estruturalista tende, por outro lado, a observar as revoluções como acontecimentos do passado. Divide a história em um período de convulsões clássicas (três séculos) e outra fase contemporânea de revoltas mais incertas. Como as explicações que essa teoria aplica à primeira etapa não são projetadas à segunda, a coerência geral de toda explicação fica muito debilitada. Uma interpretação das revoluções que congela a história em dois blocos separados apresenta lacunas evidentes.[9]

Essa visão considera, além disso, que a revolução perdeu atualidade enquanto resultado da autonomia crescente do Estado frente às convulsões sociais. Destaca a capacidade deste organismo para amortecer os conflitos e considera que as elites contemporâneas atenuaram o perigo revolucionário, ao delimitar suas rivalidades militares. Mas a teoria estruturalista se esquece que uma eventual convivência não elimina a causa perdurável da revolução, que é a insatisfação popular com a ordem vigente.

Os marxistas analisam todas as revoluções com o olhar no futuro. Por esta razão prestam tanta atenção aos êxitos, como aos fracassos, derrotas ou oportunidades perdidas. O propósito é discutir sempre caminhos para a emancipação social (ARCARY, 2004).

Por outro lado, o enfoque estruturalista somente contrasta as grandes revoluções exitosas e fracassadas, em função de seu impacto sobre o desenvolvimento das elites. Com tal intenção, compara as vitórias (França 1789, Rússia 1917, China 1949) com os fracassos (Inglaterra, Japão, Alemanha entre os séculos XVII e XIX). Além disso, realça esse contraste considerando-o um espectro fixo de causas e condicionamentos

---

[9] Essa crítica é desenvolvida por Burawoy (2003).

objetivos, sem notar como as revoluções modificam esses contextos. Ao identificar as revoluções com a desconexão funcional de um sistema, a teoria estruturalista retira os acontecimentos da história real.

Porém, as debilidades do enfoque estruturalista provêm também de uma postura metodológica, que coloca o analista da revolução como um observador imparcial e não comprometido com os sucessos que investiga. Com essa posição não é possível detectar o que buscam, querem ou reivindicam os artífices populares de uma grande convulsão social. O historiador sempre está envolvido com as implicações políticas dos processos que analisa e convém plenamente assumir essas consequências.

O exemplo latino-americano

As revoluções burguesas e socialistas correspondem a épocas distintas e apresentam peculiaridades regionais muito marcantes no caso latino-americano. O primeiro tipo de eclosões surgiu nessa região junto ao movimento de independência; foi impulsionado por uma luta contra o inimigo monárquico externo e não por batalhas internas contra a nobreza. Tal processo começou com as guerras que submeteu vários países ao colonialismo francês (1790-1824), espanhol (1809-1824) e português (1817-1822) e continuou durante um século de enfrentamentos entre setores conservadores e liberais. Esta segunda batalha terminou no início do século XX com a revolução mexicana.

A revolução burguesa não conseguiu consumar – ao cabo desta prolongada etapa – as transformações políticas e sociais que caracterizaram os processos clássicos da França ou dos Estados Unidos. O êxito precoce da independência permitiu à América Latina liberar-se da opressão colonial, quando o resto da periferia recém começava a suportar essa sujeição. Mas tal conquista não foi suficiente para impedir a submissão econômica da região às grandes potências.

Essa dependência consolidou-se com a generalização das colônias exportadoras, que administraram os latifundiários crioulos em associação com o capital estrangeiro. Com a consolidação das fazendas, o esbanjamento das riquezas naturais, a sujeição financeira e a importação de manufaturas, ficaram impedidas a acumulação endógena, a industrialização e o desenvolvimento dos mercados internos. Esses bloqueios frustraram a concretização das principais metas da revolução burguesa na América Latina.

As guerras civis pós-coloniais reforçaram a configuração classista oligárquica de toda a região. Especialmente o triunfo das elites aristocráticas frente aos grupos liberais acentuou o poder dos latifundiários livre-cambistas hostis ao protecionismo industrial.

A revolução burguesa ficou na metade do caminho a partir desse desenlace. Os setores que promoviam a distribuição das terras, o uso produtivo da renda mineira e o desenvolvimento manufatureiro perderam a partida. Foram também esmagados os movimentos locais (Artigas, Gaspar Francia) opostos às submetrópoles regionais e às vertentes jacobinas (Moreno, Monteagudo, Sucre), que apareceram em numerosas localidades.

Essa opressão obedeceu, em grande medida, ao pânico que demonstraram as elites crioulas frente à irrupção popular. Foi um temor muito visível desde a explosão das primeiras revoltas indígenas com demandas sociais (Tupac Amaru) e das grandes rebeliões autônomas dos oprimidos (como a insurreição dos escravos no Haiti). O conservadorismo das elites aumentou proporcionalmente em relação a estas experiências plebeias radicais.[10]

A revolução burguesa desembocou durante o século XIX em dois processos contraditórios de independência nacional e sobrepujamento dos indígenas, negros e pobres. Junto à revolução política desenvolveu-se uma contrarrevolução social, que colocou as massas populares em uma dupla situação de protagonistas e vítimas da luta anticolonial.

Os esboços de expansão capitalista competitiva e potente ficaram obstruídos primeiro pela preeminência oligárquica e, posteriormente, pela recolonização imperialista dos Estados Unidos na América Central e da Grã-Bretanha no Cone Sul. Desde a segunda metade do século XIX se consumou um importante avanço da apropriação estrangeira dos recursos naturais, que diminuiu drasticamente as margens da independência política.

A reocupação de territórios (Porto Rico, Nicarágua, Haiti, Panamá), a captura de alfândegas (Santo Domingo), o controle do petróleo (México), o domínio das minas (Peru, Bolívia, Chile) o controle das ferrovias (Argentina, Uruguai) e a subordinação financeira (Brasil) introduziram novos impedimentos ao desenvolvimento autônomo da América Latina. Essa sujeição externa não anulou a independência formal da área, mas reduziu significativamente seu alcance real.

O período da revolução burguesa foi encerrado no início do século XX, sem ter conseguido desenvolver o ruralismo competitivo e a industrialização intensiva, que tivessem permitido um desenvolvimento acelerado e semelhante ao observado nos Estados Unidos. Esse caminho não impediu, nem alterou o avanço do capitalismo, mas conduziu a um desenvolvimento a partir de cima, baseado em latifúndios

---

10 Mires (1988) descreve os principais episódios populares que conduziram a esta atitude das elites.

improdutivos, crescimento extensivo e escasso poder aquisitivo do grosso da população. Por essa via consolidou-se o enquadramento da América Latina dentro do grande pelotão internacional de zonas periféricas.

Os pobres resultados da revolução burguesa na América Latina explicam essa inserção e a traumática modalidade que assumiram todas as crises posteriores. Se o conceito de revolução burguesa é ignorado, resulta muito difícil compreender este caminho seguido na região.

Fim de um período histórico

A maior parte das revoluções burguesas no mundo terminou em fins do século XIX. Desde este momento, o grosso das classes capitalistas tendeu a evitar os conflitos abertos com seus velhos rivais da nobreza por temor aos distúrbios populares. Abandonaram o caminho de 1789 e firmaram compromissos com os latifundiários, os aristocratas e os monarcas, a fim de assegurar a estabilidade da acumulação. A revolução burguesa perdeu aplicação contemporânea.[11]

Essa obsolescência implica que o estabelecimento do capitalismo – a partir de uma ruptura radical com os regimes precedentes – transformou-se em um fato do passado. Com a consolidação desse modo de produção aumentou a hostilidade da burguesia a qualquer alteração abrupta do *status quo*. O temor ao descontrole das lutas sociais converteu-se na preocupação central de todos os dominadores.

Esse fim da era burguesa revolucionária coincidiu na América Latina com a associação de grupos industriais e fundiários na gestão de um novo modelo de dominação. A mudança não foi, contudo, percebida pelos autores que continuaram postulando a vigência de "revoluções democrático-burguesas". Eles convocaram reiteradamente a realização deste tipo de levante, sem registrar o caráter inadequado desse conceito para retratar as revoluções do novo século. Tais autores ignoraram o perfil já hegemônico dos sistemas capitalistas vigentes na região e a oposição frontal da burguesia frente a qualquer levante social.

Tanto a revolução mexicana (1910) como a boliviana (1952) esteve fora da órbita burguesa. As demandas sociais dos camponeses (México) ou dos operários (Bolívia) e

---

11 Uma descrição deste esgotamento é apresentada por Hobsbawm (1995).

as bandeiras antioligárquicas e anti-imperialistas apresentadas nesses levantes estiveram completamente distantes do ciclo burguês.[12]

A velha revolução das luzes perdeu sentido como degrau do desenvolvimento capitalista e as classes dominantes optaram por distintas variantes de modernização baseadas na arregimentação ou no sobrepujamento das demandas populares. Aproveitaram o refluxo ou esgotamento de qualquer irrupção social para retomar a acumulação e buscaram atacar contra as massas, antes de inaugurar uma etapa de inversão e crescimento.

A primeira variante observou-se durante os diferentes ensaios de desenvolvimentistas do pós-guerra e a segunda opção prevaleceu sob o neoliberalismo. É muito significativo o ocorrido com Pinochet, já que o Chile foi o país latino-americano que registrou as maiores transformações capitalistas no último quarto do século. Neste caso, a retomada da acumulação esteve nitidamente associada com uma investida reacionária. Todas as variantes de desenvolvimento capitalista atual excluem a revolução burguesa.

Variedade de revoluções

O fim do primeiro ciclo histórico burguês não abriu uma automática sucessão de convulsões socialistas. Nenhuma revolução explodiu no século XX perseguindo objetivos anticapitalistas imediatos.

Algumas rebeliões procuraram eliminar a opressão colonial ou imperialista e outras confrontaram com ditadores, para obter liberdades políticas e direitos constitucionais. Os levantes nacionais e políticos que vincularam exigências agrárias dos camponeses, proposições trabalhistas dos operários ou demandas reivindicativas dos oprimidos transformaram-se em revoluções sociais. Nestes casos ultrapassaram a batalha contra o opressor estrangeiro ou o tirano local e desafiaram potencialmente a propriedade de setores capitalistas.

Os propósitos de todas as revoluções contemporâneas foram nacionais, políticos, democráticos, agrários e socialistas e, na batalha para impor essas metas, apareceu a possibilidade de um trânsito para o socialismo. Quando este avanço ficou impedido reiniciou-se a acumulação capitalista.

Todos os levantes na América Latina, desde o começo do século passado, irromperam de baixo para cima, com objetivos e demandas muito diversos. Em seu

---

12 Kinght (1990) equivoca-se ao situá-las nesse campo.

desenvolvimento, tenderam a desembocar em rumos capitalistas ou socialistas, em função do estancamento ou radicalização desses propósitos. No México e na Bolívia predominou o primeiro caminho e em Cuba, o segundo.

Em 1910-11 os camponeses mexicanos derrotaram os latifundiários, mas não conseguiram impor suas exigências. Nos anos 1930 reiniciaram a luta com grandes vitórias no campo (e também nas cidades), mas, posteriormente, sofreram as consequências de uma reversão conservadora. Também na Bolívia passou-se de uma grande vitória (1952) a uma terrível decepção, quando os novos governantes investiram-se contra as conquistas populares.

Em Cuba prevaleceu uma direção oposta e iniciaram transformações anticapitalistas. Este rumo procurou superar o atraso periférico, por meio de uma construção pós-capitalista. E indicou que estas metas podem ser encaradas por nações economicamente subdesenvolvidas, politicamente dependentes e militarmente sob custódia do imperialismo norte-americano.

O dilema de optar por uma ou outra direção verificou-se não somente nas grandes revoluções exitosas (México, Bolívia, Cuba e Nicarágua), senão também nos numerosos levantes derrotados, abortados ou liquidados com empates e compromissos intermediários. Algumas insurreições populares foram sufocadas de forma sangrenta (El Salvador em 1932, Guatemala em 1982-1983) e outras insurgências foram frustradas pela adversidade das condições externas (Granada nos 80). Certas revoluções frearam o inimigo sem alcançar a vitória (El Salvador em 1980-90) e outras incluíram desfechos variáveis ao cabo de prolongados períodos. Nestes resultados sempre influenciou o peso de estratégias políticas conservadoras ou radicais, que incitaram rumos de renovação capitalista ou transformação socialista.

Essa variedade de resultados indica que as revoluções contemporâneas apresentam um perfil intermediário. Já não são burguesas e tampouco se caracterizam por um começo socialista. O aspecto nitidamente anticapitalista não se verificou na América Latina, nem foi visível em nenhuma outra parte do planeta. Revoluções socialistas nitidamente puras não houve no passado e é pouco provável que se verifiquem no futuro. O molde democrático, social, político, agrário e nacional constituiu uma característica dominante que tende a persistir. A grande incógnita reside no seu devir, com os desenvolvimentos socialistas ou orientações de reconstituição do capitalismo.

Luciana Aliaga, Henrique Amorim e Paula Marcelino (orgs.)

Opções do futuro

A caracterização conservadora das revoluções como um acontecimento do passado ficou internacionalmente desmentida pelas duas ondas populares que coroaram o século XX. A primeira sequência sacudiu especialmente três países, em regiões muito diferentes. Em Portugal (1974), Nicarágua (1979) e Irã (1980) registraram-se insurgências democráticas vitoriosas, que removeram ditaduras, dinastias e monarquias. Mas, ao cabo de processos sociais tempestuosos, o capitalismo foi preservado. Este resultado deu lugar a um espectro muito diverso de expansão dos negócios, regressão produtiva e crises recorrentes, que desmentiu quem identifica a frustração socialista com a estagnação. Essa variedade de resultados dependeu não somente do desfecho final de cada revolução, senão também das relações internas entre as classes e do lugar que ocupa cada país no mercado mundial.

Em todos os casos confirmou-se que a ausência de resultados socialistas não implica paralisia econômica, já que esse imobilismo é incompatível com a dinâmica competitiva da acumulação. O que está em jogo em cada revolução não é o crescimento ou a regressão econômica posterior, senão quem será os beneficiários de um ou outro resultado. A permanência do capitalismo assegura que tais vantagens serão monopolizadas por velhos ou novos endinheirados. Um sistema baseado na exploração sempre prevê sofrimentos para os trabalhadores e os oprimidos.

A segunda onda popular que fechou o século passado foram as insurgências que sacudiram a URSS e a Europa Oriental entre 1989 e 1991. Essas rebeliões demonstraram também variedade de resultados, mas em outro plano, pois terminaram em vitórias democráticas e derrotas sociais. As liberdades constitucionais e os direitos políticos obtidos pela população foram acompanhados pela apropriação privada das grandes empresas.

Ao frustrar a renovação socialista, velhos burocratas totalitários converteram-se em capitalistas e os novos sistemas políticos ficaram nas mãos desses plutocratas. Demonstrou-se que os objetivos políticos e o conteúdo social das grandes irrupções não transitam necessariamente na mesma via e podem, inclusive, percorrer caminhos manifestamente opostos.

No início do século XXI a América Latina converteu-se em um novo foco de rebeliões contra o neoliberalismo e o imperialismo. Já se verificam importantes derrotas políticas da direita que coexistem com demandas sociais e metas populares pendentes. A conversão destes levantes em revoluções e seu desenvolvimento em um sentido socialista constituem possibilidades abertas, que podem ser analisadas estudando várias alternativas.

Bibliografia

Ansaldi, Waldo. "Quedarse afuera, ladrando como perros a los muros". *Anuario, Facultad de Humanidades*, Rosario, UNR, 2006.

Arcary, Valério. "A época das revoluções está encerrada?" In: Arcary, Valério. *O encontro da revolução com a história*. São Paulo: Xamã, 2006.

_____. *As esquinas perigosas da História. Situações revolucionárias em perspectiva marxista*. São Paulo: Xamã, 2004.

Aya, Rod. "Theories of Revolution Reconsidered". *Theory and Society*, n. 8, july 1979.

Burawoy, Michael. *Dos métodos en pos de la ciencia: Skocpol versus Trotsky*. Buenos Aires: Prometeo, 2003.

Castañeda, Jorge. *La utopia desarmada*. Buenos Aires: Ariel, 1993 (Introducción, capítulos 1, 5 e 8).

Davidson, Neil. "How revolutionary were the bourgeois revolutions?". *Historical Materialism*, vol. 13, issue 3, 2005 (Part I) / vol. 13, issue 4, 2005 (Part II).

Díaz, Santos. "Sociología de la revolución". In: *Revueltas y revoluciones en la historia*. Salamanca: Ediciones Universidad de Salamanca, 1994.

Furet, François. *Pensar la revolución francesa*. Barcelona: Petrell, 1978.

Giddens, Anthony. "La izquierda post-socialista". *Clarin-Ñ*, 10-2-2007.

_____. *La tercera via*. Buenos Aires: Taurus, 2000.

Himmelstein, Jerome & Kimmel, Michel. "Review essay: States and revolutions: the implications of Skockpol's structural model". *American Journal of Sociology*, vol. 88, n. 5, 1981.

Hobsbawm, Eric. "La revolución". *Comunicación al XIV Congreso de Ciencias Históricas. Traducido como Documento de Trabajo*, n. 58, Carrera de Sociología-UBA, Buenos Aires, 1995.

Knight, Alan. "Social Revolution: a Latin American Perspective". *Bulletin Latin American Research*, vol. XI, n. 2, 1990.

Laclau, Ernesto. *Hegemonía y estrategia socialista: hacia una radicalización de la democracia*. Buenos Aires: Fonde de Cultura Económica, 1987.

Lênin, Vladimir. *El estado y la revolución*. Buenos Aires: Editorial Anteo, 1974.

Mires, Fernando. *La rebelión permanente: las revoluciones sociales en América Latina*. México: Siglo XXI, 1988.

Skocpol, Theda. "Bringing the state back". In: Evans, Peter. *Bringing the state back*. Nova York: Cambridge University Press, 1985.

_____. "La explicación de las revoluciones sociales: otras teorías". In: *Los estados y las revoluciones sociales: un análisis comparativo de Francia, Rusia y China*. México: Fondo de Cultura Económica, 1984.

Tilly, Charles. *Grandes estructuras, procesos amplios, comparaciones enormes*. Madrid: Alianza, 1984.

Trotsky, León. *Resultados y perspectiva*. Buenos Aires: Editorial Cepe, 1972.

Mariátegui, os Sete Ensaios, a APRA e a Internacional Comunista[1]

Luiz Bernardo Pericás[2]

Em 1928, o jornalista e teórico político José Carlos Mariátegui[3] publicava os *Sete ensaios de interpretação da realidade peruana*, possivelmente a mais importante e influente obra marxista de nosso continente. O livro, de fato, foi um verdadeiro marco na abordagem histórica da formação de uma nação. É o primeiro esforço bem sucedido de "nacionalizar" ou "regionalizar" o marxismo na América Latina. Ainda que outros teóricos tenham adaptado com *relativo* êxito o arcabouço teórico de Marx para condições locais no Hemisfério Ocidental antes dele (como Daniel DeLeón, Louis Boudin e Louis Fraina nos Estados Unidos), foi Mariátegui quem inaugurou, com sucesso, a união entre o "instrumental" marxista e as influências endógenas na América do Sul. Seu intento, além disso, transcendeu em muito as obras dos autores supracitados, tanto em qualidade como em importância histórica. O livro também precedeu estudos originais em outros países do continente, como os de Caio Prado Júnior, no Brasil, ou de Juan Marinello, em Cuba, por exemplo. Há quem diga que a publicação dos *Sete ensaios* marca o dia e hora do nascimento da primeira "articulação sistemática" de uma versão latino-americana do marxismo.

Os *Sete ensaios* são uma coletânea de textos que JCM vinha publicando rotineiramente na imprensa de seu país. Vários artigos (muitos dos quais tratavam de assuntos

---

1 Trabalho apresentando no *5º Colóquio Marx Engels*, na sessão plenária: "O Marxismo na América Latina", no dia 7 de novembro de 2007.
2 Professor e pesquisador da Faculdade Latinoamericana de Ciências Sociais (Flacso).
3 Doravante, JCM.

candentes, em voga entre políticos e intelectuais limenhos da época) foram unidos por tema, "costurados", revisados e transformados nos "ensaios", que, dentro do quadro maior da obra, compunham um painel geral do desenvolvimento histórico, político e cultural peruanos, desde o Império Inca e a colonização espanhola, até o começo do século XX. Constam no livro ensaios sobre a evolução econômica do Peru, a educação pública, o fator religioso, o regionalismo e o centralismo, o processo da literatura, e aqueles que discutem o problema da terra (ou seja, a questão agrária) e o problema do índio no país.

O olhar do autor e sua forma de trabalhar com os diferentes tópicos já seriam o suficiente para gerar interesse imediato no livro. Mas sua receptividade foi tímida ao começo. Isso devido às críticas da Alianza Popular Revolucionaria Americana (APRA) e do Comintern[4] na época. É bem verdade que várias resenhas publicadas na ocasião tenham apontado para a importância daquele trabalho. Mas a força da Internacional Comunista, em termos globais, e dos partidários de Haya de La Torre, dentro do Peru, dificultaria por alguns anos uma ampla divulgação dos *Sete ensaios,* não só internamente, como no resto do mundo.

As diferenças políticas e conceituais entre JCM e Haya foram importantes para o distanciamento dos dois amigos e intelectuais. Para o líder aprista, a sua organização política seria uma "adaptação" do marxismo às condições locais, a "nova" forma do marxismo a ser aplicada na América Latina. Em outras palavras, para ele, esse "marxismo latino-americano" não poderia ficar preso às categorias europeias, mas ser elaborado a partir de uma perspectiva do Novo Mundo, ter liberdade metodológica e capacidade de estar constantemente se modificando e se renovando. Por isso, Haya recorre tanto à obra de Marx quanto ao "relativismo" de Einstein, por exemplo, para desenvolver sua *aparentemente* "inovadora" concepção de história, discutindo a inter-relação do "espaço histórico" com o "tempo histórico", que teriam características próprias e seriam diferentes dependendo de cada região do planeta. Para o caso peruano, haveria um "espaço-tempo histórico" indo-americano próprio, diferente do europeu. Assim, a concepção marxista da história não teria validade *absoluta*. As diretrizes marxistas, portanto, teriam de se moldar ao novo ambiente social e histórico da América Latina e serem

---

4 Comintern ou Komintern (do alemão Kommunistische Internationale) é o termo com que se designa a Terceira Internacional ou Internacional Comunista (1919-1943), isto é, a organização internacional fundada por Vladimir Lênin e pelo PCUS (bolchevique), em março de 1919, para reunir os partidos comunistas de diferentes países. Fonte: http://pt.wikipedia.org/wiki/Comintern. Acesso em 12/02/2010.

reelaboradas a partir de novas perspectivas. Para De La Torre, por exemplo, enquanto o imperialismo poderia ser visto como a fase superior do capitalismo na Europa, na América Latina seria apenas a fase inicial. Ele também achava que a divisão dos períodos históricos, com a Idade Média ou Contemporânea, seria arbitrária e construída a partir de referenciais europeus. Ou seja, essas construções não seriam universais. A APRA, portanto, seria uma organização política e ao *mesmo tempo* uma "filosofia", não só "moldando", de certa forma, as doutrinas de Marx à realidade histórica da América Latina, mas também tentando apresentar uma suposta "superação" do marxismo, com a intenção clara de se contrapor a determinadas ideias defendidas por alguns militantes socialistas na época. Haya achava que o aprismo estaria principalmente calcado nas tradições indígenas andinas e representaria a "verdadeira" doutrina política (teórica e prática) para a região.

Mariátegui percebe o oportunismo político de seu colega (que transformara uma frente internacional antiimperialista em um partido político nacionalista, populista, personalista e eleitoreiro) e os erros conceituais do aprismo. O jornalista autodidata e autor de *La escena contemporánea* certamente também defende as tradições indo-americanas, mas não considera que estas possam superar o marxismo. Ou seja, o marxismo seria um "método", que deveria ser utilizado de forma criativa e original pelos teóricos do continente para adaptá-lo à realidade local. Não haveria, entretanto, o intuito de superação *per se* da doutrina, mas, sim, sua continuação, evolução e desenvolvimento; isto é, dever-se-ia usá-la com sua "flexibilidade dialética" em quaisquer circunstâncias. Justamente por isso, ele poderá analisar as questões específicas da região andina, respeitando suas peculiaridades, e, ao mesmo tempo, ter a capacidade de observar essas mesmas questões dentro de um painel mais amplo das relações políticas e econômicas internacionais e do próprio processo histórico do capitalismo.

Os intelectuais da APRA, movidos por disputas políticas, irão acusar JCM de "europeizante", não só por ter vivido alguns anos no Velho Continente como também por utilizar *prioritariamente* o método marxista – para eles, europeu –, em contraposição ao aprismo, supostamente uma criação original do continente americano e defensor das tradições e formas de pensar indígenas locais. Mariátegui certamente usa um instrumental "europeu" para criar um "nacionalismo peruano" pleno – para ele fundamental –, e levar adiante uma "tarefa americana". O que ele faz, na verdade, é "mariateguizar" Marx, tornando as ideias do filósofo alemão mais flexíveis ao adaptar o materialismo histórico a seu país. De acordo com JCM, não haveria salvação para a Indo-América sem a ciência e o pensamento europeus. Ao mesmo tempo, porém, esse arcabouço teórico ocidental é utilizado com o intuito de elaborar um socialismo com características *próprias* de sua região.

A diferença entre os dois pensadores parece sutil, mas é profunda. Para Haya, a descentralização do marxismo teria sido provocada de "fora", saindo de um centro, a Europa, e sendo reinterpretada em outro, a América Latina, enquanto de acordo com Mariátegui, a "descentralização" do marxismo não partiria de um centro ao outro, *mas dentro do próprio marxismo,* que deveria ter em si mesmo essa flexibilidade de se expressar de diversas maneiras distintas. Em outras palavras, a superação não é do método marxista (que seria correto), mas apenas da *perspectiva* europeia. Um marxismo "nacional", portanto, estaria de acordo com a doutrina marxista, mesmo que adaptado a uma outra realidade.

Alguns meses depois de lançar os *Sete ensaios*, Mariátegui enviou delegados do Partido Socialista (do qual era fundador e principal dirigente) para a Conferência Sindical de Montevidéu e para a Primeira Conferência Comunista Latino-Americana em Buenos Aires, ambas em 1929. É bom lembrar que a reunião na capital argentina era um evento relativamente pequeno e as 14 delegações da América Latina contavam com poucos convidados. Com plenos direitos na reunião estavam a Argentina, com oito delegados, o Brasil com quatro, a Colômbia com três, Cuba com três, Equador com três, Guatemala com dois, México com dois, Paraguai com um e Uruguai com três, assim como convidados "simpatizantes", entre os quais, a Bolívia, com dois representantes, El Salvador com dois, Panamá com dois, Peru com dois e Venezuela com apenas um enviado (Del Roio, 1990, 80 a 115). Também estavam presentes enviados do Partido Comunista dos Estados Unidos e da França, do Comintern e da Internacional Comunista[5] juvenil, e dos secretariados sul-americanos da IC e da IC juvenil regional (Fernández Díaz, 1994, 105).

Naquela ocasião, as ideias de Mariátegui e a delegação do PSP, composta por Hugo Pesce (um médico com "sólida formação marxista") e Julio Portocarrero (trabalhador da indústria têxtil, de origem anarco-sindicalista), foram criticadas por alguns convidados, especialmente pelo mais importante líder da IC no continente, Vittorio Codovilla. O marxismo ortodoxo de Moscou e de alguns partidos comunistas ligados aos soviéticos não permitiam arroubos de criatividade e originalidade. Não se podia desviar dos padrões pré-estabelecidos pela direção da internacional. Dentro do painel programático propagandeado pela URSS, o esquema tradicional de desenvolvimento

---

5   Doravante, IC.

do capitalismo no mundo desenvolvido e periférico seguia uma trajetória definida. Sair desta camisa-de-força teórica seria uma heresia.

Para a IC, Mariátegui ainda era, até então, uma figura pouco conhecida. Antes da constituição e fundação de seu partido, entre setembro e outubro de 1928, ele praticamente não existia para a Internacional. O próprio Peru era um país de pouco interesse para o Comintern.[6]

---

[6] A Internacional Comunista, ou Comintern, fundada em março de 1919, deu pouca atenção à América Latina em seus primeiros anos. Entre os partidos comunistas do continente americano, contudo, ganharam destaque os dos Estados Unidos, México e Argentina, que teriam a função de "irmão mais velho" em relação aos outros da região. No Segundo Congresso Mundial da IC, celebrado em julho de 1920, se dedicou um espaço importante aos debates sobre os problemas da revolução nos países "coloniais e semicoloniais", discussões essas dirigidas por Lênin e pelo indiano M. N. Roy, este último, na época, realizando trabalho político no México. Na ocasião, se decidiu dar completo apoio aos movimentos de libertação nacional e também se adotar os "21 pontos" como condição para admissão no Comintern. No Terceiro Congresso, em 1921, foi criada a Internacional Sindical Vermelha. A primeira grande reorganização da IC ocorreu a partir do Quinto Congresso, em 1925. O objetivo seria constituir uma organização fortemente centralizada em relação às seções nacionais, seguindo o modelo do Partido Comunista Russo, possibilitando a "bolchevização" dos demais PCs e subordinando-os diretamente ao Comitê Executivo da IC (a Conferência de Buenos Aires de 1929, mais tarde, teria sido o ponto final convencional das ofertas teóricas e políticas vinculadas com a realidade local, dos comunistas na América Latina). Foram impostas estruturas e modelos de pensamento mais ortodoxos, muitas vezes divorciados da realidade concreta. No Sexto Congresso, em 1928, começou o chamado "Terceiro Período" da IC, a luta contra o perigo da "direita" e a entronização da fração stalinista nos principais níveis de direção desta organização. Era a política de "classe contra classe". Houve um processo de expurgos e expulsões sumários dos partidos do continente. Desde o início dos anos 1920 havia em Moscou departamentos especializados para a América Latina. Em 1926 foram constituídos secretariados regionais e o continente foi colocado sob o controle do secretariado regional "latino" (a partir de 1928, "latino-americano"), subordinado ao Comitê Executivo da IC. O número de funcionários que trabalhavam com a América Latina em Moscou aumentou. No começo dos anos 1920, o principal responsável pela região era o suíço emigrado no México Edgar Woog, e a partir de meados da mesma década, o suíço Jules Humbert Droz. Quando Bukharin perdeu suas posições em 1929, os dois, ligados a ele, também iriam, mais tarde, ser defenestrados. A primeira dependência do Comintern na América Latina foi aberta por curto período no México em 1919, durante poucos meses. Por resolução do Comitê Executivo da IC, foi criado em 1925 o Secretariado Sul-Americano em Buenos Aires, que deveria contribuir para a intensificação e unificação do trabalho de formação comunista e aumentar a relação entre os partidos da região e o Comintern. Eles também editariam a Correspondencia Sudamericana. O Secretariado foi reorganizado em 1928 e Vittorio Codovilla se tornou seu principal dirigente. No México, também havia a Liga

Após o VI Congresso da Internacional Comunista, entre julho e setembro daquele ano, em Moscou, a América Latina começaria a ganhar alguma importância. Naquele evento a situação latino-americana e de seus PCs seria discutida pela primeira vez e a reunião de Buenos Aires, marcada. Quem cumpriria o papel de elo entre Moscou e a América Latina seria o suíço Jules Humbert Droz, o "camarada Luís", secretário da Seção Latina e na ocasião, a principal figura na relação entre o Comintern e o nosso continente.[7]

Nunca é demais recordar a pouca importância dada pela IC (e mesmo por sua seção "latina") aos partidos comunistas do continente durante um bom tempo, como foi o caso do Partido Comunista Brasileiro (PCB), por exemplo. Só como ilustração, basta dizer que no IV Congresso, o representante brasileiro, Antonio Bernardo Canellas, que discordava dos procedimentos levados a cabo nas reuniões por ser impedido de se manifestar e pela falta de canais democráticos de participação, tentou em vão discutir

---

Anti-imperialista das Américas, fundada em 1924, várias subsecretarias criadas em 1928 e outras instituições regionais controladas por comunistas. E em Nova Iorque, entre 1930 e 1931, se fundou o Bureau do Caribe, para cuidar das mesmas tarefas que o de Buenos Aires, só que em região distinta, e que durou poucos anos. Ver, por exemplo, HATZKY (2008, 147 a 153).

7 De acordo com Michel Zaidan Filho (1985, 74-76), "o movimento revolucionário latino-americano poderia ser caracterizado, segundo Droz, como uma revolução camponesa e anti-imperialista num conjunto de países semicoloniais. Ou ainda, ela seria um tipo de revolução democrático-burguesa, mas de uma feição anticolonial, tendo por consequência um caráter anti-imperialista muito pronunciado. Entre as classes que tomariam parte ativa nesta revolução, as massas camponesas seriam o "motor possante" do movimento (operários agrícolas, camponeses sem terra, meeiros etc.), entretanto a hegemonia desta revolução pertenceria à pequena burguesia (intelectuais, políticos, oficiais, funcionários) [...] Na fase democrático-burguesa do movimento revolucionário, o momento mais importante será o da passagem da hegemonia das mãos da pequena burguesia às do proletariado. Esse momento se produzirá, no curso da luta revolucionária, quando o partido do proletariado adquirir influência decisiva sobre as massas, graças a seu trabalho de propaganda e organização entre os operários, os camponeses e certas camadas da pequena burguesia". O papel do proletariado e do Partido Comunista seria de organizar a luta no meio rural, com ligas camponesas orientadas pela política do Krestintern, e em relação à pequena burguesia liberal, constituir uma frente única com eles, mas como uma força autônoma, imprimindo sua ideologia ao longo da luta e reforçando seu programa e sua influência. Essas ideias de Droz haviam sido expressadas em setembro de 1928.

sobre a questão colonial, a maçonaria, uma nova estruturação da Internacional, entre outros temas; praticamente não foi ouvido (ZAIDAN, 1985, 58 e 59).[8]

Criado em 1925 e instalado efetivamente em 15 de abril de 1926, o *bureau* sul-americano do Comintern seria "um órgão intermédio, do qual se vale a IC para relacionar-se com todos os partidos latino-americanos. Sua criação demonstra então uma preocupação efetiva da IC para a coordenação do trabalho revolucionário na América Latina e, em primeiro lugar, é um passo dado para ajudar a conformação política dos nossos partidos" (ZAIDAN, 1985, 71). Para alguns membros graduados da Internacional, era exagerada a crítica de que o Comintern só havia "descoberto" tardiamente a América Latina, ou seja, que havia se preocupado "um pouco tarde" demais com ela; afinal, ela não poderia "descobrir" o mundo inteiro de uma só vez, mas sim, por etapas. E aquele seria o momento do continente (ZAIDAN, 1985, 71-72). A I

---

[8] No IV Congresso do Comintern, em 1922, Antonio Bernardo Canelas, delegado do PCB, teria dito sobre a seção latina: "Andava um tanto à matroca e pouco pôde servir. Compunham-na, quando lá cheguei, as representações da Itália, França, Espanha e da América do Sul. As da Itália eram observantes felizes do refrão brasileiro que assim sentencia: Em tempo de Muricy, cada qual cuida de si. E elas cuidavam muito bem dos seus próprios negócios, pouco se lhes dando os embaraços de outrem. Nunca as vi recorrerem aos bons ofícios da Seção Latina nem a informarem das suas coisas. Frequentavam-se lá entre elas, poucas relações mantendo com seus camaradas de raça e línguas afins. O representante dos franceses era uma mulher, a camarada Lucien Leiriague, que exercia as funções de presidente da Seção Latina. Apesar do seu temperamento apático e das múltiplas ocupações, sempre me serviu ela no que pôde quando se tratava de obter uma informação qualquer ou facilitar uma formalidade protocolar. Infelizmente, não tem muito além do seu poder, que quisera eu fossem tão largas quanto a da sua bondade. O representante da Espanha, o camarada Siena, era um homem de trato fraternal, porém quase de todo desinteressado das coisas que ultrapassavam seu raio de ação visual, o qual não ia além dos negócios do seu próprio Partido. Quanto aos argentinos e ao uruguaio, eles eram fósforo na organização do Comintern. Não era adjuctório que eu lhes pedia. Já muito feliz me dava se eles não se obturassem em me enviar embaraços. Os camaradas das outras seções (germânica, anglo-saxônica etc.), não tinham que se preocupar com os nossos negócios, porquanto, segundo a organização nessa época vigente, era isso da alçada da Seção Latina e não das deles". Ao final do Congresso, a Seção Latina afirmaria que "o Comitê Executivo da Internacional Comunista, depois de ter discutido o relatório do representante do Partido Comunista do Brasil, estabelece que este Partido não é ainda um verdadeiro Partido Comunista. Ele conserva restos da ideologia burguesa, sustentados pela presença de elementos da maçonaria e influenciados por preconceitos anarquistas, o que explica a estrutura centralizada do Partido e a confusão reinante sobre a teoria e a tática comunistas" (ZAIDAN, 1985, 56-57).

Conferência Comunista Latino-Americana, portanto, seria um marco político importante para os PCs da região.

Mas o *bureau* da IC na Argentina, através de sua publicação, *La Correspondencia Internacional*, não demonstrará, naquele momento, demasiado interesse no Peru, que sequer figurará em suas páginas até então (Flores Galindo, 1994, 400-401). A delegação peruana seria convidada tardiamente para a Conferência e vista como a representante de um partido pequeno e pouco estruturado, de "futuro incerto" e dirigido por um "intelectual".

Foram muitas as críticas ao Partido Socialista Peruano (PSP), entre as quais, principalmente, aquelas relacionadas à questão de Tacna e Arica, à questão do imperialismo e à questão do partido. De acordo com Adam Anderle, a discussão sobre a concepção de partido dos delegados peruanos teria representado, inclusive, o maior debate da conferência (Anderle, 1985, 105).

Ao ler os *Sete ensaios*, Vittorio Codovilla e os "marxistas" ortodoxos presentes ao evento, inicialmente, demonstraram pouco interesse pelo livro do intelectual peruano. Para começar, diziam que "ensaios" eram uma forma "burguesa" de se trabalhar qualquer tema. Os "verdadeiros" comunistas deviam escrever "compêndios", grossos tomos, com uma estrutura orgânica mais definida e previsível. Em seguida, afirmavam que não havia uma realidade "peruana" *per se*, que isso por si só seria absurdo. O que existia para eles, na verdade, era *uma única realidade apenas,* internacional, do capitalismo e do imperialismo. Todos os países, centrais ou periféricos, estariam inseridos dentro desta mesma realidade. As nações da América Latina, neste caso, seriam incluídas na categoria de países "semicoloniais", com uma relação similar diante dos países imperialistas, o que permitiria, consequentemente, que se elaborassem estratégias de luta política parecidas em todo o continente.

Também discutiram e polemizaram indiretamente com JCM sobre as questões "racial" e "nacional".[9] Mariátegui defendia a *plena* "integração" dos indígenas à nação, já que formavam três quartos da população do Peru. Para JCM, não deveria haver "fraturas" no país, mas a inserção de uma fatia enorme de pessoas que sempre havia sido explorada e marginalizada pela elite *criolla*. Os trabalhadores, rurais e urbanos, deveriam ser os protagonistas do processo de construção do socialismo no Peru. E este proletariado, a vanguarda da revolução, era justamente de origem majoritaria-

---

9   Para mais informações sobre as diferentes concepções da questão nacional, ver Stálin (1946); Calwer, Kautsky, Bauer, Strasser e Pannekoek (1978); Schlesinger (1977); e Löwy (2000).

mente indígena. Já os delegados do Comintern discordavam de JCM e apoiavam a autonomia e autodeterminação dos povos autóctones da região. Achavam, por isso, que os quéchuas e aymarás, por exemplo, tinham todo o direito de constituir suas próprias "nações" em seus territórios.

Finalmente, os dirigentes do Comintern para a América Latina acusavam Mariátegui de se preocupar demasiadamente com literatura e cultura. Para estes críticos, os marxistas deveriam discutir *prioritariamente* a economia política. É sabido que Codovilla apreciava muito mais um livro de outro peruano, Martinez de la Torre, *El movimiento obrero peruano, 1918-1919,* publicado pela editora Cronos, de Lima, do que o texto de Mariátegui. Ele teria chegado a dizer, por vezes com ironia, que a obra de JCM tinha "um valor muito escasso" (FLORES GALINDO, 1994, 407). Para ele, aquela seria claramente uma obra produzida por um "intelectual pequeno burguês".

Há quem tente inferir que as fricções entre os peruanos e a IC teriam sido exageradas por alguns comentaristas, e que, na verdade, a reunião teria transcorrido em um ambiente muito mais harmonioso e equilibrado do que o descrito por esses críticos. Em parte, essas afirmações são influenciadas por uma carta do próprio Pesce para JCM, escrita em 25 de junho de 1929, em Buenos Aires, na qual ele dizia que

> nossa ação durante esta Conferência foi a de dar uma impressão mais exata possível da real situação econômica e política do Peru, de expor as possibilidades de ação política que temos nestes momentos, assim como de expor nosso projeto de constituição do Partido Socialista na forma que você conhece. Evidentemente, o desejo sincero e fundado dos representantes da IC, assim como do SSA, era que constituíssemos no Peru um Partido Comunista. Expusemos todas as razões que nos levaram, depois de longo debate, à decisão de fundar o Partido Socialista [...]. A discussão durante o Congresso, assim como em sessões de Comitê, se desenvolveram, inútil dizê-lo, dentro de um ambiente não só da mais franca camaradagem, mas também, contrariamente a suposições feitas por companheiros peruanos desterrados, da maior compreensão de nossos problemas e de um verdadeiro espírito de cooperação por parte dos dirigentes (LUNA VEGAS, 1989, 67-68).

Alguns autores, contudo, acham que as pressões da Internacional no sentido da criação de um partido "comunista" talvez tenham influenciado os delegados peruanos, que *aparentemente* constataram e foram convencidos das dificuldades de se organizar uma agremiação política revolucionária fora de seus auspícios. Quando regressaram ao Peru, eles iriam defender as posições do Comintern, da mesma forma como já o faziam *alguns* membros de seu partido político.

Na verdade, as críticas à delegação do PSP existiram e foram muitas. Os delegados peruanos, Pesce e Portocarrero, em grande medida marginalizados durante o encontro, discordavam de quase tudo proposto por Codovilla. Em linguagem objetiva, seus discursos estavam impregnados de dados e informações sobre a realidade de seu país e praticamente não faziam referências a Marx, Engels, Lênin ou à União Soviética, algo que destoava da maioria das apresentações no evento. O isolamento dos peruanos era evidente até na hora do almoço e das interrupções para o café, quando eram interpelados constantemente por críticas e objeções.

Mas não só peruanos. A delegação do Equador, por exemplo, iria criticar "a omissão teórico-política da IC e do próprio *bureau* sul-americano na vida dos PCs latino-americanos e nos problemas relativos ao caráter da revolução nestes países" (ZAIDAN, 1985, 93). Eles diriam:

> As dificuldades e perseguições de que tem sido vítima o nosso Partido, o esquecimento em que o tem deixado a IC e sua falta de apoio no período álgido da luta não dão direito, nem ao companheiro Luís nem à IC, de fazer a crítica desapiedada que se nos tem feito na intervenção do primeiro, nesta conferência, e na carta aberta pré-citada. Eu culpo a IC que, por seu descuido com o nosso Partido, tem sido responsável pelas inúmeras dificuldades de nossa missão (ZAIDAN, 1985, 94).

Para os peruanos, ainda que o proletariado fosse uma força a ser seriamente considerada, seria fundamental se prestar atenção nas especificidades históricas de cada país. Em outras palavras, as classes sociais sofreriam a "mediação" do contexto nacional, algo que teria de ser sempre levado em conta. Portocarrero diria que "as diretivas que para nossos países importam ao Secretariado Sul-Americano da Internacional Comunista têm de ser diferentes, porque diferentes são as condições de cada região". Como o proletariado urbano do Peru era recente, pequeno e com limitada formação política e ideológica, seria lógico, portanto, se voltar a outros setores sociais igualmente explorados, como os camponeses, os proletários rurais e os artesãos. E no caso dos camponeses, seria importante resgatar as tradições coletivistas autóctones e incorporá-las na luta política, que poderiam servir de base para a construção do socialismo no país. A linha que separava os indígenas e os proletários como protagonistas revolucionários, assim, se borrava, e permitia que ambos os atores, de maneira similar, se colocassem como uma única classe explorada que dirigiria o processo revolucionário. É claro que esta seria, certamente, mais uma questão de discordância com os comunistas ortodoxos. Como diria Osvaldo Fernández Díaz, "os peruanos foram *vapuleados*[10] a propósito do problema de Tacna e Arica, a propósito de sua opinião sobre o problema indígena, mas, indubitavelmente, a maior e mais séria discussão, *beirando quase a desqualificação*, girou em torno da questão do partido" (FERNÁNDEZ DÍAZ, 1994, 106).

Para o delegado do Partido Comunista dos Estados Unidos, por exemplo, seria equivocado pensar que as massas não estariam preparadas para um PC (um dos argumentos dos peruanos), já que dever-se-ia começar incorporando os setores mais avançados e preparados ideologicamente do proletariado, aqueles dispostos a aderir. Ou seja, "é necessário ter fé na classe trabalhadora, dar valor exatamente a sua capacidade de combatividade, não subestimar as forças com as quais faremos a revolução" (MARTINEZ DE LA TORRE, 1947, 423).

Já o representante do Comintern na reunião, Luís (o suíço Jules Humbert Droz), criticando uma das propostas dos enviados de JCM, diria que seria perigoso pensar em se constituir "dois partidos proletários em um", ou seja, um "núcleo" comunista cercado por uma "periferia" socialista, como propunham os peruanos. De acordo com ele, os membros desse partido certamente entrariam em conflito e os "elementos da confusão" ou não-comunistas que se infiltrassem no PS se oporiam, dia a dia, com a ajuda do governo, à política revolucionária que o partido tentaria impor (MARTINEZ DE LA TORRE, 1947, 424).

O delegado da IC Juvenil também atacou a possibilidade de construção de um partido "acessível", de massas, no Peru, já que ele nasceria acessível a outros setores, inclusive burgueses, que penetrariam em seus quadros e facilitariam a repressão governamental. O mais importante para todos esses críticos seria, portanto, manter uma "pureza" obreira, proletária.

Nas palavras do "camarada" Peters, os peruanos

> propõem a criação de um "partido socialista" e argumentam que este partido não será mais que a máscara legal do Partido Comunista; mas, os

---

10 Um termo forte, que equivale a "castigados", "açoitados", "surrados" e "espancados", entre outras designações similares.

> mesmos camaradas do Peru se refutam, quando nos dizem que esse partido socialista terá uma composição social ampla, que será formada por operários, camponeses, pequenos burgueses, etc. Em suma, não se trata de 'uma máscara legal', mas de outro partido político mais "acessível", como dizem os camaradas (FLORES GALINDO, 1994, 416).

O mais enfático entre todos os participantes daquele evento teria sido o próprio Vittorio Codovilla.[11] Ele afirmou:

> Esse partido socialista deveria ser constituído por várias camadas sociais: proletariado, artesanato camponês, pequena burguesia e intelectuais. Atualmente parece que os companheiros estão dispostos a fazer algumas concessões ao nosso ponto de vista, estão dispostos a eliminar a pequena burguesia; mas, apesar disso, a composição social do partido não muda e o erro político persiste. Para justificar a criação desse partido os companheiros chamam à reflexão o Secretariado sobre as condições locais e diríamos – para utilizar uma expressão já clássica –, sobre a 'realidade peruana'. Indubitavelmente, toda tática deve ser adaptada às condições peculiares de cada país; mas, será que as condições do Peru se diferenciam fundamentalmente das do resto dos países da América Latina? Absolutamente não! Trata-se de um país semicolonial como os outros. E se a Internacional Comunista estabelece que em todos os países devem criar-se Partidos Comunistas, por quê o Peru pode constituir uma exceção? (MARTINEZ DE LA TORRE, 1947, 428).

---

[11] A personalidade e as práticas políticas de Codovilla eram conhecidas e se estendiam a vários outros dirigentes comunistas. Em 1927, durante as sessões de trabalho do Congresso Mundial contra a Opressão Colonial e o Imperialismo, em Bruxelas, após o grande êxito de Julio Antonio Mella na reunião, Codovilla demonstrou seu desgosto pela admiração que seus camaradas tinham pelo cubano, criticando-o exageradamente e o acusando de ser demasiadamente visceral, individualista, indisciplinado, divisionista, pequeno-burguês e inexperiente. Já em Moscou, no mesmo ano, Codovilla tentou a todo custo impedir que Mella ficasse por lá, para trabalhar como representante latino-americano com Losovsky, na direção de assuntos sindicais para a América Latina. Ainda que Mella fosse o indicado pelos cubanos e mexicanos, Codovilla o atacou novamente, desta vez acusando-o de intelectualoide, pequeno-burguês, caudilhista, semideus do Caribe, oportunista e de falta de disciplina revolucionária (cf. CUPULL e GONZÁLEZ, 2006, 84-86).

Como comentaria novamente Osvaldo Fernández Díaz, havia naquela situação uma "ufana pretensão de que o organismo internacional detinha uma verdade..." (FERNÁNDEZ DÍAZ, 1994, 107). Algum tempo depois, a *Correspondencia Sudamericana* iria expressar sua preocupação de que, mesmo utilizando um novo rótulo, o de Partido Socialista, poderia haver o ressurgimento da APRA ou de uma organização similar no país (MESEGUER ILLÁN, 1974, 219).

A questão, porém, ia muito além dos "rótulos". O fato de o partido de Mariátegui se denominar "socialista", na prática, marcava uma posição clara de distanciamento em relação à APRA, mas também o diferenciava da estrutura rígida da IC, permitindo-lhe uma maior flexibilidade em termos de teoria e de prática política. Ainda assim, seu partido se definia como "marxista" e "leninista militante". É bom recordar que Mariátegui era grande admirador de Lênin, Trotsky, Lunatcharsky, Dzerzhinsky, Krassin, Gorki e de toda a experiência da revolução de Outubro. E que respeitava e sabia da importância do Comintern para a luta revolucionária mundial. Mas vale lembrar também que o Partido Socialista do Peru não é fundado por elementos *de fora*, estrangeiros, como o caso mexicano, por exemplo, que teve, além de muitos militantes locais, a presença, em seus primeiros quadros, de personalidades de outros países, algumas vinculadas ao Comintern, como M. N. Roy, Mikhail Borodin, J. Allen, Charles Shipman (Frank Seaman), Helen Allan e Linn A. E. Gale, entre outros.[12] Também não é criado em um país de maioria branca, de imigrantes europeus e de um movimento operário mais estruturado e consolidado como os dos Estados Unidos e da Argentina. É bom recordar que no ano da revolução de Outubro, encontravam-se nos Estados Unidos (inclusive se reunindo com dirigentes e militantes do Partido Socialista), Trotsky, Alexandra Kollontai, Sen Katayama e Nicolai Bukharin. O jornalista John Reed, autor de *Os dez dias que abalaram o mundo*, e um dos fundadores de um dos partidos comunistas de seu país, em 1919, esteve na Rússia na época da revolução, viu de perto o processo revolucionário, conheceu vários dirigentes políticos importantes e se tornou amigo de Lênin e Trotsky. Os militantes norte-americanos eram certamente bastante cosmopolitas, vários dos quais já haviam conhecido a realidade da Europa e da Rússia, e trocado experiências com revolucionários estrangeiros. Os partidos de esquerda nos Estados Unidos, desde o Partido Socialista Operário e o Partido Socialista, até o Partido Comunista da América e o Partido Comunista Operário, eram formados, em grande medida, por muitas "fede-

---

12 Para uma lista das personalidades que fizeram parte da formação do Partido Comunista Mexicano, ver Peláez (1980, 14-15).

rações" que incluíam centenas de trabalhadores estrangeiros, como por exemplo, russos, alemães, letões, lituanos, húngaros, finlandeses, suecos, irlandeses e italianos, entre vários outros. Muitos deles, inclusive, falavam apenas suas línguas de origem.[13]

Mas este não era o caso da maioria dos militantes do PSP. Eles não fundariam seu partido a partir de uma decisão tomada no exterior ou de moldes pré-concebidos, como uma consequência de decisões de reuniões na Europa ou em Moscou, ainda que alguns autores sugiram algo nesse sentido.[14] Nem tampouco com a ajuda de estrangeiros.

Mariátegui, um intelectual autodidata, chega a "seu" marxismo heterodoxo por caminhos muito diferentes dos *apparatchiks,* dos militantes profissionais, misturando diferentes influências e elaborando seus projetos a partir da realidade objetiva. Havia anos que ele já pensava na possibilidade de construção de um partido, e as condições *internas* e internacionais, a situação política do governo e da classe trabalhadora, a organização sindical, as deliberações de Haya de la Torre e da APRA, a existência de outra agrupação marxista no país (a Célula Comunista de Cuzco, que já estava criando vínculos com o *Bureau* Sul-Americano da Internacional) e toda uma série de fatores, o levaram, com seus companheiros, a fundar um partido com características peculiares, ainda que fosse assumidamente "marxista" e "leninista". Mas ao se assumir como "marxista" e "leninista", ele dava a esses termos um caráter *distinto* do preconizado mais tarde no famoso binômio "marxismo-leninismo" da era stalinista. E isso podia ser visto tanto em seus textos, como na luta política concreta.

É só observar como atuavam politicamente, *na prática,* a CGTP e o PSP, que se poderá perceber claramente as diferenças patentes entre seus procedimentos e os da Internacional. Vale lembrar que durante 1929, o Comintern ainda achava que "no Equador e no Peru [...] onde não havia e onde ainda não há um partido comunista *como tal,* senão somente organizações revolucionárias das massas trabalhadoras, se observa uma consolidação dos *grupos comunistas* que existem no seio destas

---

13 Para mais informações sobre o movimento operário norte-americano e o Partido Comunista dos Estados Unidos, ver Draper (1957); Klehr, Haynes e Anderson (1998); Hillquit (1971); Moore (1970); Cochran (1979); Kornbluh (1968); Boyer e Morais (1976); Karson (1965); Zieger (1989); Brody (1993); Lens (1974); Ottanelli (1991); Brecher (1993); Kimeldorf (1999); Pelling (1961); Diggins (1992); Dubofsky (1969); Zinn (1995); e Herreshoff (1973); entre outros.

14 De acordo com Meseguer Illán, o VI Congresso da IC, no qual Julio Portocarrero esteve presente, havia indicado a necessidade urgente de constituir um Partido Comunista naqueles países latino-americanos em que este ainda não existia. Por isso, seguindo essas diretivas, Mariátegui e seu grupo decidem constituir a célula inicial do Partido Socialista do Peru (cf. Meseguer Illán, 1974, 166).

organizações".[15] Justamente os partidos que haviam expressado as maiores discordâncias com os soviéticos.[16] Isso não quer dizer que JCM não visse no Comintern um instrumento fundamental para a luta política global. Mas são claras as diferenças conceituais entre seu partido e os marxistas "ortodoxos". Enquanto o Comintern naquele momento defendia um modelo de partido monolítico, rígido, com revolucionários "profissionais" provenientes prioritariamente do proletariado, JCM concebia uma agremiação mais flexível, com formas de luta maleáveis, com objetivos "minimalistas" e "maximalistas", colocando grande ênfase na formação educacional e cultural dos trabalhadores, agregando outros setores marginalizados e organizando o Partido Socialista Peruano como um partido de massas. Duas concepções bastante distintas. Como acredita, apropriadamente, Roland Forgues, seria muito improvável que a denominação "Partido Socialista" não tivesse sido pensada de forma bastante amadurecida por ele (FORGUES, 1995, 175).

O antecedente direto do PSP foi possivelmente a rede institucional que havia criado a Associação Pró-Indígena, organizada por gente como Pedro Zulen e Dora Mayer. Esta possuía um "Comitê Central", ao qual se vinculavam delegados nas capitais de departamentos e províncias, assim como representantes das próprias comunidades, que tinham como objetivo denunciar abusos dos *gamonales* e recolher informações sobre a vida no meio rural. No caso do PSP, José Carlos começou a articular intelectuais ligados à revista *Amauta* dentro e fora do Peru, com socialistas, apristas e indivíduos sem partido, além de manter relação com lideranças camponesas e indígenas, como Ezequiel Urviola, por exemplo. Ao fundar o PSP, o grupo inicial via que a construção do partido e a luta pelo socialismo seriam tarefas de "longo prazo", que poderiam levar, talvez, bastante tempo para serem levados a cabo (FLORES GALINDO, 1997, 367-368).

Até mesmo em março de 1930, já no final da vida, Mariátegui iria reafirmar que o Partido Socialista havia sido fundado como um partido classista, mas que as condições do Peru o *obrigavam* a considerar uma aliança com a pequena burguesia. Isso enquanto

---

15 Ver La Correspondance Internacionale, no. 91, 22 de setembro de 1929 (MESEGUER ILLÁN, 1974, 220).

16 No VI Congresso da IC, por exemplo, Ricardo Paredes, o delegado do Equador, insatisfeito com a linha teórica adotada pela Internacional em relação à América Latina, havia dito que "é muito importante estabelecer uma distinção entre os países semicoloniais e aqueles que, na falta de um melhor termo, podem ser chamados de 'dependentes'. Os problemas da luta proletária devem ser encarados de um modo diferente nos países coloniais e semicoloniais que nos países dependentes" (ZAIDAN, 1985, 86-87).

a Internacional adotava a estratégia de "classe contra classe". Ou seja, claramente, como já insistimos, duas concepções bastante diferentes (Flores Galindo, 1997, 367-368).

O fato é que os comunistas ortodoxos baseados na Argentina não estavam contentes com uma agremiação liderada por indivíduos com o perfil de Mariátegui e o chamado "grupo de Lima", que não obedeciam "fielmente" o Comintern e que resistiam a acatar suas diretivas. José Carlos não queria se afastar da IC, por certo. Por outro lado, a Internacional não apreciava militantes que utilizavam ideias de Sorel e Freud junto com as de Lênin, que se relacionavam com artistas surrealistas e que não condenavam explicitamente o trotskismo. Em outras palavras, o PSP estava longe de ser o partido ideal naquela situação (cf. Flores Galindo, 1997, 364-365). Como diria o mariateguista italiano Antonio Melis,

> há provas mais do que suficientes de que a linha perseguida pelo marxista peruano não se encontrava em sintonia com o rumo que estava tomando o movimento comunista internacional. A linha ampla e aberta de Mariátegui, baseada no princípio de acumulação de forças e de construção do partido dentro do movimento contraditório das massas, contrastava com o sectarismo da incipiente política de "classe contra classe". No contexto continental esta dissensão se tornava exasperada pela aplicação particularmente dogmática que dela faziam o *Bureau* Sul-Americano do Comintern e alguns partidos latino-americanos, em particular o argentino, cujo dirigente Codovilla representava um ponto de vista antitético ao de Mariátegui (Melis, 1984, XLII).

Para os que acham que a reunião de Buenos Aires e as diretrizes do Comintern não afetaram o Partido Socialista, basta ver o que ocorreu a partir de 1930 dentro daquela organização. Após a mudança de nome para Partido Comunista, alguns militantes abandonam de vez a agremiação, inclusive se desligando definitivamente da vida política formal; outros se juntam a Luciano Castillo para "refundar" o Partido Socialista (na verdade, um partido distinto), que atuará mais na costa norte do país, em Piura, Tumbes e departamentos vizinhos, junto aos petroleiros e algumas comunidades camponesas mestiças; e a revista *Amauta*, que originalmente possuía um leque heterogêneo de colaboradores, fossem artistas e literatos (alguns classificados pela IC como pequeno-burgueses) até intelectuais marxistas mais ortodoxos, mudará rapidamente seu caráter mais aberto e pluralista e deixará de existir pouco tempo depois. Na carta de renúncia do grupo "Socialista" do PSP, de 16 de março de 1930, seus membros diriam:

O ambiente em que se produziram as deliberações e acordos das últimas duas sessões do Comitê Central organizador do Partido Socialista nos persuadiu da existência de um câmbio radical do plano e da tática que se havia concordado inicialmente: se empenhar na organização de um partido político das forças de esquerda no Peru. Com a mudança de tática ocorreu também uma discrepância profunda entre os membros que assumem, no Comitê Central, a responsabilidade da formação deste partido político. E ao produzir-se este desacordo tivemos que lamentar, também, a intemperança de alguns de nossos companheiros, atitude que, se persistir, pode esterilizar todos os esforços generosos que se somam a este fim. Os elementos revolucionários, que têm atuado ao lado do proletariado (seja dentro ou fora do Peru), nos havia proposto [a discutir] as alternativas de organizar no país ou um partido socialista ou um partido comunista, chegando à conclusão de que, biológica e historicamente, era um partido socialista o que convinha à nossa realidade, [aquele] que teria a vantagem de poder se desenvolver publicamente, dentro da legalidade, e de ganhar para seu movimento alguns setores das classes médias. A alternativa de uma organização política de caráter comunista, apesar da ideologia marxista leninista de alguns de seus importantes membros, foi descartada taticamente, pela impossibilidade de se desenvolver publicamente, já que o proletariado não tem consciência de classe, nem a organização que lhe permita defender o partido comunista.

Entendemos que a Conferência Comunista de Buenos Aires, à qual assistiram dois delegados comunistas peruanos, fez mudar fundamentalmente o rumo da organização do partido. Aí cremos que se cometeu um erro que é capital para a eficácia de nosso movimento político. É indiscutível que nos regimes despóticos burgueses o erro mais infantil que pode se cometer é denunciar publicamente as armas revolucionárias com as quais se há de exercer uma ação social. [...]

E é importante observar que nem no Comitê Executivo, nem no Comitê Central, havia-se proposto concretamente esta transformação. Não se considerou a observação já aceita por todos nós de que um partido comunista dentro das modalidades atuais da realidade política e social peruana devia atuar secretamente, enquanto afirmava suas posições dentro das fileiras do proletariado. E havíamos chegado a essa conclusão porque não pretendíamos somente fazer novos mártires da causa comunista, mas sim, contribuir seriamente tanto para a revolução mundial como para a revolução política peruana. [...]

> E como, por outro lado, se criou tal situação de prevenção e de suspeição que não nos permite continuar assumindo em minoria a responsabilidade da organização de um partido político (que em suas linhas táticas não podemos nem minimamente controlar), temos de renunciar a nossos cargos nos Comitês Central e Executivo para não prejudicar a ação daqueles que creem estar na linha acertada, renovando nossa fé no triunfo final do socialismo internacional, e na ação fecunda do proletariado nos destinos desta região da América (DEL PRADO, 1983, 239-240).

O fato é que o trabalho político que Mariátegui vinha realizando com sucesso e que lentamente se consolidava entre os mineiros de Morococha será completamente desarticulado, com o Partido Comunista Peruano (PCP), nas mãos de Eudocio Ravines, mudando radicalmente as táticas e os rumos da atuação política e sindical do partido, seguindo, como se pode imaginar, a linha oficial propugnada pela Internacional e por seus principais dirigentes (MELGAR BAO, 1988, 239-240). Com tudo isso, é lógico imaginar que os *Sete ensaios* também sofreriam as consequências dessa situação.

Nos primeiros anos após sua publicação, os *Sete ensaios* tiveram uma repercussão limitada. Como já dissemos, depois do desaparecimento físico de Mariátegui, em 1930, antes de completar 36 anos de idade, seu sucessor, Eudocio Ravines, o "homem de Moscou" no Peru, assume de vez o partido. O Partido Socialista muda oficialmente de nome para Partido Comunista e é aberta uma temporada de perseguição ao "amautismo", ou seja, às ideias e à imagem de JCM, fazendo o possível para associá-lo a um revisionismo antissoviético ingênuo. Para Ravines, seria importante eliminar os "desvios" políticos mariateguistas do marxismo no Peru. A atuação de Ravines, dos soviéticos e da APRA de Haya de La Torre, foi fundamental para impedir, durante alguns anos, a maior propagação do ideário mariateguiano dentro do movimento operário do país. Afinal, é bom lembrar que JCM foi acusado, dependendo de seus detratores, de ser populista, aprista, romântico, europeizante e até mesmo bolchevique d'annunziano.

Apesar de todas as dificuldades, contudo, o tempo mostraria a importância daquela obra. Já foram publicadas pelo menos 74 edições dos *Sete ensaios* em diversos países do mundo (MARIÁTEGUI, 2008). A primeira edição peruana, publicada em 1928 pelo próprio autor, teve em torno de cinco mil exemplares, demorando vários anos para se esgotar. A segunda edição só seria publicada em 1944, preparada por seu filho mais velho, Sandro, com uma tiragem de dez mil livros (MARIÁTEGUI, 2008). A terceira sairia em 1952.

Como a divulgação da obra ocorria lentamente, o primogênito de JCM, junto com seus irmãos, decide lançar, em 1956, a primeira edição "popular", de bolso, da grande obra de seu pai, com uma tiragem de 50 mil exemplares, vendidos a preços baratíssimos em quiosques de Lima e de algumas outras províncias peruanas. A edição foi um enorme sucesso e se esgotou em pouco mais de um ano. Isso estimulou Sandro a organizar, ao longo dos anos, a coleção das "Obras Completas" de JCM, inicialmente vinte volumes, que foram acrescidos, entre 1987 a 1994, de mais oito tomos de seus "Escritos de Juventude", assim como de sua correspondência, preparada pelo italiano Antonio Melis. É bom lembrar que Mariátegui só publicou dois livros em vida. Tinha ainda alguns poucos livros em preparação, que só foram lançados postumamente. E um livro famoso (sua única obra orgânica), que simples e misteriosamente, desapareceu. Assim, todo o resto de sua obra é resultado de um difícil trabalho de pesquisa e compilação de dezenas e dezenas de textos (muitos deles, jornalísticos), que discutiam temas tão diversos como crítica literária, artigos políticos, contos, poemas, peças de teatro, um "romance-reportagem", assim como textos sobre educação, artistas e escritores, a questão indígena e agrária, e assuntos mundiais, entre outros.

No Peru, os *Sete ensaios* já tiveram sete edições em formato "convencional" e 39 edições populares. Ou seja, 46 edições no total. Já internacionalmente, os *Sete ensaios* foram publicados no Chile (1955), em Cuba (1963, 1969 e 1973), na União Soviética (1963), na França (1968 e 1977), no México (1969, 1979 e 1988), no Uruguai (1970 e 1973), nos Estados Unidos (1971, 1975 e 1988), na Itália (1972), no Brasil (1975 e 2008), na Bulgária (1975), na Espanha (1976), na Hungria (1977), na Venezuela (1979, 1995 e 2007), na Alemanha (1988), na China (1988), no Japão (1988) e na Colômbia (1995). Já foram vendidos em torno de dois milhões de exemplares em todo o planeta. Os *Sete ensaios* é o livro peruano de não-ficção mais vendido em termos globais e com o maior número de edições no mundo inteiro. No Peru, é leitura obrigatória nas universidades. Em torno de dez mil exemplares desta obra são vendidos todos os anos naquele país (Mariátegui, 2008).

Ainda pouco conhecido no Brasil, de forma geral, Mariátegui lentamente vai ganhando importância por aqui, com vários de seus trabalhos sendo publicados em coletâneas em anos recentes por diferentes editoras brasileiras. Esta é, portanto, uma excelente oportunidade para, finalmente, se conhecer melhor um dos mais importantes intelectuais de nosso continente.

Bibliografia

Anderle, Adam. *Los movimientos políticos en el Perú entre las dos guerras mundiales.* Havana: Casa de las Américas, 1985.

Boyer, Richard O.; Morais, Herbert M. *Labor's Untold Story.* Nova York: United Electrical, Radio and Machine Workers of America, 1976.

Brecher, Jeremy. *Strike!.* Boston: South End Press, 1993.

Brody, David. *Workers in Industrial America.* Nova York: Oxford University Press, 1993.

Calwer, Richard; Kautsky, Karl; Bauer, Otto; Strasser, Josef e Pannekoek, Anton. *La Segunda Internacional y el problema nacional y colonial.* México: Cuadernos de Pasado y Presente, 1978.

Cochran, Bert. *Labor and Communism, The Conflict that Shaped American Unions.* Nova Jersey: Princeton University Press, 1979.

Cupull, Adys e González, Froilán. *Julio Antonio Mella en el medio del fuego: un asesinato en México.* Havana: Casa Ed. Abril, 2006.

Del Roio, Marcos. *A classe operária na revolução burguesa, a política de alianças do PCB: 1928-1935.* Belo Horizonte: Oficina de Livros, 1990.

Del Prado, Jorge. *En los años cumbre de Mariátegui.* Lima: Ediciones Unidad, 1983.

Diggins, John Patrick. *The Rise and Fall of the American Left.* Nova York: W. W. Norton and Company, 1992.

Draper, Theodore. *The Roots of American Communism.* Nova York: The Viking Press, 1957.

Dubofsky, Melvyn. *We Shall Be All, A History of the IWW.* Nova York: Quadrangle/The Nova York Times Book Co., 1969.

Fernández Díaz, Osvaldo. *Mariátegui, o la experiencia del outro.* Lima: Empresa Ed. Amauta, 1994.

Flores Galindo, Alberto. "Entre Mariátegui y Ravines: dilemas del comunismo peruano". In: *Obras completas,* V. Lima: SUR, Casa de Estudios del Socialismo, 1997a.

_____. *Obras completas,* V. Lima: SUR, Casa de Estudios del Socialismo, 1997.

_____. "La agonía de Mariátegui". In: *Obras completas*, II. Lima: Fundación Andina/SUR Casa de Estúdios del Socialismo, 1994.

Forgues, Roland. *Mariátegui, la utopía realizable*. Lima: Empresa Ed. Amauta, 1995.

Hatzky, Christine. *Julio Antonio Mella, una biografía*. Santiago de Cuba: Editorial Oriente, 2008.

Herreshoff, David. *The Origins of American Marxism*. Nova York: Monad Press, 1973.

Hillquit, Morris. *History of Socialism in the United States*. Nova York: Dover Publications, 1971.

Karson, Marc. *American Labor Unions, 1900-1918*. Boston, Beacon Press, 1965.

Kimeldorf, Howard. *Battling for American Labor*. Berkeley e Los Angeles: University of California Press, 1999.

Klehr, Harvey; Haynes, John Earl e Anderson, Kyrill M. (orgs.). *The Soviet World of American Communism*. New Haven e Londres: Yale University Press, 1998.

Kornbluh, Joyce L. *Rebel Voices, An IWW Anthology*. Michigan, Ann Arbor/The University of Michigan Press, 1968.

Lens, Sidney *The Labor Wars*. Nova York: Anchor Books/Anchor Press/Doubleday, 1974.

Löwy, Michael. *Nacionalismos e internacionalismos da época de Marx até nossos dias*. São Paulo, Xamã, 2000.

Luna Vegas, Ricardo. *José Carlos Mariátegui, ensayo biográfico*. Lima: Editorial Horizonte, 1989.

Mariátegui, Sandro. *Correspondência com Luiz Bernardo Pericás*. 1º de abril de 2008.

Martínez de la Torre, Ricardo. *Apuntes para una interpretación marxista de la história social del Perú*. Lima: s/e, 1947.

Melgar Bao, Ricardo. *El movimiento obrero latinoamericano, II*. México: Alianza Editorial Mexicana/Consejo Nacional para la Cultura y las Artes, 1988.

Melis, Antonio. "El diálogo creador de José Carlos Mariátegui". In: Melis, Antonio (org.). *José Carlos Mariátegui, correspondencia, Tomo I*. Lima: Empresa Ed. Amauta, 1984.

_____ (org.). *José Carlos Mariátegui, correspondencia, Tomo I.* Lima: Empresa Ed. Amauta, 1984.

Meseguer Illán, Diego. *José Carlos Mariátegui y su pensamiento revolucionario.* Lima: Instituto de Estudios Peruanos, 1974.

Moore, R. Laurence. *European Socialists and the American Promised Land.* Nova York: Oxford University Press, 1970.

Ottanelli, Fraser M. *The Communist Party of the United States.* New Brunswick: Rutgers University Press, 1991.

Peláez, Gerardo. *Partido Comunista Mexicano, 60 años de história.* Culiacán: Universidad Autónoma de Sinaloa, 1980.

Pelling, Henry. *American Labor.* Chicago: The University of Chicago Press, 1961.

Schlesinger, Rudolph. *La Internacional Comunista y el problema colonial.* México: Cuadernos de Pasado y Presente, 1977.

Stálin, Joseph. *O marxismo e o problema nacional e colonial.* Rio de Janeiro: Editorial Vitória, 1946.

Zaidan Filho, Michel. *PCB (1922-1929), na busca das origens de um marxismo nacional.* São Paulo: Global Ed., 1985.

Zieger, Robert H. *American Workers, American Unions, 1920-1985.* Baltimore: The Johns Hopkins University Press, 1989.

Zinn, Howard. *A People's History of the United States.* Nova York: Harper Perennial/Harper Collins Publishers, 1995.

Parte III: Neoliberalismo, capitalismo e imperialismo

A nova fase do capitalismo neoliberal no Brasil e a sua inserção no quadro político da América Latina[1]

Armando Boito Jr.[2]

O tema da palestra

O tema desta palestra interpela a esquerda e envolve questões como a de saber se o governo Lula manteve ou rompeu com a política de FHC, se o governo Lula desempenha um papel progressista ou não na América Latina e na política internacional, se a América Latina efetuou, de fato, uma "virada à esquerda" e outras questões de importância para os socialistas no nosso continente.

Parte das ideias que vou apresentar neste 5º Colóquio ainda são mais hipóteses de uma pesquisa em curso que teses suficientemente demonstradas. Minha análise beneficia-se do trabalho coletivo do *Grupo de Pesquisa Neoliberalismo e relações de classe no Brasil,* sediado no Cemarx, do qual participam cerca de quinze pesquisadores entre professores, pós-doutores, doutorandos, mestrandos e graduandos. No Grupo de Pesquisa, dentro do tema geral das relações de classe no modelo capitalista neoliberal,

---

1 Trabalho apresentando no *5º Colóquio Marx Engels*, na sessão plenária: "O Marxismo na América Latina", no dia 07 de novembro de 2007. Artigo publicado também como capítulo do livro: Katz, C. *Las disyuntivas de la izquierda en América Latina*. Ediciones Luxemburg, Buenos Aires, 2008. E ainda como artigo "Controversias sobre la revolución", *Revista Internacional Marx Ahor*, Instituto de Filosofía, La Habana, n. 25 de 2008. Tradução e notas de tradução (N.T.) de Elaine Amorim.

2 Professor titular do Departamento de Ciência Política do IFCH/Unicamp e editor da revista *Crítica Marxista*.

cada pesquisador individual recorta um tema – um movimento social, uma conjuntura, um problema de análise etc. Esse é um momento especial porque esta é a primeira vez que apresentamos nossa pesquisa numa sessão plenária do Colóquio Marx e Engels.

Teoria: dependência e classes sociais

O nosso Grupo de Pesquisa considera que as classes sociais e a dependência, que se encontra articulada com a estrutura de classes de países como o Brasil, são elementos fundamentais na análise do modelo capitalista neoliberal, na análise do processo de implantação desse modelo bem como na análise do desgaste pelo qual tal modelo está passando na década de 2000. De fato, a década de 2000 tem sido muito diferente daquilo que vimos na década de 1990.

Inicialmente, teremos de fazer alguns esclarecimentos conceituais.

Comecemos pelo conceito de classe social. Eu tenho empregado o conceito de classe de uma maneira específica. Entendo que há dois sentidos para a noção de classe social na obra de Marx.

Regra geral, nas obras históricas, o conceito de classe é utilizado de uma maneira, digamos assim, minimalista. Livros como *O Dezoito Brumário de Luis Bonaparte* ou o *Luta de classes na França* tratam a classe como um setor social: a) cujos atributos e limites são definidos, em última instância, pela sua inserção na produção, e b) setor social esse que produz efeitos pertinentes na conjuntura política, isto é, um setor social cuja presença deve ser considerada caso se deseja entender as características do processo político nacional. Nesse primeiro sentido, Marx considera inclusive o campesinato francês de então como classe social, a despeito de o campesinato na conjuntura da crise francesa de 1848 não se encontrar política ou socialmente organizado. Marx procede dessa maneira, a despeito das ressalvas que apresenta, porque, como ele mostra ao leitor, que o campesinato tem uma inserção comum no processo de produção e porque, ao votar massivamente em Luís Bonaparte para a Presidência da República, interfere de maneira decisiva no processo político francês – como um dos elementos fundamentais propiciadores do fenômeno do bonapartismo.

O segundo sentido no qual Marx utiliza o conceito de classe social é mais exigente e aparece em textos teóricos, mais particularmente quando Marx reflete sobre o processo de mudança histórica. Poderíamos citar, nesse caso, o *Manifesto do Partido Comunista* e, principalmente e acima de tudo, o famoso *Prefácio de 1859* no qual Marx tenta apresentar um esboço de uma teoria da história. Nesse segundo sentido, Marx apresenta as classes sociais como coletivos organizados e em luta pela preservação ou pela mudança histórica – do feudalismo para o capitalismo, do capitalismo para o socialismo. Como todos devem se recordar, Marx apresenta a ideia de que a era de revolução social é aquela em que o desenvolvimento das forças produtivas passa a ser truncado, e não mais estimulado, pelas relações de produção existentes. Ele acrescenta que essa contradição entre forças produtivas e relações de produção é resolvida pela luta de classes, isto é, pelo enfrentamento entre, de um lado, a classe que representa as novas forças produtivas e, de outro, a classe que encarna as relações de produção já caducas. Claro que, nesse último caso, só se formariam as classes e só se desenvolveria a luta de classes nos momentos de revolução social.

Nesse segundo sentido, não poderíamos dizer que haja luta de classes no Brasil atual. Não estamos em presença de uma polarização entre, de um lado, a burguesia, defendendo a propriedade privada e o capitalismo, e, de outro lado, o operariado e demais trabalhadores organizados em torno de um programa socialista. Mas no primeiro sentido, aquele que não se refere apenas às situações de crise revolucionária, temos sim luta de classes no Brasil: luta camponesa pela terra, a luta do operariado e da baixa classe média em defesa de suas condições de vida e de trabalho, lutas que se expressam no movimento sindical, nos movimentos dos sem-terra, dos sem-teto e outros. Mesmo os movimentos que René Mouriaux denomina "movimentos de urgência" podem, e talvez ele esteja de acordo com isso, ser pensados considerando sua composição de classe – que envolve, muitas vezes, o exército laboral de reserva que tanto cresceu com o modelo capitalista neoliberal. E, é bom lembrar, luta da burguesia para se apropriar do excedente, luta que muitas vezes transcorre nos gabinetes acarpetados dos chamados três poderes da República onde transitam, como peixes n'água, os lobistas; e não a céu aberto nas ruas e nas praças públicas.

Essas lutas referem-se, em última instância, à inserção dos agentes na produção, visam a apropriação da riqueza produzida e provocam efeitos pertinentes na política brasileira. Nesse segundo sentido do conceito de classe social, os conflitos de classe não se apresentam polarizados, opondo de modo direto e simplificado o capital e o trabalho, mas, sim, multifacetados. Esses conflitos compreendem classes e frações de classe diversas, tanto no campo das classes dominantes, quanto no campo das classes populares. Exemplificando, temos, no Brasil atual, os camponeses e suas diversas camadas – camponeses pobres (que no Brasil lutam por terra), camponeses remediados (que no Brasil lutam por preço mínimo e financiamento) –, classe operária e seus diversos setores – temos um operariado do setor de ponta da economia cujas reivindicações apresentam certas especificidades –, e temos também frações da burguesia disputando, no interior do bloco no poder, o controle da política econômica do Estado para fazerem valer seus interesses específicos de fração frente aos interesses específicos de outras frações da sua própria classe. A leitura das obras históricas de Marx e de Engels, como o *Dezoito Brumário*, evidencia a importância que ele concedia ao conflito de frações burguesas na análise dos processos políticos. A nossa análise do neoliberalismo inspira-se, em última análise, nesse enfoque, como, espero, vocês poderão verificar.

Outro conceito central para o nosso Grupo de Pesquisa tem sido o conceito de dependência.

Desde o início da nova onda de internacionalização do capital, a noção de globalização tem sugerido uma tendência à homogeneização, isto é, a uma uniformização do espaço econômico internacional. Claro que, dessa perspectiva, a desigualdade econômica e a hierarquia política entre países dominantes e países dependentes desapareceria. Boa parte dos intelectuais críticos embarcou nessa análise, principalmente durante a década de 1990. Alguns se satisfizeram em adicionar ao substantivo globalização o adjetivo capitalista, imaginando que com isso estaria resolvido o problema. Não está simplesmente porque o capitalismo não se globaliza, isto é, não uniformiza a economia mundial. Persiste a subordinação econômica: desigualdade tecnológica, de investimento, renda etc. Entendemos, então, que seria preciso recuperar o conceito de dependência, produzido por cientistas sociais brasileiros e latino-americanos como o jovem Fernando Henrique Cardoso, Enzo Faletto, Ruy Mauro Marini, Theotônio dos Santos e outros. A despeito das conhecidas diferenças existentes entre esses autores, nós entendemos que há um terreno comum de reflexão que nos interessa e que consideramos imprescindível para pensar a situação atual.

Esse terreno comum é formado por diversos pontos de grande importância para a análise e para a intervenção política na América Latina de hoje:

a) O reconhecimento do papel específico e subordinado do capitalismo brasileiro e latino-americano na economia mundial. Existe uma divisão internacional do trabalho e um fluxo internacional de investimentos e, nos dois casos, cabe aos países latino-americanos uma posição específica e subordinada no circuito da acumulação mundial capitalista;

b) Decorrente da tese acima, a ideia de que a luta anti-imperialista não caducou na América Latina. Hoje, poderá parecer desnecessário lembrar isso, mas na década de 1990, quando a ideologia da globalização tinha livre trânsito, muitos autores, inclusive, repito, vinculados ao pensamento crítico, passaram a sustentar que o nacionalismo latino-americano perdera o sentido com a globalização da economia e com o suposto declínio dos Estados nacionais. Quando falavam em nacionalismo pensavam, na verdade, em anti-imperialismo. Ainda hoje, muitas análises descuram, ignoram ou ocultam a questão nacional, pensando o processo político, simplificadamente, como uma simples oposição entre o capital e o trabalho.

c) A ideia, também ligada à primeira tese, de que o desenvolvimento capitalista não é uma via de mão única na qual as nações se diferenciariam apenas em decorrência do ponto em que se encontrariam nessa via – um ponto mais adiantado ou mais atrasado;

d) A ideia segundo a qual existe uma articulação entre, de um lado, a estrutura interna de classes dos países dependentes e, de outro lado, o imperialismo. O capital e os interesses imperialistas estão internalizados na nação dependente, de modo que há setores sociais que são vinculados ao imperialismo ou, inclusive, configuram mera extensão, no interior da nação dependente, dos interesses imperialistas;

e) Também está presente nas diversas versões da teoria da dependência a crítica, decorrente da ideia anterior, ao nacionalismo ingênuo, que localiza os interesses imperialistas apenas e tão-somente fora da nação dependente e, muitas vezes, sequer é anti-imperialista e se converte em base política passiva para setores da burocracia de Estado ou da burguesia;

f) Finalmente, é patrimônio comum das teorias da dependência a ideia de que é necessário articular economia e política para entender a situação de países como o Brasil e outros países da América Latina. Essa é uma ideia importante para uma intelectualidade marcada pelas análises da Cepal, análises que tenderam, durante todo o processo de industrialização, a apresentar o desenvolvimento em geral (a Cepal não trabalhava com a ideia de desenvolvimento capitalista) como o caminho natural dos países latino-americanos, isto é, como o caminho que se imporia naturalmente, independentemente da situação política – interesses de classe e frações de classe, conflitos, alianças e correlação política de forças. Isso é importante na análise do capitalismo neoliberal porque esse modelo também tem sido tratado entre os economistas monetaristas e inclusive no novo enfoque da Cepal como uma imposição quase técnica da chamada "crise do Estado", da "necessidade de aumento da competitividade" e de outras injunções supostamente "apenas econômicas".

Uma análise do modelo capitalista neoliberal que tome as classes, o conflito de classes e a dependência como elementos centrais deve considerar sempre a dimensão política dos processos econômicos e duvidar das razões supostamente técnicas ou naturais da economia capitalista.

A nova fase do neoliberalismo no Brasil

Tratarei, agora, de apresentar, de modo geral e resumido, as teses e hipóteses que trouxe para discussão. Começarei pelo Brasil e, depois, apresentarei algumas hipóteses sobre a posição do Brasil no quadro latino-americano.

Numa fórmula sintética e esclarecedora apresentada nos trabalhos de Gérard Duménil, o modelo capitalista neoliberal pode ser concebido como *o resultado da ação da burguesia para restaurar seu poder e a rentabilidade do capital.*

A burguesia, agora dizemos nós, não fora apeada do poder político durante o modelo capitalista de bem-estar social na Europa e o modelo desenvolvimentista na América Latina. Porém, as alianças políticas e as concessões que a burguesia estadunidense, europeia e latino-americana precisaram fazer no pós-Segunda Guerra Mundial, devido ao medo que experimentavam diante da luta do operariado de seus próprios países, do programa socialista e comunista e diante da União Soviética, essas concessões introduziram limitações ao seu poder de classe e são essas limitações que o neoliberalismo tratou de eliminar.

A restauração do poder político da burguesia, entendido como dissemos como suspensão dos referidos limites, visava reverter o declínio da rentabilidade do capital desde o final da Segunda Guerra Mundial, declínio ao qual correspondia uma ascensão da participação dos trabalhadores na renda nacional, como mostram os cuidadosos estudos quantitativos do próprio Gerard Duménil. E, de fato, a implantação do modelo neoliberal desencadeou um processo de recuperação dos lucros e de reconcentração da renda em escala internacional.

Julgamos que essa tese é um ótimo ponto de partida. No entanto, ela exige, para pensarmos os países latino-americanos, um acréscimo fundamental.

No Brasil e na América Latina, ou, pelo menos, no Cone Sul da América Latina, o poder político da burguesia, entendido como suspensão de alguns limites impostos pelo movimento operário, pelo movimento popular ou pelo populismo, começara a ser restaurado pelas ditaduras militares antes mesmo da implantação do modelo neoliberal. Esse, além de restaurar um poder de classe, teve, então, como um dos objetivos fundamentais, restaurar o poder imperialista sobre o capitalismo latino-americano. É preciso, também, esclarecer: tampouco o imperialismo tinha perdido o seu poder sobre a maior parte da América Latina. Ocorre, contudo, que o nacional-desenvolvimentismo impusera reformas ao imperialismo, a começar pelas alterações que introduziu, graças à política industrialista, na antiga divisão internacional do trabalho. Num país como o Brasil, a ditadura militar manteve o modelo desenvolvimentista. Manteve-o apoiado numa perna só, posto que a ditadura militar brasileira liquidara o populismo, que era a política de frente, instável, heterogênea e contraditória, pelo desenvolvimento capitalista nacional. Esse é um elemento para o qual os analistas precisariam chamar mais a atenção. Quando o imperialismo iniciou a ofensiva neoliberal, o que para nós ocorreu especificamente durante o governo Reagan, a burguesia industrial brasileira encontrava-se política e socialmente isolada e não logrou se constituir em obstáculo de monta às pressões estadunidenses.

O capitalismo neoliberal deve ser concebido, então, na América Latina, como resultado da ação combinada, mas nem sempre convergentes, das burguesias locais e do imperialismo para restaurarem seu poder, restauração que deve ser entendida no sentido que definimos acima.

Sustento, em decorrência do que disse acima, que a resistência ao modelo neoliberal pode vir não apenas dos trabalhadores, interessados em, pelo menos, recolocar limites ao poder burguês e reiniciar um processo de redistribuição da renda, como também da resistência das burguesias internas latino-americanas. Estou chamando de burguesia interna aquele setor da burguesia dos países dependentes que, sem ser anti-imperialista, procura negociar com o imperialismo os termos de sua subordinação.

É certo que a resistência dos trabalhadores e a resistência burguesa ao neoliberalismo possuem natureza e objetivos distintos, mas ambas são reais. Muitos acreditam que, de fato, ocorreu uma globalização, de modo que as burguesias locais latino-americanas teriam desaparecido. É sabido que muitos autores hoje falam em uma burguesia mundial mais ou menos homogênea. Quantos não decretaram, a partir de análises como essas, a morte do desenvolvimentismo? No entanto, hoje, o neodesenvolvimentismo é a ideologia econômica que, de longe, domina o cenário brasileiro latino-americano e nós entendemos que uma das bases sociais dessa ideologia, ainda que não seja a única base, são as burguesias internas dos países latino-americanos.

Passemos ao governo Lula. Eu entendo que esse governo não é uma continuidade do governo FHC. O governo Lula diferencia-se do governo FHC por, basicamente, dois motivos:

a) Primeiro, por ter promovido a ascensão política da grande burguesia interna no interior do bloco no poder, o que aparece na sua política econômica e na sua política externa, que não são exatamente as mesmas da "Era FHC";

b) Segundo, por ter iniciado algo que alguns denominam social-liberalismo, o que aparece na sua política social. Não estou me referindo à sua política voltada para os trabalhadores organizados, posto que nesse ponto pouco ou nada mudou, mas à política de assistência social, voltada para os trabalhadores pobres e desorganizados.

Mudanças no bloco no poder

Os negócios da grande burguesia interna cresceram muito sob o governo Lula. Os levantamentos das consultorias econômicas estão mostrando que a lucratividade das grandes empresas que vinha em queda durante o segundo mandato de FHC iniciaram uma trajetória de alta a partir de 2003. Hoje, as grandes empresas exportadoras, prestadoras de serviços privatizados e bancos são os setores mais lucrativos do capitalismo brasileiro, e muito mais do que o foram sob FHC. Outro indicador importante é a posição do capitalismo brasileiro no quadro do capitalismo latino-americano. Levantamentos realizados pela consultoria *Economia Americana* mostram que entre 2003 e 2006 o número de grandes empresas brasileiras instaladas no Brasil, públicas ou privadas, ranqueadas entre as 500 maiores empresas da América Latina mais que dobrou, ultrapassando em muito o México, que ocupava o primeiro lugar nesse ranque até o último ano do segundo mandato de FHC em 2002.

A ascensão política da grande burguesia interna, privada e estatal, sob o governo Lula aparece nos seguintes pontos de sua política econômica:

a) Desaceleração da política de abertura comercial, com especial destaque para o congelamento das negociações em torno da ALCA;

b) Desaceleração das privatizações;

c) Política de redução, ainda que moderada, da taxa básica de juros;

d) Redirecionamento das atividades do BNDES para o financiamento da produção e das exportações e para a formação de grandes grupos privados brasileiros nos principais setores da economia;

e) A consulta organizada às grandes empresas que o governo Lula realiza para definir sua política econômica e de comércio externo. Exemplo maior disso é a vinculação orgânica das associações do agronegócio de exportação ao Itamaraty.

A ascensão política da grande burguesia interna resultou da luta política e da situação econômica. Em primeiro lugar, resultou da pressão que essa burguesia vinha realizando sobre a política de Estado já durante a década de 1990, e da frente política que a grande burguesia interna formou com a corrente hegemônica na CUT e no PT, que adotaram a proposta neodesenvolvimentista. Em segundo lugar, a ascensão política dessa fração burguesa resultou também da situação econômica criada pelo estrangulamento externo provocado pela política de abertura comercial e de desregulamentação financeira do governo FHC, estrangulamento esse que eclodiu, de forma crítica, na crise cambial de 1999.

O que o governo Lula ainda não fez foi eliminar a hegemonia do grande capital financeiro nacional e internacional, posto que mantém a política de superávit primário para a rolagem da dívida, mesmo com os prejuízos que tal política acarreta para a infraestrutura necessária ao desenvolvimento capitalista no Brasil. Estimulou, também, e com sucesso, uma reconversão da indústria nacional para produtos de baixa densidade tecnológica e, tanto da indústria quanto da agricultura, para o mercado externo. O neodesenvolvimentismo, assim, ficou mais limitado que o desenvolvimentismo clássico e abandonou a antiga pretensão de reformular a divisão internacional do trabalho. Pelo contrário, o foco da política de comércio exterior do governo Lula é a exportação de produtos primários e agrícolas, como fica claro na sua política de criação e animação do G-20 e na sua crítica aos subsídios dos Estados dominantes à produção agropecuárias dos países centrais. O neodesenvolvimentismo, assumindo, como dizem os economistas, uma especialização regressiva, privilegia os setores tecnologicamente menos avançados do capitalismo brasileiro.

Mudanças na relação da política de Estado com o campo popular

O social-liberalismo, que é a segunda novidade do governo Lula, está voltado, como o nome indica, para classes e setores sociais excluídos do bloco no poder.

O elemento central aqui é o aumento dos gastos em política de assistência social. Aqui, é claro, o carro-chefe é o programa Bolsa Família. Foi essa política social que assegurou a vitória eleitoral de Lula. Ela se dirige aos trabalhadores desorganizados e pauperizados, em grande medida, pelo próprio capitalismo neoliberal. Apresenta a assistência social como dádiva presidencial e serve de base para um populismo de novo tipo, distinto do populismo varguista, que se apoiava em trabalhadores do setor formal da economia e se pautava pela concessão de direitos, não de assistência, trabalhista e social – garantia de salário mínimo, férias remuneradas, previdência social etc. Outra diferença importante é a função política do populismo no quadro das relações com o imperialismo. O velho populismo varguista visava contornar ou vencer as resistências da velha classe dominante e do imperialismo à reforma da antiga divisão internacional do trabalho. O neopopulismo não é nacional-reformista, tem um objetivo político conservador e inspira-se nas políticas compensatórias concebidas pelo Banco Mundial.

A ascensão do neopopulismo no Brasil representou o declínio do Partido dos Trabalhadores (PT), enquanto partido de tipo social-democrata, e a ascensão daquilo que os observadores políticos denominam o "lulismo", para se referir ao extraordinário crescimento do "prestígio político pessoal" de Lula.

Para os trabalhadores organizados, pouco ou nada mudou. Ao mesmo tempo que procura proteger e estimular os negócios da grande burguesia interna, na indústria de baixa densidade tecnológica e no agronegócios, ao mesmo tempo em que desacelerou as privatizações e a abertura comercial, o governo Lula promoveu uma reforma da previdência, está negociando uma segunda reforma nesse setor e, também, uma reforma na legislação trabalhista. Estudos quantitativos do orçamento da União mostram, de resto, que a verba do Bolsa Família não saiu dos ministérios que cuidam dos negócios capitalistas, mas sim da verba antes destinada ao Ministério da Saúde. Lula conseguiu aumentar significativamente as dotações da assistência social sem aumentar muito os gastos sociais em relação ao governo FHC.

Consideramos, portanto, um equívoco dizer que Lula mantém, pura e simplesmente, o esquema financeiro, como vêm afirmando muitos críticos de esquerda desde o início do seu governo em 2003. Essa tese equivocada subestima a força do governo, a novidade da presente conjuntura e a complexidade da situação que enfrentamos hoje.

O governo Lula no quadro da América Latina

Não ocorreu nenhuma "virada à esquerda" no conjunto da América Latina. As situações nacionais dos países latino-americanos diferem muito uma da outra. Temos governos como o mexicano e o colombiano que representam o capital internacional e a burguesia desses países associadas ou subsumidas por esse capital internacional. Essa burguesia representa aquilo que os dirigentes da Terceira Internacional, com Mao Zedong à frente, denominavam, no início do século XX, a burguesia compradora. No outro extremo do espectro político, temos os governos como o de Hugo Chávez e de Evo Morales, aos quais se juntou, recentemente, o governo de Rafael Correia no Equador. São governos que propõem um capitalismo de Estado com bem-estar social. Pois bem, o governo Lula, como também o governo Kirshner na Argentina, estão, para utilizarmos a linguagem jornalística, e não os conceitos de classe, no centro do espectro latino-americano. Voltando ao bloco no poder teríamos o seguinte: governos que representam diretamente o imperialismo e a burguesia compradora, governos que representam uma burguesia nacional de Estado apoiada em mobilização popular e governos que promovem os interesses da grande burguesia interna, com política social assistencial, e que não têm interesse em mobilizar ou organizar os trabalhadores.

Um dos elementos explicativos da heterogeneidade da situação latino-americana é o nível de desenvolvimento capitalista dos diferentes países do continente. Como argumentou Aníbal Quijano, os países de desenvolvimento capitalista fraco, com burguesia interna fraca e com economia menos diversificada e centrada em recursos minerais, estão se revelando, na situação atual, os países mais vulneráveis à mobilização popular e à resistência ao neoliberalismo.

Países como México e Colômbia seguem uma política pró-imperialista em toda linha. Mantêm e/ou aprofundam as reformas neoliberais, realizam tratados bilaterais de comércio com os EUA e, no caso da Colômbia, recebe tropas estadunidenses em seu território. O enlace do bloco no poder local com o imperialismo estadunidense dá-se sem atritos significativos e os partidos de direita têm grande força eleitoral. Um caso atípico nesse bloco é o caso do Chile, governado por um partido oriundo da tradição social-democrata e que combina o social-liberalismo com os interesses da sua burguesia compradora.

O segundo bloco de países é formado por governos que apresentam diferenças secundárias com os interesses e a política dos EUA. Desaceleraram as reformas neoliberais, principalmente aquelas, como a abertura comercial e as privatizações, que podem afetar os interesses da grande burguesia interna privada e/ou de Estado, procuram fortalecer o bloco comercial do Mercosul como contraponto à extensão da ALCA (Nafta) e fazem um esforço para tirar o máximo proveito das posições conquistadas pelo capitalismo de seus países na divisão internacional do trabalho – a luta contra os subsídios concedidos pelos governos europeus e estadunidense à produção agrícola dos países do Norte, as tentativas de desenvolver as linhas de comércio Sul-Sul, o que coloca países com um capitalismo medianamente desenvolvido como o do Brasil e o da Argentina em posição mais confortável e as restrições secundárias que, principalmente no caso argentino, têm colocado para a ação do capital financeiro internacional. As relações do bloco de poder local com os interesses imperialistas dá-se de modo mais complexo que aquele que se verifica no primeiro grupo de países. Aos trabalhadores, esses governos oferecem pouco ou quase nada. Não desistiram de novas rodadas de desregulamentação do mercado de trabalho, não priorizam o mercado interno, não possuem uma política forte de recuperação dos salários e, no caso do Brasil, o governo Lula praticamente suspendeu o programa de assentamento de camponeses, suspensão essa que é contrapartida obrigatória do objetivo governamental de aumentar a exportação de produtos agrícolas com base na grande propriedade capitalista – o estímulo econômico e político ao "agronegócio".

O terceiro bloco de países é o mais interessante para a esquerda. Seus expoentes são a Venezuela e a Bolívia. São todos países de baixo desenvolvimento capitalista, com território e população medianos ou pequenos, com grande participação de população indígena e dotados de recursos naturais cobiçados no mercado internacional – petróleo, gás, minérios. Nesses países, a luta camponesa e popular levou a uma interessante fusão entre o sentimento comunitário, herdado da tradição do campesinato indígena, e a reivindicação de soberania do Estado nacional sobre os recursos naturais. Seus governos suspenderam as reformas neoliberais, desafiam abertamente o imperialismo estadunidense e procuram, como já é visível na Venezuela e na Bolívia, desenvolver um capitalismo de Estado, baseado na exploração dos recursos naturais, e são governos portadores de uma política de ampliação da cidadania social. Poderiam constituir um Estado de bem-estar social em plena América Latina do século XXI?

Uma diferença importante no interior desse bloco de países pequenos ou médios e dotados de um programa de reformas avançado é que, enquanto na Venezuela temos um ressurgimento do nacionalismo militar como força dirigente do processo político, no qual parte das Forças Armadas implanta um projeto de reformas pelo alto contando com apoio popular mais ou menos difuso, na Bolívia são os camponeses e indígenas que se organizaram e lutaram para que Evo Morales e o seu Movimento ao Socialismo (MAS) chegasse ao poder. O programa de reformas do governo Morales é menos ambicioso que o de Hugo Chavez, mas parece favorecer o desenvolvimento de uma alternativa popular independente.

Conclusões

Podemos falar em nova fase do neoliberalismo brasileiro, e não na sua superação pelo governo Lula, porque a ofensiva burguesa e imperialista, que é definidora do modelo neoliberal, não foi revertida por esse governo. No que respeita à ofensiva burguesa contra os direitos dos trabalhadores, é certo que o processo de restrição aos direitos trabalhistas e sociais está numa fase de desaceleração. Andréia Galvão mostra que medidas desregulamentadoras não cessaram de ser editadas e aprovadas sob o governo Lula, embora tais medidas sejam medidas mais focalizadas. Ora, a reversão do processo de desregulamentação exigiria uma política de recuperação dos direitos sociais perdidos – reimplantação da política salarial de reposição periódica obrigatória das perdas provocadas pela inflação, ação sistemática do governo para proibir a contratação sem carteira assinada, recuperação dos direitos previdenciários, anulação da legislação que permitiu a ampliação dos contratos em tempo parcial e por tempo determinado e outras medidas semelhantes. No que respeita à ofensiva imperialista contra a economia nacional, as exigências impostas pelo imperialismo nas décadas de 1980 e 1990 à economia e ao Estado brasileiro tampouco foram eliminadas. Não foram revertidas a abertura comercial, a desregulamentação financeira e as privatizações.

O governo Lula, ao promover a ascensão política da grande burguesia interna e ampliar significativamente a política social voltada para a população que se localiza na faixa de renda mais baixa promoveu, com essas duas mudanças, apenas uma reforma do modelo neoliberal. Esse governo faz, num país dependente como o Brasil, algo semelhante àquilo que fazem os partidos social-democratas quando assumem o governo na Europa Ocidental: podem, em alguns casos, desacelerar o processo, mas não o revertem. Em momentos de crise podem, inclusive, se revelar mais eficazes para implantar medidas antipopulares que os próprios governos conservadores.

Se olharmos bem o quadro atual da América Latina, veremos que, ao contrário do que afirmam os autores que só veem as novidades na situação latino-americana, os países do continente retomam, é certo que em condições novas e com modificações importantes, tradições ideológicas e de luta popular que marcaram a história desses países ao longo do século XX. O desenvolvimentismo e o populismo ressurgiram, ainda que elementos novos, no Brasil; a luta camponesa e indígena, na Bolívia; a tradição nacionalista e insurrecional voltou a polarizar parte da oficialidade do Exército venezuelano.

Luciana Aliaga, Henrique Amorim e Paula Marcelino (orgs.)

Para entendermos a luta atual da América Latina, suas continuidades e suas novidades, é preciso ter em conta que o peso da tradição oprime, como já disse um pensador do século XIX, o cérebro dos vivos como um pesadelo.

Bibliografia

Azpiazu, Daniel; Basualdo, Eduardo e Khavisse, Miguel. *El Nuevo Poder Económico en la Argentina de los años 80*. Buenos Aires: Siglo XXI Editores, 2004.

Bielschowsky, Ricardo A.; Stumpo, Giovanni. "Empresas transnacionales y cambios estructucturales em la industria de Argentina, Brasil, Chile e México". *Revista de la Cepal*. Santiago: Cepal, n° 55, p. 65-84, 1995.

Boito Jr., Armando. "As relações de classe na nova fase do neoliberalismo no Brasil". In: Caetano, Gerardo (org.). *Sujetos Sociales y Nuevas Formas de Protesta en la Historia Reciente de América Latina*. Buenos Aires: Clacso, 2006.

_____. "A hegemonia neoliberal no governo Lula". *Crítica Marxista*. Rio de Janeiro: Revan, n⁰ 17, p. 10-37, 2003.

_____. "A burguesia no governo Lula". *Crítica Marxista*. Rio de Janeiro: Revan, n° 21, p. 52-77, 2005.

Cardoso, Fernando Henrique; Faletto, Enzo. *Dependência e desenvolvimento na América Latina. Ensaio de interpretação sociológica*. Rio de Janeiro: Zahar, 1970.

Carneiro, Ricardo. *Desenvolvimento em Crise. A economia brasileira no último quarto do século XX*. São Paulo: Ed. Unesp, 2002.

Chesnais, François. *A Finança Mundializada*. São Paulo: Boitempo, 2005.

Duménil, Gérard; Lévy, Dominique. "O imperialismo na era neoliberal". *Crítica Marxista*. Rio de Janeiro: Revan, n° 18, p. 11-36, 2004.

Galvão, Andréia. "Le mouvement syndical face au gouvernement Lula: dilemmes, défis et paradoxes". In: Eeuwen, Daniel Van (org.). *Le Brésil de Lula: la dynamique desparadoxes*. Paris, 2006.

Harvey, David. *A Brief History of Neoliberalism*. Oxford: Oxford Universty Press, 2005.

Hirst, Paul; Thompson, Grahame. *Globalização em Questão*. Petrópolis: Vozes, 1998.

KOWARICK, Lucio. *Capitalismo e Marginalidade na América Latina*. Rio de Janeiro: Paz e Terra, 1975.

MARINI, Ruy Mauro. *Dialética da Dependência*. Petrópolis: Vozes, 2000.

MARX, Karl. *O 18 Brumário de Luiz Bonaparte e Cartas a Kugelman*. Rio de Janeiro: Paz e Terra, 1978.

_____. *O Capital*. 6 vols. São Paulo: Abril Cultural, 1983.

MARX, Karl; ENGELS, Friedrich. *Manifesto do Partido Comunista*. São Paulo: Global, 1988.

MOURIAUX, René. "A esquerda e a reanimação das lutas sociais na Europa – entrevista a Andréia Galvão". *Crítica Marxista*. São Paulo: Boitempo, nº 14, p. 150-170, 2002.

MUNCK, Ronaldo. "Neoliberalism and politics of neoliberalism". In: SAAD-FILHO, Alfredo; JOHNSTON, Deborah (eds.). *Neoliberalism: a critical reader*. Londres: Pluto Press, 2005.

MUTTI, Antonio; SEGATTI, Paolo. *A Burguesia de Estado. Estrutura e funções da empresa pública*. Rio de Janeiro: Zahar, 1979.

NUN, José. *Marginalidad y exclusión social*. México: Fondo de Cultura Econômica, 2001.

POULANTZAS, Nicos. *Pouvoir Politique et Classes Sociales*. Vol. I. Paris: François Maspero, 1971

_____. *Pouvoir Politique et Classes Sociales*. Vol. II. Paris: François Maspero, 1971a.

SAAD-FILHO, Alfredo; JOHNSTON, Deborah (eds.). "The political economy of neoliberalism in Latin America". In: *Neoliberalism: a critical reader*. Londres: Pluto Press, 2005.

SALLUM JR., Brasílio. "O Brasil sob Cardoso: neoliberalismo e desenvolvimentismo. "*Tempo Social*. São Paulo: DS/FFLCH/USP, vol. 11, n. 2, p. 23-47, 2000.

SANTOS, Theotônio. *A Teoria da Dependência – Balanço e Perspectivas*. Rio de Janeiro: Civilização Brasileira, 2000.

Expropriações contemporâneas: um primeiro debate teórico[1]

Virgínia Fontes[2]

As expropriações contemporâneas expressam, a meu juízo, a base social fundamental para a expansão da relação capital-trabalho na atualidade, da mesma forma como foram o fulcro social para a expansão originária do capital. As atuais expropriações incidem não mais unicamente sobre a terra e sobre instrumentos diretos de trabalho, mas sobre todo e qualquer freio socialmente imposto à plena disponibilização dos trabalhadores para o mercado. Como exemplo, se multiplicaram as supressões de direitos laborais; exacerbou-se, celeremente, a conversão do que até então se constituiu como "natureza comum" em propriedade, seja de maneira direta, como as águas doces e salgadas, seja de maneira indireta, como a capacidade de reprodução biológica dos principais produtos agrícolas alimentares através de sementes transgênicas (trigo, milho e arroz, dentre outras). Finalmente, as expropriações contemporâneas incidem, doravante, sobre a própria composição orgânica do ser humano, por meio do patenteamento de elementos biológicos humanos. Tais expropriações correspondem à manutenção e expansão da clássica expulsão do campo dos trabalhadores rurais mas, por resultarem de uma situação quantitativa e qualitativamente nova – o capital-imperialismo

---

1 Trabalho apresentando no *5° Colóquio Marx Engels* na sessão plenária "Neoliberalismo, Capitalismo e Imperialismo", no dia 6 de novembro de 2007. Este texto é uma versão preliminar de trabalho mais extenso sobre o capital-imperialismo contemporâneo, resultante de pesquisa realizada com o apoio do CNPq.

2 Professora da Escola Politécnica de Saúde Joaquim Venâncio/Fiocruz, Universidade Federal Fluminense (UFF) e Escola Nacional Florestan Fernandes (MST).

transnacional – apresentam também aspectos originais. Os novos processos são homólogos aos momentos formadores do capitalismo, mas não idênticos.

Nesta comunicação, apresentaremos um debate com algumas teses distintas entre si sobre o papel das expropriações na formação do capitalismo, elaboradas por Ellen M. Wood, por Immanuel Wallerstein e, finalmente, por Anibal Quijano, para o caso latino-americano.

Ellen Wood, em seu livro *A origem do capitalismo* (Wood, 2001), apresenta duas hipóteses polêmicas. A primeira, de fundo propriamente histórico, defende que o capitalismo origina-se apenas na Inglaterra (e não na figura do "burguês"), tendo como fulcro as características específicas do campo inglês, lastreadas na tríade já assinalada por Marx, composta por "latifundiários que viviam da renda capitalista da terra, arrendatários capitalistas que viviam do lucro e trabalhadores que viviam do salário" (Wood, 2001, 102), o que corresponde, especialmente, ao leste e sudeste das Inglaterra. A imposição de uma necessidade de aumento da produtividade (compulsão), sobretudo sobre os arrendatários – grandes ou pequenos – resultou numa profunda transformação das relações sociais de propriedade. Em que pese a relevância do tema, não nos estenderemos sobre ele agora. Sua segunda hipótese nos interessa mais diretamente: Wood reconhece que, praticamente, não mencionou o trabalho assalariado ao longo de sua argumentação e, ao admitir que não seria absurdo definir o capitalismo agrário inglês em termos dessa tríade, insiste:

> Mas é importante ter em mente que as pressões competitivas, assim como as novas "leis de movimento" que as acompanharam, dependiam, em primeiro lugar, *não da existência de um proletariado de massa, mas da existência de arrendatários-produtores dependentes do mercado.* Os trabalhadores assalariados, especialmente os que dependiam inteiramente do salário para sobreviver, e não apenas como um suplemento sazonal (…) *continuaram a ser minoria na Inglaterra do século XVII* (Wood, 2001, 102-3, grifos nossos).

As pressões competitivas – exigências mercantis de aumento da produtividade para assegurar a manutenção dos arrendamentos, ou seja, "produzirem por um custo mais eficiente, em concorrência direta com outras pessoas no mesmo mercado" (Wood, 2001, 79) – afetaram arrendatários que assalariavam outros trabalhadores e os fazendeiros produtores diretos, com suas famílias, mesmo sem contratar mão de obra.

As pessoas podiam ser dependentes do mercado – depender dele para as condições básicas de sua autorreprodução – sem serem completamente desprovidas de propriedades. (...) Em outras palavras, a dinâmica específica do capitalismo já estava instaurada na agricultura inglesa antes da proletarização da força de trabalho" (Wood, 2001, 103, grifos nossos).

As hipóteses de Wood introduzem duas questões significativas para nossa reflexão: na primeira, a de que não é a contraposição entre cidade e campo o que define as relações sociais capitalistas, mas uma total subordinação do trabalho e do capital aos imperativos da concorrência mercantil entre produtores:

> Praticamente tudo, numa sociedade capitalista, é mercadoria produzida para o mercado. E, o que é ainda mais fundamental, o capital e o trabalho são profundamente dependentes do mercado para obter as condições mais elementares de sua reprodução. (...) [O mercado torna-se] o determinante e regulador principal da reprodução social. A emergência do mercado como determinante da reprodução social pressupôs sua penetração na produção da necessidade mais básica da vida: o alimento (Wood, 2001, 78).

A segunda questão: sua hipótese parece contestar a importância da expropriação como base social da relação capitalista. De fato, para perscrutar as origens ou o nascimento da relação social tipicamente capitalista, Ellen Wood enfatiza que a compulsão produtivista para o mercado, iniciada no século XVI na Inglaterra, embora já incorporasse assalariados, não tinha neles o lastro fundamental, que incidia, sobretudo, sobre os proprietários arrendatários e suas famílias. A preocupação de Wood não é diminuir o fato de que as expropriações se tornarão a forma central – e dramática – da produção de trabalhadores, assegurando a expansão da relação social capital, mas a de enfatizar que nessa relação há um elemento original, a exigência do crescimento de produtividade sob condições mercantis, alterando a própria noção de propriedade. Essa ênfase se esclarece quando compreendemos o objetivo central de sua polêmica: de um lado, opor-se àqueles que apresentam o mero crescimento do mercado como resultando, por acréscimos sucessivos, em capitalismo, desconsiderando as especificidades desse modo de produção e, portanto, reduzindo o papel da profunda ruptura que o capitalismo significou frente às formas sociais precedentes. Em segundo lugar, opõe-se, resolutamente, ao determinismo tecnológico, que pretende explicar as transformações sociais com base na introdução de novas técnicas ou tecnologias, que figuram como externalidades, como *deus ex-machina*, e não como resultado de exigências sociais e históricas para sua elaboração e implementação.

Porém, se não é contraditória com as teses que estamos trabalhando, é preciso ir além, pois Wood introduz um novo elemento: a proletarização massiva da força de trabalho na Inglaterra ocorreu *posteriormente* à implementação de uma dinâmica *produtiva* e *proprietária* especificamente capitalista, ainda que circunscrita, num primeiro momento, a certas localidades inglesas.

Para além da questão central que nos ocupa – é a expropriação a base social da relação capital, como propõe Marx? – essa formulação permite relembrar que uma vez posto em marcha o processo descrito por Wood, ele rapidamente foi capaz de absorver e de transformar o conjunto da vida social, em sua totalidade, *ainda que não transformasse, de maneira imediata, o processo de trabalho em assalariamento de maneira homogênea*. Esse é o primeiro ponto a ressaltar: a dinâmica capitalista, ao transformar as relações de propriedade, incorporando o que Wood chama de *compulsion* (compulsoriedade),[3] abre as comportas para que um polo no qual predominam relações altamente produtivas/competitivas domine e transforme todo o conjunto da vida social.

Ademais, das hipóteses de Wood pode-se deduzir que o cercamento dos campos, ou a expulsão dos camponeses ingleses – de maneira direta ou por intermediação parlamentar – não visava apenas a expulsão de trabalhadores por parte dos arrendatários ou empresários, mas tornou-se uma necessidade crescente para todos os que precisavam *atualizar suas propriedades* sob o novo formato, o da exclusividade capitalista. Aqui há um segundo ponto a ressaltar: uma vez implantado o regime de propriedade e de produção competitiva/produtivista capitalista, os demais setores e frações de classes dominantes que predominaram anteriormente precisaram, mais ou menos rapidamente, a ele adequar-se; não necessariamente integrando plenamente o conjunto das relações de exploração do trabalho de tipo capitalista, mas assegurando que suas propriedades originadas em outras bases sociais, se tornassem plenamente conversíveis na propriedade capitalista (Hirschmann, 1979). Em outros termos, isso significa a subalternização dos demais setores dominantes à lógica do capital.

---

[3] A tradutora brasileira optou por "compulsão", mas creio que o termo compulsoriedade torna mais claro o sentido impresso por E. Wood, de imposição que é introjetada, e não de um problema psíquico ou psicológico.

A saída das terras mostrou-se imperiosa também para os camponeses. Estes, embora lutassem para nelas permanecer e garantir a perpetuação de suas tradições, tornavam-se cada vez menos capazes de *competir* com o avanço da propriedade e com a produtividade dos arrendatários. A compulsoriedade do mercado favorecia a rápida conversão dos arrendatários bem sucedidos em grandes proprietários e permitia a permanência dos grandes proprietários anteriores.[4] Esse é um terceiro elemento a ressaltar, pois o processo de expropriação, embora tenha sempre um pano de fundo violento, se apresenta também como resultado da transformação nas condições de subsistência dos próprios camponeses.

Na Inglaterra dos primórdios, ao lado do assalariamento pôde coexistir uma parcela de trabalhadores não integralmente expropriada da propriedade – agora exclusiva e tipicamente capitalista – sobre um pedaço de terra, porém não mais capaz de prover ao sustento familiar. Assim, o assalariamento, como prática social *originária*, apoiava-se tanto na expropriação *tout court*, mais visível como seu resultado nas áreas urbanas, quanto na expropriação da propriedade *comunal* agrária, impondo aos camponeses um complemento salarial para sua subsistência.

Essa característica originária reduziria a importância das expropriações no mundo contemporâneo? O assalariamento complementar de pequenos proprietários ou de camponeses não invalidaria a hipótese com a qual trabalhamos de que a expropriação é condição central para a implantação e expansão da relação-capital? Seria a relação social especificamente capitalista a compulsoriedade da competição e não a correlação entre expropriação e concentração da propriedade?

No livro de Wood, a questão se coloca de maneira bastante clara – a origem da relação social capitalista é uma profunda ruptura com as formas da relação mercantil simples, e não sua continuidade. É essa origem, ou essa relação de transformação das relações sociais de propriedade e essa nova forma de sujeição ao mercado (*compulsion*) que impulsionarão e exigirão a expropriação massiva da população. Nesse sentido – e apenas nele – a expropriação deriva dessa transformação, não sendo sua causa original. Não obstante, uma vez iniciado, impõe a expropriação como condição para sua expansão.

Wood frisa ainda que não é possível identificar essas origens às demais formas de transformação ao capitalismo de outros países, pois, uma vez deslanchado o processo,

---

4   A esse respeito, ver a análise de Thompson, em *¿Luchas de clases sin clases?* sobre a prolongada resistência de trabalhadores rurais para impedir sua proletarização na Inglaterra em transição para o capitalismo (THOMPSON, 1989).

este passaria a integrar-se a lógicas distintas e a formas históricas com outras peculiaridades. Depois que o capital impôs-se – pela competitividade, pelo baixo preço de suas mercadorias cotidianas (e não por produtos de luxo) – "nenhuma entrada na economia capitalista pôde ser igual às anteriores, já que todas ficaram sujeitas a um sistema capitalista maior e cada vez mais internacional" (Wood, 2001, 75).

Para Ellen Wood, pois:

> As forças competitivas do mercado [compulsion], portanto, foram um fator fundamental na expropriação dos produtores diretos. Mas essas forças econômicas foram auxiliadas, sem dúvida, pela intervenção coercitiva direta para expulsar os ocupantes da terra ou extinguir seus direitos consuetudinários (Wood, 2001, 86).

Na peculiaridade rural inglesa frente ao mundo europeu, os mercados aceleraram a polarização entre proprietários de terra cada vez maiores e multidão de não proprietários. "O resultado foi a famosa tríade composta por latifundiários, arrendatários capitalistas e trabalhadores assalariados", com uma "agricultura altamente produtiva, capaz de sustentar um grande população não dedicada à produção agrícola." (Wood, 2001, 86).

> A proletarização, que representou a transformação completa da força de trabalho em mercadoria, viria a conferir poderes coercitivos novos e mais extensos ao mercado, criando uma classe trabalhadora completamente dependente dele e completamente vulnerável à disciplina do mercado, sem nenhuma mediação e sem recursos alternativos (Wood, 2001, 101-102).

Parece-me, pois, que, longe de contrapor-se à centralidade das expropriações, Wood procura interrogar-se sobre um momento inaugural, que permite explicar a mercantilização da força de trabalho como correspondendo plenamente à emergência de novas relações sociais de propriedade e de subalternização ao mercado (competitividade, eficiência, lucratividade; numa palavra, melhoramento, ou *improvement*), uma vez que se tratou de converter massivamente em mercadoria a própria força de trabalho.

Se Wood faz decorrer as expropriações das relações sociais de propriedade e de uma nova imposição compulsória – a produtividade e a competitividade – Wallerstein, ao contrário, considera que a proletarização resulta da pressão dos trabalhadores, mais do que da imposição dos empresários capitalistas. Estes últimos seriam favorecidos pela permanência das *households*, termo inglês que designa as unidades domésticas e sua economia complementar, que rebaixavam o valor da força de trabalho masculina pelo trabalho não pago do restante da família, em especial das mulheres. Wallerstein admite, como Wood, que a proletarização europeia não significou, de maneira imediata, a total expropriação dos trabalhadores, tendo ocorrido também de maneira parcial e parcelar. Diferentemente de Wood, entretanto, Wallerstein deixará de lado o processo de expropriação, para enfatizar a semiproletarização, com seu cortejo de eurocentrismos, racismos e sexismos.

Segundo Wallerstein, o pleno assalariamento seria mais caro para os capitalistas, pois deveria assegurar a manutenção integral da família operária (WALLERSTEIN, 1987, 28). Ora, se foi a luta dos trabalhadores quem impôs o assalariamento, o que reduz os lucros, como explicar que tenha ocorrido proletarização contra o capital e que este, ainda assim, tenha se expandido? A esse paradoxo, nosso autor responde sugerindo que se estabeleceram "mecanismos de compensação" para a proletarização que ocorria nos países centrais. Em primeiro lugar, através de uma ampliação geográfica permanente do capitalismo. Para explicá-la, critica a tese de que o expansionismo capitalista decorre da procura de novos mercados, uma vez que as periferias constituiriam maus clientes (tanto por não necessitarem de tais produtos, como por não disporem dos meios de pagamento). A razão central do expansionismo seria a procura de força de trabalho barata:

> A expansão geográfica do sistema-mundo capitalista tinha como função contrabalançar os efeitos sobre o lucro do processo de intensificação da proletarização, integrando ao sistema novas forças de trabalho, limitadas à semiproletarização (WALLERSTEIN, 1987, 40).

Observe-se, previamente, que Wallerstein está considerando o assalariamento como uma relação contratual e não como um processo social de largo espectro (e que ocorre de maneira aparentemente natural, através de fenômenos diversos e díspares entre si, atingindo enormes massas populares) do qual resulta uma disponibilização de trabalhadores para o mercado, quer encontrem ou não contratos regulares de trabalho.[5]

---

5 Podemos encontrar, sob outro formato, tal tipo de abordagem também na obra de Robert Castel (1995).

Seu livro procura a espessura histórica da formação do capitalismo. Porém, há uma dissociação entre os dois processos, a produção social de trabalhadores disponíveis – parcelar ou integralmente – subordinados ao mercado e, de outro lado, as modalidades diferenciadas de contratação desses trabalhadores. Wallerstein centra-se apenas no aspecto da relação entre os trabalhadores e os empregadores, deixando de lado o outro fenômeno, quando estão intimamente imbricados. Esse recorte o leva a considerar que a reivindicação dos trabalhadores europeus de pleno assalariamento (ou seja, de remuneração equivalente do valor de sua força de trabalho) encontrava eco apenas nos grandes empresários, capazes de expandir-se para fora das fronteiras europeias. Assim, desconsidera que, nos próprios países centrais, a pressão por melhores salários (e a redução da importância da *household*) não se deu apenas porque os trabalhadores procuravam converter "em trabalho assalariado as frações de processo de produção doméstico que lhes traziam escassas rendas reais..." (WALLERSTEIN, 1987, 37), mas porque a isso se viam impelidos, pela pressão crescente de novas levas migrantes nos próprios países centrais, que transbordariam mundo afora, através de imigrações significativas nos séculos XIX e XX. Os trabalhadores foram impelidos também pela crescente mercantilização do conjunto dos bens necessários à existência, como frisa Wood, o que inclusive impulsionará mulheres e crianças à venda da força de trabalho (assalariamento).

De certa forma, Wallerstein retoma por conta própria e de maneira no mínimo peculiar a tese de Lênin sobre a produção de uma aristocracia operária nos países dominantes do capitalismo, recuando-a para a própria formação do proletariado na Europa. O equívoco é que, agora, toda a classe operária europeia torna-se, desde seus primórdios e como resultado de suas próprias lutas, uma aristocracia – branca, europeia, plenamente assalariada – em contraposição às demais classes trabalhadoras no mundo, apenas semiproletarizadas. A questão das classes sociais nos países centrais se desvanece, substituída pelo eurocentrismo levado a efeito, de maneira conjunta, pelo operariado "pleno" europeu e "seus" capitalistas. A própria – e crescente – miscigenação[6] da classe trabalhadora europeia se dilui, numa suposição homogeneizadora.

---

6 A miscigenação aqui é tomada como o ingresso crescente de populações não europeias na socialização do processo de trabalho, o que de fato parece estar ausente de muitas reflexões. A imigração é tratada como um fato à parte; da mesma forma que a integração crescente de processos de trabalho entre países europeus e os demais.

Sem dúvida, Wallerstein toca num fenômeno importante: a diáspora europeia de trabalhadores imigrantes através do mundo reforçou preconceitos de toda a ordem nos países periféricos, onde empregadores capitalistas davam preferência aos trabalhadores brancos, de origem europeia, contrapostos aos trabalhadores "nacionais" locais, frequentemente desqualificados e, muitas vezes, integrados ao mercado "oficial" de trabalho de forma precária ou sazonal. Além disso, como Wood, mostra que a semiproletarização – isto é, a expropriação parcelar – constituiu-se em forma histórica efetiva de subordinação de trabalhadores. Aponta, ainda, para a origem eurocêntrica de racismos e sexismos que se generalizaram no mundo.

Sua contribuição, porém, inaugura problemas graves. Dissocia o processo geral de expropriação das formas de remuneração e contratação da força de trabalho e desconsidera a intensidade crescente e internacional da urbanização, resultante de expropriações brutais e sistemáticas de massas de trabalhadores em todo o mundo (inclusive nos países centrais). Ao analisar de maneira unilateral as lutas dos trabalhadores europeus, homogeneíza abstratamente uma classe trabalhadora que, em alguns momentos, foi extremamente combativa. Com isso, desloca para a classe trabalhadora o peso da *produção* dos preconceitos – das quais, decerto, foi (e é ainda) também portadora – que, de fato, derivam de uma dinâmica social altamente competitiva sob a qual devem sobreviver tais trabalhadores. A concepção de Wallerstein confunde assalariamento com uma relação contratual (jurídica), desconsiderando que as extensas massas expropriadas integram o enorme contingente assalariado, independentemente das formas contratuais (jurídicas) sob as quais exercem suas atividades. Reduz, pois, o conjunto das contradições existentes nos diferentes países e no cenário internacional a uma contradição em bloco, que opõe países centrais a periféricos e, sobretudo, trabalhadores machos brancos aos demais. Finalmente, embora assinale – corretamente, a meu juízo – a importância da semiproletarização, não enfatiza o fato de que, a rigor, uma "semiproletarização" implica em expressiva expropriação dos recursos sociais de produção, uma vez que significa que os trabalhadores – ainda que proprietários de formas tradicionais (terra, outros recursos, conhecimento etc.) – não mais podem garantir sua subsistência nas novas condições sociais. A expropriação capitalista não é uma relação entre "coisas", ainda que incida sobre "coisas" (como a terra), nem entre pessoas e coisas (ainda que as envolva), mas uma relação social, distribuição social em classes, através das qual os trabalhadores são permanentemente incapacitados de assegurar sua plena existência, impedidos, pois, de recuar plenamente para as antigas formas e de assegurar sua subsistência nas novas modalidades sociais, através das formas tradicionais.

Luciana Aliaga, Henrique Amorim e Paula Marcelino (orgs.)

O livro de Wallerstein integra extensa produção na qual parece emergir uma espécie de "culpa" dos países centrais, traduzida por seus intelectuais no combate legítimo e necessário ao eurocentrismo. Em muitos casos, esse "remorso" expressou-se através de formulações pós-modernas, nas quais desaparecia a própria existência de uma classe trabalhadora europeia ou mundial, substituída pela dominação entre países centrais e demais países, capitalistas ou não. Sob o peso de uma dominação avassaladora, desapareciam os variados processos de extração de mais-valor e, sobretudo, desapareciam os elos que existem – desfigurados ou não – entre trabalhadores dos mais diferentes países. Assim, esse peculiar remorso ressaltava as raízes da desigualdade, mas extinguia toda possibilidade de sua superação. Expiação peculiar, que eternizava as consequências da colonização, contribuindo para obstacularizar toda ação comum.

Alguns anos depois, o argumento de Wallerstein reaparece, agora em outro contexto, o latino-americano:

> Mais de cem anos depois da Independência, uma parte ampla da servidão indígena *era obrigada a reproduzir sua força de trabalho por sua própria conta.* (...) A inferioridade racial dos colonizados implicava que sequer eram dignos do pagamento do salário (Quijano, 2005, 234, grifos meus).

Anibal Quijano não pode – a não ser de maneira leviana – ser incluído no rol de pós-modernos ou de querer ocultar contradições. Ao contrário, é um dos autores que mais suscita os elementos contraditórios com os quais se depara em suas análises, nisso demonstrando ser seguidor da via aberta por José Carlos Mariátegui. Quijano busca as especificidades da situação dos países latino-americanos, em especial do Peru, identificando uma peculiaridade: aqui, a reprodução dos trabalhadores nacionais seria impositivamente realizada através das formas tradicionais, sendo reservados aos brancos (criollos ou imigrantes) os postos assalariados.

Sua tese retoma claramente a questão colocada por Wallerstein, agora por outro ângulo. A hipótese de que os trabalhadores teriam imposto sua proletarização nos países europeus tinha como contrapartida a extensão colonizadora europeia e a reprodução internacional de padrões racistas e sexistas. Assim, para Quijano, o ponto de vista da América Latina exige localizar a contra-face desse fenômeno, na qual identifica um tipo de controle constitutivamente colonial, baseado em primeiro lugar "na adscrição de todas as formas de trabalho não remunerado às *raças* colonizadas" (índios, negros, mestiços, depois oliváceos e amarelos) e, "segundo, na adscrição do trabalho pago, assalariado, à raça colonizadora, os *brancos*" (QUIJANO, 2005, 235, grifos meus).

A primeira discriminação seria exatamente a de estar ou não diretamente sob o controle do capital, isto é, ser ou não assalariado por um empregador, estar numa atividade socialmente reconhecida e remunerada. Para Quijano, portanto, "o controle do trabalho no novo padrão de poder mundial constituiu-se, assim, *articulando todas as formas históricas de controle do trabalho em torno da relação capital-trabalho assalariado* e, desse modo, sob o domínio desta" (QUIJANO, 2005, 235, grifos do autor).

Observe-se agora que não é mais o capital o polo central da relação, contra o qual se dispõem os diferentes – e segmentados – tipos de trabalhadores, mas a relação entre capital e trabalho assalariado, a própria relação contratual trabalho-capital constituindo o cerne da dominação sobre os demais. Não há, pois, brecha ou movimento histórico contida nos trabalhadores regularmente contratados nos países periféricos, pois, da mesma forma como o proletariado branco e eurocêntrico apresentado por Wallerstein, eles estão soldados ao capital. De maneira similar, exercem um colonialismo interno, senão branco, ao menos mais branco e menos oliváceo ou amarelo, para conservar a expressão de Quijano. Não há espaço comum de luta entre trabalhadores sob o capital, pois o assalariamento contratual converteu estes trabalhadores em garantidores da ordem vigente e ponta de lança das discriminações e opressões.

A expropriação, parcelar ou total, como condição comum, ao mesmo tempo prévia e expandida, de subordinação ao capital, desaparece. Ela é mencionada, mas incidindo principalmente sobre os saberes originários, desqualificados e espezinhados. Assim, o sentido único da expropriação é a perda de dimensões sociais relevantes, mas não o da subordinação ao capital.

Retomemos a questão da semiproletarização. Será que, na América Latina teriam se expandido, majoritariamente, expropriações parciais (semiproletarização), não apenas forçando os trabalhadores nativos a uma remuneração mais baixa, mas impondo a eles uma dupla jornada – a tradicional, não mercantil e uma capaz de assegurar algum rendimento em dinheiro, totalmente subremunerada? Nesse sentido, esses trabalhadores nativos não integrariam o mundo do valor capitalista, mas um mundo misto, no qual o valor da força de trabalho de alguns seria permanentemente rebaixado exatamente em função de sua não-expropriação integral. Essa hipótese sustenta a tese de uma superexploração, e merece ser investigada a fundo em outra ocasião.

Ora, parece-nos que as sugestões de Quijano envolvem as mesmas dificuldades que apontamos na análise de Wallerstein, apresentadas agora sob outro prisma. De fato, tanto um autor como o outro deixam na penumbra o tema das expropriações/ disponibilizações. Wallerstein enfatiza a *household* e supõe que a luta operária pelo assalariamento integral (pelo pagamento do valor da força de trabalho) a teria levado a um compromisso com o capital expansionista; enquanto Quijano, de maneira própria, considera que na América Latina, ou ao menos em alguns países, teria ocorrido o movimento contrário, uma fixação imposta pelo capital dos trabalhadores locais (indígenas ou olíváceos) às condições sociais previamente encontradas pelo capital e pelo capitalismo (ainda que por eles modificadas), de forma a poupar o custo do assalariamento ao capital e a produzir novas formas de subalternização das populações originárias. Nesse caso, a expropriação dos trabalhadores dos recursos sociais de produção seria irrelevante e, mesmo, contra-produtiva para o capital. Ou, ainda, a expansão do capitalismo, ao deparar-se com inúmeras formas originárias distintas e tendo de enfrentar diversas contradições, produziu formas híbridas de exploração da força de trabalho, tornando a expropriação um momento secundário. Correlatamente à tese de Wallerstein, na análise de Quijano os assalariados teriam sido privilegiados com relação aos demais, privilégio demarcado fisicamente pela cor da pele e origem.

Minha principal objeção à tese de Quijano lastreia-se no fato de que esse autor considera que o processo histórico ou seria idêntico ao dos países centrais (onde supõe-se ter ocorrido um assalariamento homogêneo da força de trabalho) ou, então, constituiu-se em algo de totalmente distinto, ainda que a existência do capital permeie as duas formações – a dos países centrais e a dos periféricos. Do ponto de vista da América Latina, essa disjunção "idêntico x outro" é impossível, pois a colonização produziu formas originais, embora com a substância comum da subalternização ao capital.

Ora, a totalidade da forma capital – em sua potência expropriadora, base da subordinação da força de trabalho – não é homogênea e move-se através de procedimentos históricos variados, híbridos, desiguais e promotores de desigualdades, aproveitando-se delas para aprofundar as formas de exploração do trabalho. A expansão do capitalismo promove fraturas profundas no interior das classes subalternas e, se tais fraturas forem recobertas de preconceitos e segregações diversas, ainda favorecem a que apenas o próprio capital se apresente como universal (o termo empregado é eurocêntrico[7]), enquanto

---

7   Talvez o termo mais preciso totalizador: o capital se apresenta e constitui o único totalizador do conjunto complexo de formas de extração de sobretrabalho e, por conseguinte, de subordinação dos diversos tipos de trabalho e de trabalhadores. Embora generalizado e mundial, o capital não pode ser universal em sentido pleno, exatamente pelas segregações e desigualdades que impõe e que reconstitui

todas as demais relações seriam apenas formas específicas e insuperáveis, marcas culturais sempiternas. A forma desigual, combinada e potencializada pelas discriminações que a expansão do capital envolve torna-se menos importante para Quijano, diante da necessidade das populações originárias se defrontarem tanto contra o capital – que os estigmatizou por sua cor de pele ou origem étnica (branca), histórica, regional ou outra – quanto contra os demais trabalhadores, que endossam tais estigmas.

O que é similar na expansão do capital não é a forma pela qual o assalariamento contratual se realiza, mas a base social criada para assegurar sua expansão, qualquer que seja a condição na qual se encontra tal população. Semiexpropriações (ou a semiproletarização) indicam que parcela maior ou menor da força de trabalho conservou, preservou (provavelmente, de forma contraditória, como uma imposição do capital e, em parte, devido à sua própria capacidade de resistência) formas não plenamente capitalistas de relações sociais. A desqualificação que incide sobre derrotados ou resistentes resulta em formas de subalternização, pelas discriminações sucessivas das quais seriam vítimas. Decerto, há ainda aqui outro fator: nos países colonizados, a imbricação entre classes dominantes locais e internacionais foi bastante variada e, nesse sentido, a predominância da relação-capital (expropriação/concentração; generalização do trabalho abstrato) no conjunto da vida social foi também bastante desigual.

A expropriação não pode ser considerada como um fenômeno apenas "econômico", uma vez que é propriamente social, mesmo se parcial ou limitada. Trata-se da imposição – mais ou menos violenta – de uma lógica da vida social pautada pela mercantilização crescente dos elementos necessários à existência, dentre os quais figura centralmente a nova "necessidade", sentida objetiva e subjetivamente, de venda da força de trabalho. Essa venda – o assalariamento – não está previamente regulada ou regulamentada por algum tipo específico de contrato jurídico, que depende de relações de força bastante complexas. É uma nova forma de ser que se espraia, atingindo, ainda que desigualmente, todas as populações.

Se procuramos compreender como se expande a produção de valor tipicamente capitalista, o texto de Quijano permite inferir um elemento essencial – a expropriação limitada permite uma sobrevida híbrida entre formas tradicionais e formas mercantis, ao mesmo tempo em que reforça as discriminações sobre os que conservam suas características originais, apontadas como "atraso" ou arcaísmos não mais condizentes com o mundo moderno, no qual os segmentos totalmente expropriados se encontram, regidos ou não por contratos regulares ou regulamentados de trabalho. Assim, para além da contraposição entre criollos, brancos ou embranquecidos e nativos, realizada certamente com apoio ou a omissão de assalariados melhor aquinhoados no processo, novas contraposições se implantam, segmentando os que detêm contratos regulares (ainda mais embranquecidos), enquanto os demais, qualquer que seja a cor da pele ou a origem, serão identificados como "tradicionais", como "derrotados".

De certa forma, a modalidade da exploração híbrida da força de trabalho no mundo latino-americano parece antecipar formas absolutamente contemporâneas, fruto de outro contexto, o do predomínio do capital monetário.

A expansão da relação social-capital – a começar pela expropriação dos recursos sociais de produção – não diz respeito apenas à expropriação da terra, de forma absoluta, mas à expropriação das condições plenas de produzir sua existência, segundo sua modalidade precedente, e à inserção direta ou mediada no mercado (sobretudo o mercado de força de trabalho) nas novas relações mercantis. Essa relação-capital não se expande sozinha, de maneira mecânica, segundo leis abstratas do funcionamento geral do capital, ainda que seja uma condição geral de sua expansão. Essa expansão varia segundo a capacidade, possibilidade, interesse ou necessidade de extração de sobretrabalho sob a forma mais-valor das classes dominantes e, portanto, de sua própria subordinação cada vez mais plena a um mercado concorrencial, regido pela produtividade e, sobretudo, pela lucratividade. Se não é abstrata e conduzida por um mecanismo rígido e cego, a expansão da relação-capital é, entretanto, difusa e generalizada, ocorrendo, em cada país ou caso concreto, sob pressões diversas. Ela resulta, em seu conjunto, na produção de levas crescentes de populações disponíveis para – e necessitadas de – vender força de trabalho, para suprir sua subsistência, quase completamente dependente de mercados.

A possibilidade de extrair sobretrabalho sob outras formas jamais desaparece totalmente em nenhuma sociedade capitalista, central ou não. Quijano sugere que, na América Latina, "o capital existe apenas [aqui, interrompo a citação, pois cabe a interrogação: "apenas" ou "sobretudo"?] como o eixo dominante da articulação conjunta de todas as formas historicamente conhecidas de controle e exploração do trabalho, configurando, assim, um único padrão de poder, histórico-estruturalmente heterogêneo, com relação descontínuas e conflitivas" (QUIJANO, 2005, 271).[8] Essa formulação

---

8 Quijano pretende superar duas teses políticas no mencionado texto: a que se limita a defender uma revolução democrática, uma vez que qualquer democratização na América Latina, para ele, exige descolonização interna e redistribuição radical do poder, pois as classes sociais aqui têm cor. "A classificação das pessoas não se realiza somente num âmbito de poder, a economia, por

admite, a meu juízo corretamente, que o pleno predomínio do capital no plano internacional não significa converter todo o conjunto das relações sociais em relações homogeneamente assalariadas, ou seja, através de unificação de trabalhadores sob contratos mais ou menos homogêneos e em espaços comuns de trabalho.

A questão dramática se coloca exatamente nos períodos em que se intensificam processos de expropriação de múltiplos tipos, que podem configurar-se como fugas para a frente – mesmo se socialmente trágicas – para o conjunto da reprodução do capital, em especial quando sua forma mais concentrada e dominante se expressa através do fomento à difusão de escalas diferenciadas de exploração da força de trabalho (difundidas sob o rótulo de empreendedorismo, por exemplo). Assim, o que foi considerado como incompletude do capital em análises anteriores, como o caso da América Latina, pode estar se convertendo em formas de subordinação predominante de massas crescentes de trabalhadores, tanto na América Latina como em outros territórios.

A compreensão do capitalismo supõe ir além da análise de seus diversos âmbitos, econômico, ideo-político ou cultural, precisando integrá-los ao solo social no qual se enraízam tanto as condições de possibilidade da extração de mais-valor quanto à emergência de modalidades variadas de necessidades políticas e de subjetividades. Este solo é o da produção de trabalhadores "livres", necessitados de mercado, disponíveis para o capital, permanentemente recriado através de formas diversas de expropriação.

---

exemplo, mas em todos e em cada um desses âmbitos. A dominação é o requisito da exploração, e a raça é o mais eficaz instrumento de dominação que, associado à exploração, serve como o classificador universal no atual padrão mundial de poder capitalista". Em segundo lugar, combate a "miragem eurocêntrica" das revoluções sociais, consideradas como "controle do Estado e como estatização do controle do trabalho/recursos/produtos, da subjetividade/recursos/produtos, do sexo/recursos/produtos, [pois] essa perspectiva funda-se em duas suposições teóricas radicalmente falsas. Primeiro, a ideia de uma sociedade capitalista homogênea, no sentido de que só o capital como relação social existe e, portanto, a classe operária industrial assalariada é a parte majoritária da população" (...) "Segundo, a ideia de que o socialismo consiste na estatização de todos e cada um dos âmbitos do poder e da existência social" (QUIJANO, 2005, 271-273). Apesar do interesse de que se reveste essa discussão, não poderemos desenvolvê-la neste espaço.

Bibliografia

Castel, R. *Les métamorphoses de la question sociale (une chronique du salariat)*. Paris: Fayard, 1995

Hirschmann, A. O. *As paixões e os interesses*. Rio de Janeiro: Paz e Terra, 1979.

Quijano, A. "Colonialidade do poder, eurocentrismo e América Latina". In: Lander, E. (org.) *A colonialidade do saber. Eurocentrismo e ciências sociais. Perspectivas latino-americanas*. Buenos Aires: Clacso, 2005.

Thompson, E. P. *Tradición, revuelta y consciencia de clase*. 3ª ed. Barcelona: Crítica, 1989.

Wallerstein, I. *Le capitalisme historique*. Paris: Editions La Découverte, 1987.

Wood, E. M. *A origem do capitalismo*. Rio de Janeiro: Zahar, 2001.

Elite e classe dominante: notas sobre o marxismo inspirado na teoria das elites[1]

Danilo Enrico Martuscelli[2]

O trabalho de exposição teórica, via de regra, enfrenta certas dificuldades: seja as advindas da apropriação teórica das palavras e expressões presentes na linguagem cotidiana – o que importa na diferenciação entre o sentido corriqueiro e o significado conceitual das palavras – seja as procedentes da natureza do discurso teórico – o que implica a distinção entre conceitos teóricos e conceitos concretos, respectivamente, entre conceitos atinentes a objetos abstrato-formais, sem existência na realidade, e conceitos alusivos à singularidade de objetos concretos, isto é, referentes às determinações de existência de tais objetos; seja as derivadas do procedimento através do qual o objeto é tratado – o método, seja, enfim, as oriundas da novidade revolucionária da teoria, que ocorre quando uma teoria rompe os moldes da ideologia teórica dominante (Cf. ALTHUSSER, s/d, 49-82).

Essas dificuldades do discurso teórico podem ser evidenciadas se tomarmos como objeto os diversos sentidos atribuídos às noções de elite e de classe dominante na teoria política contemporânea. Para efeito de análise, propomo-nos aqui a realizar uma

---

1 Trabalho apresentando no *5º Colóquio Marx Engels*, na sessão de comunicações do grupo temático "Relações de Classe no Capitalismo Contemporâneo", publicado também na revista Outubro, n. 18 de 2009. Agradeço aos colegas Andriei Gutierrez, Armando Boito Jr., Francisco Farias, Henrique Amorim, Leandro Galastri e Luciano Martorano pelos comentários críticos feitos às diferentes fases de elaboração deste texto, assim como à Virgínia Fontes pelas sugestões e críticas feitas à última versão.

2 Doutorando em Ciência Política pelo IFCH/Unicamp e professor do curso de Sociologia da Universidade Federal da Fronteira Sul (UFFS).

tarefa de menor extensão, mas não menos importante. Procuraremos discutir neste artigo o significado e algumas das consequências teóricas da apropriação da noção de elite por certas análises vinculadas à tradição teórica marxista, em especial sua variante anglo-saxônica representada pelos trabalhos de Tom Bottomore e Ralph Miliband. Lembramos que a noção de elite foi elaborada pelos teóricos das elites justamente para substituir a noção marxista de classe dominante, considerada inoperante para tratar do poder político, devendo, por isso, restringir-se estritamente à economia. Com isso, destacamos, desde já, que o debate em torno das duas noções não é secundário, tendo sido alvo de uma acirrada luta entre duas importantes tradições teóricas: o marxismo e a teoria das elites.

O leitor apressado – mesmo em face dessa pugna teórica – seria passível de sustentar que as noções de "minoria politicamente ativa" ou "elite" e "minoria politicamente dominante" ou "classe dominante" possuem um forte grau de parentesco, podendo ser aplicadas indistintamente na análise dos processos políticos. No entanto, consideramos inoportuno tomá-las de maneira isolada, sem antes apreender o modo como tais noções articulam-se com os demais conceitos das problemáticas teóricas específicas das quais fazem parte.[3] Feita tal apreensão, chega-se à conclusão de que o parentesco entre as duas noções é remoto. Há quatro motivos principais para tal entendimento:[4]

Primeiramente, enquanto a teoria das elites define a existência da "minoria politicamente ativa" como um "fenômeno universal, permanente e eterno", a teoria política marxista caracteriza a "minoria politicamente dominante" como um "fato histórico" cuja existência é permanente apenas nas sociedades de classe. Em segundo lugar, a teoria política marxista correlaciona a dominação econômica de classe e o exercício do poder político – para o marxismo, poder econômico e poder político encontram-se estreitamente vinculados –, tese que é negada pela teoria das elites. Em terceiro lugar, e em decorrência do motivo anterior, o marxismo define a classe dominante como aquela que simultaneamente exerce os poderes econômico e político, ao passo que o elitismo parte do pressuposto da existência, simultânea, de uma classe dirigente que detém o poder político, e de classes proprietárias que detêm o poder econômico. Em quarto lugar, o

---

[3] A noção de problemática aqui usada foi extraída das análises realizadas por Louis Althusser em Pour Marx, podendo designar, a nosso ver, tanto a ideia de um sistema articulado de conceitos (teoria) quanto a de objeto de análise. Neste texto, conferimos à noção de problemática apenas o primeiro sentido.

[4] Os dois primeiros motivos elencados foram extraídos das reflexões de Décio Saes (1994a).

marxismo define a luta de classe como o elemento propulsor das transformações sociais. Nessa perspectiva, não há lugar para a ideia de que as formas de exercício do poder e submissão a ele sejam as mesmas em todos os modos de produção. Já a teoria das elites parte da tese do ciclo permanente e eterno de existência das elites, para compreender a sua aparição, dominação, degeneração e queda, sustentando que os conflitos existentes nas sociedades humanas são exclusivamente intra-elites, uma vez que a massa é sempre irracional, não se capacitando para tomar decisões em matéria de política.[5]

Embora, portanto, o parentesco entre a teoria das elites e a teoria política marxista seja longínquo, entendemos que a conjuntura teórica e política de meados do século XX semeou a possibilidade de "incorporação", por parte da variante anglo-saxônica do marxismo, de certos elementos centrais oriundos da problemática teórica das elites. O cerne dessa "incorporação" pode ser evidenciado na tese segundo a qual o poder econômico e o poder político encontram-se separados. Com isso, queremos salientar que tal variante do marxismo não explora em toda a sua extensão a tese marxista da correlação de poderes.

A admissão dessa tese da separação de poderes por parte do que chamaríamos de marxismo inspirado na teoria das elites é reforçada pela relativização da noção marxista de classe dominante e pela aplicação da noção de elite, legada pela teoria das elites, na análise dos processos políticos contemporâneos. Tratemos, pois, de explorar como essa variante marxista anglo-saxônica incorporou certos elementos presentes na teoria das elites. Para tanto, faz-se necessário, primeiramente, traçar breves considerações sobre os aspectos principais do processo de renovação do elitismo em meados do século XX – processo encabeçado pelos trabalhos de Wright Mills –, para em seguida apresentar as características gerais e os limites da análise marxista inspirada na teoria das elites, ou mais particularmente, no elitismo renovado.

---

5 Para Schumpeter (1984, 346), por exemplo, numa democracia, o papel do povo deve ser apenas o de eleger aqueles que formarão um governo: "A democracia significa apenas que o povo tem oportunidade de aceitar ou recusar aqueles que o governarão". Nessa concepção, o povo (ou a massa) é encarado como incapaz de tomar decisões racionais, uma vez que o cidadão típico pode ceder aos impulsos irracionais ou extra-racionais na esfera política, comprometendo assim, a qualidade do processo político. Para uma crítica da tese dos conflitos intra-elites e da ideia correspondente do caráter irracional das massas presentes na teoria das elites, ver Boito Jr. (2002).

O elitismo renovado

Grosso modo é possível afirmar que a renovação da teoria das elites foi possibilitada pela publicação da obra *The power elite*, de Wright Mills. O que diferencia a análise de Mills da elaborada pelo elitismo tradicional ou clássico é a tese segundo a qual a existência de uma "minoria politicamente ativa" é um fato histórico e não propriamente um fenômeno trans-histórico. Segundo Mills, a partir dos anos de 1930, teria ocorrido um processo de transformação do público em massa, o que fez com que a opinião pública deixasse de ter poder ativo de decisão na sociedade, o qual passara a se concentrar nas mãos de uma minoria, de uma elite.

Analisando a sociedade estadunidense, Mills (1959) observa que houve um processo crescente de concentração e centralização de poder na cúpula de três domínios principais: o econômico (os chefes das grandes empresas), o militar (os senhores de guerra, ou melhor, o alto escalão militar) e o político (os ocupantes dos altos postos de comando do governo). Os ocupantes dos postos superiores desses três domínios seriam aqueles que tomariam as decisões mais importantes na sociedade, sendo, portanto, os responsáveis maiores pelos "destinos dos homens".

Para Mills (1959), embora os três domínios configurem três esferas autônomas de poder, os ocupantes do alto escalão de tais domínios teriam em comum a origem social, a carreira e os critérios de admissão, a promoção, o louvor e a honra. Isso possibilitaria a formação de uma unidade de interesses entre eles e, assim, a constituição de uma elite unificada ou elite do poder.[6]

Quando analisa a constituição de uma elite unificada e a existência de um poder nacional para explicar o modo como as decisões são tomadas na sociedade estadunidense, Mills opera uma *dupla crítica*: em primeiro lugar, à teoria pluralista, pois rejeita a

---

6   Apoiando-se na análise de Mills acerca da elite do poder, Domhoff salienta que é necessário fazer uma distinção entre elite do poder e classe governante. A segunda definir-se-ia pela posse de uma quantidade desproporcional de riqueza de um país, pelo recebimento de uma quantidade também desproporcional da renda anual de um país e pela emissão de uma quantidade enorme de membros aos cargos governamentais, enquanto que a primeira compreenderia "todos aqueles que ocupam cargos de mando em instituições controladas por membros da classe superior (governante)" (Domhoff, 1985, 17). Nesse sentido, a diferença marcante entre os dois autores está no fato de Domhoff sustentar que os membros da elite do poder podem ou não fazer parte da "classe superior", enquanto que Mills sustenta uma correspondência necessária entre as duas.

ideia de equilíbrio de poderes, de poder difuso, fragmentado e local,[7] em segundo lugar, à teoria marxista, visto que considera o uso da noção de classe dominante ineficaz para explicar o exercício do poder político. De acordo com ele, o uso da noção de classe dominante sugere a ideia de que a classe econômica domina politicamente e, desse modo, confere-se pouca autonomia à esfera política e ao domínio militar.

No nosso entender, a obra de Mills enquadra-se numa abordagem de crítica e denúncia do processo de concentração de poder nas mãos de uma minoria e, além disso, trata a formação da elite do poder como um fenômeno histórico. No entanto, o alcance de sua crítica é limitado. Ao partir da concepção de poder como soma-zero para analisar a sociedade estadunidense, ou seja, ao partir da concepção segundo a qual o poder de A em um sistema é necessariamente e por definição obtido à custa de B,[8] a crítica ao poder concentrado pela elite do poder só pode ocorrer num plano meramente quantitativo, através da exigência de redução da concentração de poder e consequente transferência de poder à opinião pública. Sua crítica não vem a sugerir, portanto, a ocorrência de uma revolução social como meio para superar essa concentração de poder.

Poulantzas (1971) apresenta quatro aspectos que são insustentáveis nessa concepção de poder como soma-zero: a) a perda de poder de uma classe não significa automaticamente o acréscimo de poder de outra; b) essa concepção de poder não leva em consideração a especificidade das diversas formas de poder nos diversos níveis (econômico, político e ideológico) e a defasagem existente entre eles, numa escala global de uma formação social – assim, por exemplo, a perda de poder econômico de uma classe não implica necessariamente a perda de poder nos outros níveis, e vice-versa; c) essa concepção de poder tende a considerar a relação conflitual entre grupo

---

[7] Em linhas gerais, é possível afirmar que a teoria pluralista e a teoria das elites estão inseridas numa mesma problemática teórica no campo de análise dos processos políticos, uma vez que compartilham do mesmo enfoque subjetivista, o qual tem em mira as seguintes perguntas básicas: "quem detém o poder?" ou "quem governa?", isto é, um enfoque que procura localizar o sujeito do poder (THERBORN, 1982). O que deve ser ressaltado é que, embora partam da mesma pergunta, as respostas dadas pelos pluralistas e pelos elitistas para o problema do poder são distintas. Enquanto os primeiros afirmam que o poder está distribuído na sociedade entre diversas elites e grupos dirigentes, os últimos sustentam que o poder está unificado e concentrado nas mãos de uma minoria politicamente ativa – a elite do poder.

[8] O artigo de Parsons (1957) foi um dos pioneiros na crítica à concepção de poder como soma-zero, presente na obra de Mills.

dominante e grupo dominado como "uma dicotomia de dois grupos-sujeitos permutando poder-soma zero"– para Poulantzas, o equívoco de tal formulação está no fato de menosprezar-se a existência de numerosas classes e frações nos mais variados níveis, o que significa que a perda de poder de uma classe não pode implicar exatamente o aumento de poder de um "único" grupo existente; d) "esta concepção, aplicada mais particularmente ao nível do poder político, negligencia o problema da unidade deste poder nas suas relações com o Estado, fator de coesão da unidade de uma formação" (POULANTZAS, 1971, 138-140).

Outro limite da análise de Mills pode ser encontrado na própria definição de elite, uma vez que nela apenas se informam o modo como são tomadas as decisões mais importantes e os responsáveis por estas, nada dizendo, pois, sobre o conteúdo de tais decisões. Saes (1994a) salienta que a ausência da discussão do conteúdo das principais decisões era o limite intransponível da teoria das elites, o mesmo se aplica à análise de Mills, que, apesar de renovar o elitismo, não superou esse limite. Sweezy (1965a) polemiza a mistificação embutida na noção de classe dominante governante, que é um símile da noção de elite do poder. Para ele, a classe dominante tem a necessidade de fazer concessões e acordos com a classe trabalhadora, o que a leva a acatar certas decisões distintas das propostas iniciais, mas tais acordos não colocam em xeque o sistema capitalista, ou melhor, desempenham a função de deixar o povo "num estado de ignorância e contentamento suficientes para aceitar o sistema como um todo" (SWEEZY, 1965b, 156). Portanto, o autor sugere que a classe dominante não governa, visto que não contempla em todas as circunstâncias os seus interesses imediatos. Dessa maneira, podemos considerar que o elitismo, mesmo o renovado, parece não oferecer respostas aos conteúdos das principais decisões da elite do poder. Tal problema é uma decorrência do fato de o elitismo, no limite, negar a correlação entre poder político e poder econômico.

Para compreendermos a relação entre marxismo e teoria das elites, caberia indicar quais fatores presentes na análise de Mills atraem a atenção de certas análises marxistas e possibilitam o surgimento do que chamamos de marxismo inspirado na teoria das elites. Em linhas gerais, vislumbramos três fatores principais, que serão aqui resumidos e melhor detalhados no próximo tópico deste artigo. São eles: a) a tese de ruptura com o elitismo tradicional, ou seja, a tese segundo a qual a relação elite e massa é um fato histórico; b) a elaboração da noção de elite do poder para referir-se a um poder que não se restringe ao âmbito econômico – quanto a esse ponto, é interessante retomar as observações de Sweezy (1965a), indicando a existência de duas definições de elite na obra de Mills: uma que supõe a ideia de classes sociais e que concebe as distintas esferas sociais de modo integrado; outra que supõe a ideia de domínios de poder e que toma como concreta a existência de diferentes esferas sociais com estrutura institucional própria; c) a crítica à concentração de poderes da elite do poder estadunidense – o que pode significar, mesmo que de modo indireto, um posicionamento radicalmente contrário ao processo de expansão do capital monopolista.

O marxismo inspirado na teoria das elites

É possível dizer que um dos aspectos essenciais do que denominamos marxismo com inspiração na teoria das elites é a tese segundo a qual as noções de elite e classe dominante são complementares – não sendo, então, necessariamente excludentes. Cabe-nos observar, no entanto, que o sentido atribuído a essa ideia de complementaridade não é o mesmo para todos os autores que se enquadram nessa perspectiva teórica. Enquanto Bottomore (1974) indica que as duas noções podem ser aplicadas, conjuntamente ou em separado, dependendo da sociedade concreta em questão, Miliband (1972, 1999) sustenta que a aplicação de ambos os conceitos é necessária, não sendo possível dissociá-las e adequá-las a situações históricas particulares.

Na análise de Bottomore (1974, 115), a noção geral de elite designa os grupos funcionais ocupacionais que "possuem um *status* elevado (por uma razão qualquer) em uma sociedade". Os grupos ocupacionais que o autor destaca são os seguintes: intelectuais, gerentes de indústria e altos funcionários do governo. Enquanto os intelectuais possuem uma posição influente na sociedade pela natureza da atividade que exercem e pelo meio de vida que possuem, a influência exercida pelos demais está mais diretamente ligada às suas origens de classe social. Em relação aos gerentes, ainda que estejam cada vez mais conscientes de sua posição como grupo funcional (o que é estimulado por estudos e treinamentos sistemáticos de gerência), nem por isso constituem uma força autônoma da alta classe dos proprietários. Quanto aos altos funcionários do governo, Bottomore (1974) salienta que também não constituem uma força autônoma, pois as decisões políticas que tomam estão, em última instância, submetidas ao controle de alguma autoridade política. Em resumo, Bottomore (1974; 1978) considera que nenhuma dessas três elites pode atingir a condição de elite governante pelo fato de não deterem poder político. O que elas possuem é a condição de restringir de algum modo o poder dos grupos dirigentes da sociedade.

Na visão de Bottomore, a noção de elite política ou governante é que melhor explicaria o poder nos processos políticos contemporâneos. Isso leva a considerar a noção de classe dominante um tanto problemática para esse intento. Aqui nos defrontamos com uma das teses caras à teoria das elites, segundo a qual as classes ou elites governantes são aquelas que detêm poder político, enquanto as classes dominantes detêm poder econômico. O que chama a atenção nesse tipo de análise é o fato de Bottomore considerar a existência de um grupo social que realmente governa, podendo tal segmento ter, no limite, seu poder restringido e não superado por outros grupos. Nessa abordagem, a utilização simultânea das noções de elite governante e de classes dominantes sugere que o poder político e o poder econômico encontram-se dissociados, ou ainda, que a noção de classe dominante não é operacional para tratar do poder político nas sociedades contemporâneas, devendo, portanto, ser substituída pela noção de elite governante.

Para o autor, o conceito de classe dominante apenas se adequaria plenamente a dois tipos de sociedade: ao feudalismo europeu – no qual havia uma classe guerreira detendo a posse da terra, a força militar e a autoridade pública de uma poderosa Igreja – e às sociedades dos primórdios do capitalismo – nas quais a ascensão da burguesia na esfera econômica se deu concomitante à aquisição de novas posições de poder e prestígio.

No desenvolvimento das sociedades capitalistas, o uso da noção de classe dominante perderia força, pois a burguesia não seria tão coesa como teria sido num momento inicial ou como fora a nobreza feudal. Para Bottomore, haveria dois elementos centrais que explicariam essa falta de coesão ou desvio dessa noção: 1) a classe dominante nas sociedades capitalistas goza de poder econômico, mas não de um poder sem contestações e irrestrito que lhe permita manter seus direitos de propriedade ou transmiti-los intactos de geração a geração; 2) o modelo classe dominante – classes dominadas pode perder sentido quando um grupo que detém poder na sociedade não se constitui como classe. Em síntese, a noção de classe dominante só poderia ser aplicada nos casos em que houver um grupo social com elevado grau de coesão.

Bottomore sustenta, assim, que as noções de elite ou de classe dominante referem-se a aspectos distintos da vida social e a diferentes sociedades, levando-o a indicar que, com a ajuda dessas noções, é possível:

> [...] distinguir entre sociedades nas quais exista uma classe dominante e ao mesmo tempo elites que representem aspectos particulares de seus interesses, sociedades em que não exista uma classe dominante, mas uma

> elite política que baseie seu poder no controle da administração ou da força militar, e não na posse ou herança em si; e sociedades nas quais exista uma multiplicidade de elites entre as quais não se consiga distinguir nenhum grupo coeso ou duradouro de indivíduos ou famílias poderosas (BOTTOMORE, 1974, 43).

Nesta curta passagem, podemos encontrar a ideia de que a classe dominante define-se pela posse de riqueza pessoal e de herança a qual pode transmitir às outras gerações. Para esse autor, a origem social dos membros da classe dominante não lhes confere, num momento posterior, poder político, uma vez que, no capitalismo, teria ocorrido um processo de autonomização das esferas política e econômica. Isso significa que o poder político não está associado ao acúmulo de poder econômico, mas ao grau de coesão ou de divisão das elites nas sociedades contemporâneas.

À luz dessas observações, talvez seja possível indicar que Bottomore, antes de engajar-se no trabalho de construção de uma teoria marxista das classes sociais, esteja muito mais empenhado em fazer uma análise dos grupos funcionais e da estrutura ocupacional da sociedade capitalista e, por consequência, de analisar o papel que as variadas elites cumprem nessa sociedade. A raiz desse problema encontra-se justamente na dissociação que Bottomore faz entre poder político e poder econômico na análise do capitalismo e, consequentemente, dos grupos que dirigem ou dominam cada uma dessas esferas sociais. Cabe-nos ressaltar, por fim, que a ideia de dissociação de poderes aparece de modo muito mais radical na obra de Bottomore do que nas reflexões de Miliband sobre esse tema – como veremos a seguir.

A obra *O Estado na sociedade capitalista*, de Ralph Miliband, é marcada por uma nítida polêmica com a teoria democrático-pluralista e pela tentativa de incorporação ao marxismo do que denominamos, acima, elitismo renovado. Para realizar a crítica às concepções democrático-pluralistas, o autor parte da constatação da escassez de estudos do Estado como instituição, para, em seguida, destacar o fato de que alguns "estudiosos da política" têm sustentado, de maneira equivocada, que "o poder nas sociedades ocidentais é competitivo, fragmentado e difuso" (MILIBAND, 1972, 12). A decorrência teórica dessa formulação, segundo ele, é a de que, no sistema político, todo mundo tem poder de decidir, mesmo aqueles que estão no "fim da fila", ou ainda, de que o papel do Estado é acomodar e reconciliar todos os interesses presentes na sociedade. Assim, essa concepção de poder exclui "a noção de que o Estado poderia ser uma instituição de tipo especial, cujo principal objetivo é defender o predomínio na sociedade de uma determinada classe" (MILIBAND, 1972, 14).

Ao tratar essa questão, Miliband procura discutir dois pontos principais: a concentração de poder econômico nas sociedades capitalistas e a transnacionalização crescente da propriedade e da administração das grandes companhias. Desse modo, o autor polemiza a tese segundo a qual os executivos ou administradores podem ser concebidos como uma nova classe, sustentando que, a despeito do crescimento da separação entre propriedade e controle nas grandes companhias, não houve a formação de uma força social distinta e autônoma. Como ele salienta: "O administrativismo significa que os elementos mais importantes da propriedade capitalista cresceram demasiado para ao mesmo tempo permanecerem e serem controlados pelos empresários proprietários" (MILIBAND, 1972, 54). Em outros termos, esse fenômeno de fato marca uma fase de transição, mas esta não ultrapassa os marcos do capitalismo. Nesse sentido, os objetivos dos executivos ou administradores não vão além da preservação e fortalecimento da propriedade privada, do controle dos recursos disponíveis da sociedade e, consequentemente, da ampliação dos lucros daí resultantes.

No entanto, Miliband chama a atenção para o fato de existir uma pluralidade de elites econômicas as quais constituem grupos e interesses distintos nas sociedades capitalistas avançadas, podendo em grande medida interferir no processo político. Para ele, as elites econômicas, "graças à propriedade ou ao controle ou a ambos, comandam muitos dos setores mais importantes da vida econômica" (MILIBAND, 1972, 27-28) e integram a classe dominante, que é "caracterizada por um elevado grau de coesão e solidariedade, com interesses e objetivos comuns que transcendem bastante suas diferenças específicas e suas discordâncias" (MILIBAND, 1972, 66).

Importa-nos destacar aqui que a ideia de compatibilidade das noções de elite e classe dominante sugerida por Miliband não se confunde com a ideia de "conceitos complementares" adotada por Bottomore, uma vez que a de complementaridade indica que os dois conceitos podem ser aplicados, conjuntamente ou em separado, dependendo da sociedade concreta em questão, enquanto que a de compatibilidade entre os dois conceitos é aplicada necessariamente, não sendo possível, portanto, dissociá-las e adequá-las a situações históricas particulares. Para Miliband, nas sociedades capitalistas avançadas sempre haverá uma pluralidade de elites que comporá a classe dominante. Isso indica que a noção de elites, diferentemente da análise de Bottomore, está contida na noção de classe dominante.

No pequeno ensaio intitulado "Análise de classes", Miliband faz uma apresentação um pouco mais detalhada do que entende por elites e classe dominante, e as relações que há entre essas duas noções. Miliband sustenta que a classe dominante não pode ser definida em termos de propriedade dos meios de produção, mas a partir do controle efetivo que possui sobre três fontes principais de dominação: "os meios de produção (incluindo-se a propriedade), os meios de administração e coerção do Estado, e os principais meios para estabelecer a comunicação e o consenso", formando o que ele chama de estrutura de dominação na qual:

> Uma classe que possua ou controle os meios de produção deve também ter uma adequada segurança, pelo menos, com relação à boa vontade e à proteção daqueles que controlam os meios de administração e coerção; e os que controlam o Estado devem ser capazes de confiar na cooperação daqueles que possuem ou controlam os meios de produção. É provável que os principais meios para estabelecer a comunicação e a aprovação decorram do controle dos outros dois meios (MILIBAND, 1999, 476).

Cumpre-nos observar, no entanto, que essa tentativa de tornar a noção de classe dominante mais complexa esbarra em limites, quando Miliband simplifica o que vem a ser o objetivo comum dessa classe: a defesa e o fortalecimento da ordem social existente. Nesse ponto, salientaríamos que até mesmo a classe operária, ao lutar por melhores salários e por direitos sociais básicos, teria por escopo – ainda que inconscientemente – o aperfeiçoamento do capitalismo, tornando-o mais "suave".

Miliband parece situar no mesmo nível de análise a teoria das classes sociais e a teoria da estratificação social ao se referir aos membros da classe dominante, que, segundo ele, encontram-se divididos em duas camadas: a elite do poder e a burguesia.[9] Para ele, *em decorrência da separação institucional do poder econômico e do poder estatal nas sociedades capitalistas avançadas*, a elite do poder passou a ser constituída por duas dimensões principais:

> Por um lado, há as pessoas que controlam as poucas centenas de grandes empresas industriais financeiras e comerciais no setor privado da economia, às quais se pode acrescentar as que controlam as indústrias dos meios de

---

[9] Essa tese está presente também em outro livro deste autor: MILIBAND, 2000, 35-37.

> comunicação do setor privado (e que podem, naturalmente, incluir algumas das pessoas que controlam outros setores capitalistas). Por outro lado, há as pessoas que controlam as posições de comando do sistema estatal (…) e esse elemento inclui também as pessoas que controlam as empresas públicas ou estatais e a mídia no setor público (MILIBAND, 1999, 478).

Enquanto a outra "camada", a burguesia, numericamente maior, apresentaria duas distintas subcamadas: a comercial e a profissional, respectivamente:

> […] as pessoas que possuem e controlam um grande número de firmas de porte médio" […] [e] por uma ampla classe profissional de homens e mulheres (principalmente homens), composta de advogados, contadores, cientistas, arquitetos, médicos, funcionários civis e militares de média categoria, professores e administradores veteranos na educação superior, peritos em relações públicas e muitos outros (MILIBAND, 1999, 478-479).

Na visão de Miliband, a distinção entre a "camada burguesia" e a "camada elite do poder" da classe dominante se dá em virtude de a burguesia "não ter nada que possa ser chamado de seu poder" (MILIBAND, 1999, 479), apesar de exercer poder em diversas esferas sociais. Isso denota que a "camada elite do poder", diferentemente da "camada burguesia", traduz um significado análogo à noção de minoria politicamente ativa ou classe política, presente na teoria das elites – o que resulta na identificação de um sujeito de poder. Nessa definição, os poderes político e econômico são desconectados um do outro, o que faz Miliband aproximar-se da tese elitista da disjunção de poderes. Em passagem de escrito anterior, essa questão fica explícita:

> […] a mais importante de todas as questões suscitadas pela existência dessa classe dominante é a de saber se ela constitui também uma 'classe dirigente'. Não se trata de saber se essa classe detém uma porção substancial de poder e influência política. Ninguém pode negar seriamente que ela o detém: pelo menos, não se poderia levar a sério quem o fizesse. Trata-se de uma questão diferente, ou seja, a de saber se essa classe dominante dispõe também, em grau muito maior do que qualquer outra classe, de poder e influência; se ela o exerce como grau decisivo de poder político; se a sua propriedade e o seu controle de áreas vitalmente importantes da vida econômica lhe asseguram

também o controle dos meios de decisão política, meio político particular do capitalismo contemporâneo (MILIBAND, 1972, 66).[10]

O autor considera que essas duas camadas se distinguem do restante da sociedade por conta de seus membros deterem uma riqueza pessoal desproporcional nas sociedades capitalistas avançadas. Assim, a classe dominante é definida em termos das posições elevadas que os agentes ocupam nas esferas política e econômica e da escala altíssima de renda que os mesmos detêm em virtude de tais posições.

Sob essa perspectiva, é possível dizer que a concepção de classe dominante formulada por Miliband está mais diretamente ligada à problemática da estratificação social. As ideias de riqueza pessoal, rendimento, ocupação, relações interpessoais, recrutamento são alguns dos indicadores dessa problemática que aparecem não só nos textos de Miliband, mas também nos textos de Mills e Bottomore.

Tratemos de explicitar e sintetizar os nossos pontos de desacordo com o marxismo inspirado na teoria das elites. Para tanto, utilizaremos, fundamentalmente, como base de argumentação, algumas das teses desenvolvidas por Nicos Poulantzas em *Poder político e classes sociais*.

O marxismo não se confunde com a teoria das elites

A análise das classes sociais e, em especial, das classes dominantes realizada por Nicos Poulantzas difere bastante das demais. Na polêmica com Miliband, Poulantzas talvez tenha sugerido que a questão da utilização do conceito de classe dominante ou de elites é meramente política, quando afirma que: "Os conceitos e noções nunca são inocentes e empregando as noções do adversário para lhe retorquir conferimos--lhes legitimidade e permitimos a sua persistência" (POULANTZAS, 1975, 12). Cabe-nos ressaltar aqui que sua análise crítica do conceito de elites não para por aí, ele também apresenta algumas das implicações teóricas desse conceito, quando sustenta que um

---

10 Codato e Perissinotto (2001) parecem chegar a um argumento bastante próximo do exposto por Miliband, ao negarem a correlação existente entre poder político e poder econômico nas sociedades capitalistas e sustentarem a tese de que uma classe ou fração pode ser economicamente dominante, sem que seja politicamente governante. Essa abordagem sugere, dessa maneira, que a política estatal é o campo no qual as classes e frações podem lograr benefícios quase ou exclusivamente econômicos, enquanto o aparelho estatal, separado da política estatal, seria o campo no qual as classes e frações poderiam lograr benefícios quase ou exclusivamente políticos.

conceito ou noção só adquire significado quando "integrado numa problemática teórica global que o institui".

Para Poulantzas, a problemática das elites dissolve os conceitos de classes sociais, de Estado, e da relação entre ambos, na ideia de relações interpessoais dos indivíduos, resultando naquilo que o autor denominou de "problemática do sujeito". Nesta, "os agentes de uma formação social, 'os homens', são considerados não como os 'suportes' de instâncias objetivas (como para Marx), mas sim como o princípio genético dos níveis do todo social" (Poulantzas, 1975, 14). Assim, em vez de analisar a distribuição dos agentes em classes sociais e suas contradições a partir de "coordenadas objetivas", a "problemática do sujeito" atém-se a "explicações *finalistas* fundadas nas *motivações do comportamento* dos atores individuais" (Poulantzas, 1975, 14). Portanto, a rejeição de Poulantzas do conceito de elite para qualificar os grupos sociais que exercem poder nas sociedades humanas, não é só política, mas sobretudo teórica.

O conjunto articulado de conceitos desenvolvidos ou aplicados por Poulantzas (1971) permite à sua análise superar a concepção economicista de classe social e, em decorrência, a análise binária das classes sociais. Isso significa que não só o nível econômico, mas também os níveis político e ideológico exercem um papel importante na definição das classes. Tais níveis, por sua vez, não podem ser tomados como simples epifenômenos do econômico. Aqui, cumpre-nos ressaltar que, embora Poulantzas faça alusão às noções de "determinação em última instância" e "dominância" para a caracterização do modo de produção em geral e particulares, retemos nesta análise – seguindo a reflexão de Saes (1994b) – a ideia de que essas noções deixam de ser operacionalizáveis para a análise do funcionamento reprodutivo do todo social, uma vez que, nesse nível, a ideia de implicação recíproca ou condicionamento recíproco das instâncias adquire centralidade. Isso "significa que cada instância se configura como condição necessária à reprodução das demais instâncias" (Saes, 1994b, 46). Desse modo, se admitimos que as instâncias estruturais condicionam-se reciprocamente, parece ser inócuo definir o conceito de classe social apenas no nível econômico.

Essa caracterização das classes sociais permite a Poulantzas discutir os fracionamentos mais variados no interior da burguesia. Cabe-nos destacar, no entanto, que uma fundamentação do fracionamento da classe dominante nem sempre se encontra bem explicitada na análise de Poulantzas. A propósito, podemos indicar que em seus escritos há duas explicações principais para o fracionamento da burguesia: a primeira diz respeito ao fato de haver nas sociedades complexas uma diversificação de atividades econômicas, a segunda refere-se aos efeitos da estrutura jurídico-política os quais induzem a agregarem-se em uma ação política os setores sociais especializados em determinadas atividades econômicas.[11]

A ideia de fracionamento de classe faz com que Poulantzas recuse a caracterização da classe social como um todo homogêneo. Contudo, é o conceito de bloco no poder que permite à análise poulantziana superar essa visão – que, no estudo da classe burguesa, não estabelece nenhum tipo de hierarquização entre as frações dessa classe. Esse conceito permite entrever que apesar de a classe dominante, a burguesia, possuir um interesse geral comum, a saber, a manutenção da propriedade dos meios de produção e as condições para que a força de trabalho se reproduza como mercadoria, esse interesse geral não anula as diferenças de interesses das frações burguesas diante de uma determinada política econômica e social do Estado burguês. Dessa maneira, o conceito de bloco no poder indica a existência de uma unidade contraditória com a dominante. Essa dominância é resguardada para uma das frações que compõem o bloco no poder. Ou ainda: a aliança de várias classes e frações dominantes

> [...] só pode funcionar regularmente sob a direção de uma dessas classes ou frações: é a fração hegemônica, aquela que unifica, sob sua direção, a aliança no poder, ao assegurar o interesse geral da aliança, e aquela em particular que o Estado garante, por excelência, os interesses específicos (POULANTZAS, 1972a, 43).

É importante ressaltar, como observa Poulantzas, que a classe ou fração hegemônica do bloco no poder não corresponde necessariamente à classe detentora do aparelho de Estado, em que se recrutam os membros da alta cúpula do Estado. Operando com essa distinção entre fração hegemônica e classe detentora do Estado, o autor desmitifica a visão elitista acerca dos grupos detentores de poder nas sociedades capitalistas, à medida que indica que a correspondência existente entre os interesses da fração hegemônica e a política estatal não está fundada na ocupação dos altos postos de comando no aparelho de Estado. Ou melhor, a classe só se configura como dominante se seu interesse político geral for garantido pelo Estado. Esse não é o caso da classe detentora do aparelho de Estado, uma vez que ela "não se constitui em classe dirigente ou elite política que detenha o poder político, ao mesmo tempo em que as classes proprietárias detêm o poder econômico" (SAES, 1994a, 18).

---

11 Para uma análise do problema do fracionamento da classe dominante, ver Farias, 2004.

O conceito de classe ou fração hegemônica também se distingue do conceito de classe ou fração reinante "cujos partidos políticos se encontram presentes nos lugares dominantes da cena política" (POULANTZAS, 1971, 85-86). Ou seja, Poulantzas distingue aqui o lugar do campo das práticas políticas[12] do campo da cena política. Assim, mudanças no interior do bloco no poder não produzem efeitos necessariamente sobre a cena política. Do mesmo modo, mudanças no sistema partidário podem não interferir na dinâmica das relações que compõem o bloco no poder. Ainda: "pode acontecer que a classe ou fração *hegemônica* do bloco no poder *esteja ausente* da cena política" (POULANTZAS, 1971, 86). Ou, como salienta Saes (1994a, 18), "a classe reinante não coincide, necessariamente com a classe dominante. Mas isso não significa (...) que tal classe se constitua em elite detentora do poder político, separado este do poder econômico exercido pelas classes proprietárias". Concebendo o Estado burguês como o organizador da luta política da burguesia em geral e da hegemonia política de uma determinada fração burguesa em particular, poderíamos concluir que a classe ou fração hegemônica não necessita de um partido político para exercer sua hegemonia em determinada formação social. Ou, como já observou Gramsci, o Estado é o partido da burguesia, o que, na prática, significa que as classes dominantes não necessitam de associações sindicais ou partidos políticos para ter seus interesses sociais garantidos pela política estatal. Historicamente, o que se pôde observar é que a criação de organismos políticos de representação de interesses da burguesia ocorreu não apenas em virtude do confronto de interesses com as demais classes, mas sobretudo como mecanismo preventivo de ação política, dado o avanço organizacional das classes subalternas em sindicatos, partidos e associações.

No tocante ainda à contribuição de Poulantzas para a teoria das classes sociais, talvez fosse interessante discutir a tese desse autor segundo a qual uma classe pode ser economicamente dominante sem ser, no entanto, politicamente dominante. Saes (1994a, 18) observa que, com essa tese, Poulantzas abandona a ideia de "causação recíproca" entre o poder econômico e o poder político, isto é, deixa de propor uma ideia central presente na

---

12 Sobre a especificidade da prática política, Poulantzas (1971, 40-41) sustenta o seguinte: "Esta prática tem por objeto específico o 'momento atual', como dizia Lênin, isto é, o ponto nodal onde se condensam as contradições dos diversos níveis de uma formação nas relações complexas regidas pela sobredeterminação, pelos seus defasamentos e desenvolvimento desigual. [...] a prática política tem como objeto simultaneamente o econômico, o ideológico, o teórico e 'o' político em sentido estrito [...]. A prática política é o 'motor da história' na medida em que o seu produto constitui afinal a transformação da unidade de uma formação social, nos seus diversos estágios e fases".

obra *Poder político e classes sociais*: "a cumulatividade (sem determinação) das condições de classe economicamente dominante e de classe politicamente dominante".[13]

Saes salienta que essa formulação enfraquece ou contradiz a crítica poulantziana à teoria das elites: "ele [Poulantzas] converge para a tese fundamental da teoria das elites, segundo a qual não há correlação invariante, na sociedade contemporânea, entre grupo politicamente dirigente e classe economicamente dominante" (1994a, 18).

Polemizando essa crítica levantada por Saes, poderíamos indagar se Poulantzas, quando se refere a tal disjunção, está tratando do funcionamento reprodutivo de uma sociedade capitalista – como sugere a crítica de Saes – ou de uma sociedade de transição, na qual ocorre um "equilíbrio de modos de produção". No nosso entendimento, Poulantzas tende a aplicar a ideia de disjunção de classe economicamente dominante e classe politicamente dominante às sociedades de transição do feudalismo para o capitalismo. O exemplo histórico utilizado por Poulantzas é o da Inglaterra, no período anterior a 1688, quando a burguesia configurava-se como a classe economicamente dominante, enquanto a nobreza fundiária lograva a posição de classe politicamente dominante. Há, nesse sentido, um equilíbrio entre duas classes de modos de produção distintos e a caracterização de uma sociedade de transição, o que, ao nosso ver, não contradiz, nem enfraquece a crítica poulantziana à teoria das elites.[14]

Não é nosso interesse central aqui discutir a relação entre poder político e poder econômico na transição do feudalismo para o capitalismo ou na transição em geral de um modo de produção para outro, ou ainda, não é o objetivo de nosso trabalho discutir a lógica de transição. Nosso objetivo principal é discutir a relação entre poder político e poder econômico segundo a lógica de reprodução capitalista. Nesse caso, é preciso destacar, ainda que de modo indicativo, a despeito de a correlação entre o poder econômico e o poder político ser um dos elementos centrais para que se entenda essa reprodução, isso não significa que essa lógica não comporte *situações excepcionais* nas quais possa haver uma defasagem entre os dois poderes, em um breve período, cuja tendência seja a de restabelecer a cumulatividade dos poderes econômico e político

---

13 Saes emprega a ideia de cumulativo no sentido de correlação entre os exercícios do poder econômico e do poder político.

14 A tese segundo a qual as formas absolutistas do Estado do período da acumulação primitiva, portanto, precedente à revolução política ocorrida na Inglaterra em 1640 e na França em 1789, teriam desembocado num equilíbrio de forças em duas classes distintas, que constituíam a classe dominante da época, foi também desenvolvida por Poulantzas em texto anterior à obra *Poder político e classes sociais*, ver Poulantzas, 1966.

num momento posterior – ou seja, situações como essas diferem bastante daquelas em que o bloco no poder possui maior coesão interna e durabilidade.

Cabe-nos observar que, na análise poulantziana, o problema das situações excepcionais não é tratado de modo sistemático. Isso nos leva à tarefa de tentar articular o que aparece de forma fragmentada em sua obra. Assim, poderíamos indicar duas situações excepcionais em que se configura a defasagem entre os poderes político e econômico. A primeira situação refere-se à *conjuntura de instauração de uma nova hegemonia política*, na qual a nova força hegemônica ainda não detém a preponderância econômica. Nesse caso, essa força hegemônica fará uso de sua hegemonia política para conquistar a prevalência econômica. Numa conjuntura como essa, abre-se a possibilidade de frações menos poderosas da classe dominante exercerem, por um breve tempo, a hegemonia política do bloco no poder. A segunda situação diz respeito à *conjuntura de crise hegemônica*, na qual a força social que detém preponderância econômica não dispõe mais de hegemonia política, que passa a ser exercida sob a forma de condomínio entre as várias frações da classe dominante. Configura-se, então, o que poderíamos chamar, de acordo com Poulantzas (1972b), de "instabilidade hegemônica" e, num momento posterior, uma etapa de "incapacidade hegemônica" em sentido estrito, ou seja, a situação na qual nenhuma classe ou fração hegemônica economicamente consegue impor a sua hegemonia política às outras classes e frações que compõem o bloco no poder.

Em termos gerais, sustentamos que, ao centrar a análise nos interesses sociais priorizados pela política estatal como forma de identificar as classes sociais que ocupam o lugar dominante na sociedade capitalista, Poulantzas releva três aspectos fundamentais negligenciados pela teoria das elites e apresentados de modo ambíguo pelo marxismo inspirado na teoria das elites: a) *o conteúdo das chamadas decisões mais importantes*, isto é, o que define uma classe como dominante é a sua capacidade de realizar seus interesses específicos, não a ocupação de altos cargos; b) a *não existência do sujeito de poder ou classe governante*, o que significa que nenhuma classe ou fração de classe pode ter todos seus interesses imediatos integralmente contemplados. Se assim fosse, não faria sentido tratar o Estado como organizador da unidade da luta política da burguesia, uma vez que, ou não haveria fissuras intestinas entre as frações dessa classe, ou, o que é correspondente a isso, a burguesia seria concebida como um todo monolítico; c) *a correlação entre poder político e poder econômico*, lembrando que a defasagem entre um e outro só ocorre em situações excepcionais, as quais colocam em xeque, por um breve período, a coesão interna e duradoura do bloco no poder.

Diante do exposto, seria oportuno indagar se a noção de elite é, em algum sentido, operacional para a análise marxista dos processos políticos contemporâneos. Consideramos que na problemática marxista, quando nos referimos às relações de poder, tratamos de relações de classe e, portanto, de relações entre classes sociais em luta. Não há, nesse sentido, espaço para se pensarem os conflitos intra-elites. Ou ainda, seguindo a argumentação de Poulantzas (1971), afirmamos que as relações de poder constituem uma relação específica, não geral, de dominação e subordinação das práticas de classe. Assim, o conceito de poder é definido como a capacidade de determinada classe de realizar pela sua prática os seus "interesses objetivos específicos", em oposição às demais classes (POULANTZAS, 1971). Essas relações de poder são passíveis de configuração como relações funcionais ou disfuncionais para a reprodução do todo social. No primeiro caso, teríamos o estabelecimento de relações conflituais, cujo limite seria o de promover mudanças na estrutura e na composição de classes ou na organização da hegemonia de classe no seio do bloco no poder – o que nos permitiria periodizar, em fases e estágios, o funcionamento reprodutivo do todo social. No segundo caso, configurar-se-iam relações de antagonismo entre as classes, implodindo-se o condicionamento recíproco dos níveis do todo social e tornando-se possível, assim, a transição de um tipo de sociedade para outro.

O que é essencial frisar é que o poder não é concebido aqui como uma estrutura. As relações de poder inscrevem-se no quadro das práticas de classe, na luta de classes, ou melhor, o conceito de poder "indica os efeitos da estrutura sobre as relações conflituais entre as práticas das diversas classes em 'luta'" (POULANTZAS, 1971, 114). Esse conceito não remete a apenas um dos níveis estruturais, o político, por exemplo, mas engloba o efeito do conjunto desses níveis. Isso significa que nenhum nível estrutural implica relações de poder e que tais relações estão diretamente ligadas às relações conflituais entre as classes.

Nessa perspectiva, não há espaço para se pensar numa possível disjunção de poderes e, em decorrência, na substituição da noção de classe dominante pela noção de elite, visto que as relações de poder não só englobam o conjunto dos níveis estruturais (político, econômico e ideológico) como também se definem, na análise poulantziana, estritamente como relações de classe. A noção de elite utilizada para descrever o poder político de modo separado do poder econômico seria inadequada nessa problemática teórica. Enfim, caso consideremos a noção de elite operacional para a análise dos processos políticos contemporâneos, correremos o risco de esvaziar o sentido específico das relações de poder e de corroborar o processo de subsunção da teoria marxista – enquanto teoria da reprodução e da transformação social – à ideologia teórica dominante, a qual se vale de diversos mecanismos para aplastar a perspectiva de compreensão dos fenômenos sociais em termos de conflitos de classe.

Bibliografia

Althusser, Louis. *Pour Marx*. Paris: La Découverte, [1965] 1986.

_____. *Sobre o trabalho teórico*: dificuldades e recursos. Lisboa: Editorial Presença, [1967], s/d.

Boito Jr. Armando. "Cena política e interesse de classe na sociedade capitalista – acerca de O Dezoito Brumário de Luís Bonaparte". *Crítica Marxista*. São Paulo, n. 15, 2002.

Bottomore, Tom B. "A elite administrativa". In: *As classes na sociedade moderna*. (2ª ed.). Rio de Janeiro: Zahar, [1965] 1978.

_____. *As elites e a sociedade*. Rio de Janeiro: Zahar, [1964] 1974.

Codato, Adriano Nervo; Perissinotto, Renato. "O Estado como instituição. Uma leitura das 'obras históricas' de Marx". *Crítica Marxista*, São Paulo, n. 13, 2001.

Domhoff, G. William. *Quién gobierna Estados Unidos?* (14ª ed.). México (DF): Siglo Veintiuno, 1985.

Farias, Francisco Pereira. "Sobre a questão das frações de classe dominante". *Cadernos Cemarx*, Campinas, n. 1, 2004.

Miliband, Ralph. "Análise de classes". In: Giddens, Anthony; Turner, Jonathan (orgs.). *Teoria social hoje*. São Paulo: Ed. Unesp, [1987] 1999.

_____. *Socialismo & ceticismo*. Bauru: Edusc; São Paulo: Ed. Unesp, [1994] 2000.

_____. *O Estado na sociedade capitalista*. Rio de Janeiro: Zahar, [1969] 1972.

Mills, Charles Wright. *The power elite*. Nova York: Oxford University Press, [1956] 1959.

Parsons, Talcott. "The distribution of power in American society". *World politics*, n. 1, vol. 10, out. 1957.

POULANTZAS, Nicos. "O problema do Estado capitalista". In: POULANTZAS, Nicos; MILIBAND, Ralph. *Debate sobre o Estado capitalista*. Porto: Edições Afrontamento, [1969] 1975.

_____. "Les classes sociales". *L'homme et la societé*, Paris, n. 24-25, 1972a.

_____. *Fascismo e ditadura: a III Internacional face ao fascismo* (vol. I). Porto: Portucalense Ed., 1972b.

_____. *Poder político e classes sociais* (vol. I). Porto: Portucalense, [1968] 1971.

_____. *La thèorie politique en Grande-Bretagne. Les Temps Modernes*, Paris, n. 238, mar. 1966.

SAES, Décio. "Estado e classe dominante". *Crítica Marxista*, São Paulo, n. 12, 2001.

_____. "Uma contribuição à crítica da teoria das elites". *Revista de Sociologia e Política*, Curitiba, n. 3, 1994a.

_____. "Marxismo e história". *Crítica Marxista*. São Paulo, n. 1, 1994b.

SCHUMPETER, Joseph A. *Capitalismo, Socialismo e Democracia*. Rio de Janeiro: Zahar, [1950], 1984.

SWEEZY, Paul. "Elite do poder, ou classe dominante?" [1956]. In: *Ensaios sobre o capitalismo e o socialismo*. Rio de Janeiro: Zahar, 1965a.

_____. "A classe dominante norte-americana" [1951]. In: *Ensaios sobre o capitalismo e o socialismo*. Rio de Janeiro: Zahar, 1965b.

THERBORN, Göran. *Como domina la clase dominante?*. México (DF): Siglo Veintiuno, [1978] 1982.

Parte IV: Classes e movimentos sociais

Marxismo, sistema e ação transformadora[1]

Brasílio Sallum Jr.[2]

No começo dos anos 1970, quando o marxismo estava convulsionado pelo surgimento do estruturalismo althusseriano, Alvin Gouldner – sociólogo da tradição crítica norte-americana – publicou um pequeno artigo denominado "Dois marxismos" em que sublinha a necessidade, óbvia mas poucas vezes atendida, de pensar o marxismo de uma perspectiva marxista (GOULDNER, 1975).

Ele esclarece: haveria que tratar o marxismo não apenas como meio de conhecer ou de transformar a história, mas também como produto social e histórico. Diz mais: seria necessário pensar o marxismo como movimento que se desdobra na história de forma contraditória, quer dizer, como unidade tensa entre diferenças.

A primeira das duas recomendações contém o que me parece ser o espírito com que hoje devemos tratar os textos de Marx e Engels, de seus intérpretes e seguidores: não como artigos de fé, mas como meios excepcionais limitados, humana e historicamente limitados, de conhecer e transformar o mundo. E precisamente por serem limitados eles não demandam apenas interpretação, mas também um trabalho de reelaboração teórica. Uma reelaboração que dê maior consistência ao legado teórico de Marx e Engels e o renove para ajustá-lo aos problemas do presente. Estas tarefas construtivas impõem uma ruptura necessária com o dogmatismo. Mais: elas implicam não só em dialogar, mas também em dispor-se a aprender com as ciências sociais não marxistas.

---

1 Trabalho apresentando no 5º Colóquio Internacional Marx Engels na Sessão Plenária "Classes e movimentos sociais hoje" no dia 9 de novembro de 2007.

2 Professor do Departamento de Sociologia da FFLCH/USP.

Luciana Aliaga, Henrique Amorim e Paula Marcelino (orgs.)

No que diz respeito ao caráter dialeticamente contraditório do marxismo, Gouldner constrói dois tipos de interpretação da teoria que, segundo ele, vêm polarizando sua história, o marxismo científico e o crítico. A construção é habilidosa e, embora alguns autores e atores ofereçam certa dificuldade de classificação, os tipos mencionados são úteis para pensar os problemas da teoria marxista, inclusive os suscitados pelo tema que nos ocupa hoje. Gouldner mostra, com efeito, que o marxismo se polariza a propósito de vários temas, o que mencionarei de forma breve e incompleta, apenas para ser bem entendido. Em relação à ciência, por exemplo, a vertente científica do marxismo entende que a realidade é governada por leis naturais independentemente da vontade dos homens; ao invés, tais leis a determinam. A ciência marxista seria definível mais como uma construção teórica que por referência empírica, embora haja pouca precisão tanto sobre o método como sobre o seu produto. No polo oposto, a vertente crítica do marxismo entenderia como problemáticos quaisquer sistemas de pensamento e a própria ciência. O marxismo visaria desmistificá-los. Qualquer teoria, inclusive o marxismo, envolveria sempre uma mirada perspectiva sobre os processos. E os ângulos diversos de mirá-los e interpretá-los decorreriam dos diferentes vínculos entre as teorias e a sociedade.

Fica claro, pois, que para Gouldner os marxistas científicos entendem haver um fosso intransponível entre ciência e ideologia, ao passo que os críticos percebem as duas como socialmente ancoradas, havendo conhecimento verdadeiro também na ideologia, conhecimento esse a ser desentranhado pela ciência.

Em relação ao papel da capacidade dos homens intervirem ativamente no processo histórico, o marxismo crítico enfatizaria que os homens fazem a história ao passo que o científico sublinharia que a fazem, sim, mas dentro de condições determinadas, independentes de sua vontade. Coerentemente, o marxismo científico daria ênfase ao valor da resistência e da paciência políticas; à proteção os quadros revolucionários até a chegada da "hora certa", e teria confiança nas oportunidades objetivas que as contradições possam vir a criar. No polo oposto, a vertente crítica se recusaria a se submeter "ao que existe", valorizando a coragem, atribuindo ao *élan* revolucionário capacidade de compensar o déficit das "condições objetivas". Não me alongarei mais neste sumário. São reconhecíveis, facilmente, nos polos científico e político autores, atores e obras: de uma parte Althusser, de outra o jovem Luckács; em um polo Kautsky, em outro Thompson; o Marx de *O Capital* versus o do *Dezoito Brumário de Luís Bonaparte*; e assim por diante.

Dentre os temas em que Gouldner identifica polarizações entre científicos e críticos, para nós interessa um em particular, aquele que diz respeito ao modo de produção da história. Em relação a isso haveria os que concebem a história principalmente como fruto das contradições entre forças produtivas e relações de produção; ou, ao invés, os que acreditam que ela resulte da luta de classes. Trata-se, é claro, não de opções exclusivas, mas de diferentes ênfases. Na realidade, autores representativos de ambos os polos esforçaram-se para demonstrar que não 'esqueceram' o seu oposto. Quem não se lembra dos malabarismos intelectuais e linguísticos de Poulantzas em *As Classes Sociais no Capitalismo de hoje* para "demonstrar" que as estruturas econômicas, políticas e ideológicas são, a um só tempo, "lutas de classe"? Não faltarão exemplos como este, de um ou de outro lado da trincheira.

Esta polarização entre contradições sistêmicas e conflito de classes, embora sirva bem ao argumento de Gouldner, perde um elemento-chave que nos pode levar para além das antinomias. Com efeito, não importa o polo que adotemos no combate: se o da ênfase nas contradições entre relações de produção e forças produtivas ou o da ênfase nas lutas de classe. O que é mais problemático no marxismo não é a escolha do lado a enfatizar; o problema central está na relação entre sistema contraditório e lutas de classes, entre estrutura e história.

Sobre isso há um quase silêncio teórico. E esta é a questão central que pretendemos discutir neste artigo.

Sublinho, desde logo, a centralidade não só teórica, mas também política desta relação. É da conexão entre as contradições sistêmicas do capitalismo e o conflito de classes que depende tanto a revolução como o conformismo do sujeito revolucionário.

Recorde-se que para Marx o núcleo das contradições do capitalismo está na contraposição entre a socialização cada vez maior da produção capitalista e a apropriação privada do excedente produzido. Esta contradição fundamental é inerente ao processo de reprodução ampliada do capital e não depende das crises econômicas que atingem periodicamente o sistema. Pelo contrário, para Marx as crises são apenas soluções violentas e momentâneas para as contradições existentes (K, III, 262) que restabelecem passageiramente o equilíbrio do sistema.

O mais importante é que a contradição fundamental do capitalismo gera contradições secundárias entre, de um lado, a estrutura de classes produzida no processo de reprodução do capital e, de outro, as relações mantidas pelos agentes sociais nas principais esferas econômicas por meio das quais ocorre a própria reprodução. Ao passo que entre as classes sociais se tecem fios invisíveis que mantém o proletariado escravizado à burguesia, no plano da circulação de mercadorias regem relações de liberdade entre os agentes-proprietários de mercadorias, não importa serem tais mercadorias a força de trabalho ou os objetos de consumo de operários ou capitalistas. Cada um deles compra ou vende suas mercadorias livremente, conforme sua conveniência. Na medida que os seus salários, porém, são transformados em bens de consumo e, por fim, consumidos, os trabalhadores se veem obrigados a manter-se no emprego ou a vender novamente sua força de trabalho aos capitalistas, não importa qual deles. Fecha-se assim o círculo que escraviza socialmente o proletariado à burguesia.

Ademais, embora no plano da circulação, as mercadorias sejam rotineiramente trocadas pelo seu valor, sendo a igualdade de seus valores a condição para a troca e a troca um fator de igualação entre os proprietários de mercadorias, tudo muda de figura no processo de reprodução ampliada do capital. Nesta reprodução, a burguesia – ainda que possa ter iniciado o processo de produção com base em dinheiro obtido com o próprio trabalho – extrai constantemente dos trabalhadores contratados mais valor que o que paga por sua força de trabalho. Ao reinvestir o resultado no processo de produção, transforma a mais-valia extraída em capital e, depois de umas tantas voltas, o seu capital inicial nada terá de trabalho próprio, transformando-se o capital em mais--valia acumulada, em massa de trabalho alheio, expropriado e acumulado, que segue sugando trabalho vivo. Portanto, ao passo que há igualdade entre os mercadores existe desigualdade entre as classes. Concluindo: o fundamento da igualdade e da liberdade entre os agentes na esfera da circulação é a escravidão e a desigualdade entre as classes no processo de reprodução.

Como tais contradições se traduzem em lutas de classe? Por que tais contradições não têm até hoje se transformado em luta revolucionária que supere o capitalismo? Quais os obstáculos que bloqueiam a ação revolucionária?

Estranhamente, os marxistas avançaram mais, ainda que de modo muito insuficiente, na explicação para a falta de impulso revolucionário do que no exame das condições de contestação da ordem burguesa pelas classes subalternas.

A tradição marxista tem atribuído, de forma geral, à ideologia dominante a frustração das expectativas de que a experiência da exploração fabril, do empobrecimento relativo da classe operária e das próprias lutas operárias se convertesse na formação de uma classe capaz de lutar não apenas por objetivos imediatos, mas também contra o sistema, em favor de uma nova sociedade.

A ideologia dominante tem sido concebida, porém, de modos muito distintos no interior do marxismo. Como sugeriu Lockwood (1992), é possível distinguir no marxismo três concepções de ideologia e, com isso, três explicações para a debilidade da luta revolucionária nos países capitalistas avançados.

Uma dessas concepções deriva de *A Ideologia Alemã* e tem seu complemento em *O Que Fazer*, de Lênin. As classes são portadoras das ideologias. Entretanto, como os operários são oprimidos, econômica e também ideologicamente, as classes dominantes monopolizam tanto os meios de produção material como grande parte dos meios de produção intelectual. Escrevem Marx e Engels em *A Ideologia Alemã*: "os indivíduos que compõem a classe dominante (...) regulam a produção e a produção e distribuição das ideias de sua época". Assim, é a desigualdade de meios de produzir e distribuir ideias que dificultaria ao operariado experimentar sua experiência como "exploração" e convertê-la em alavanca para a constituição de uma classe revolucionária. Por isso é que, para Lênin, os operários – dominados pela ideologia burguesa – não conseguiriam por si sós ultrapassar uma consciência sindicalista. Para irem além, necessitariam da intervenção de uma vanguarda revolucionária.

A segunda concepção não vincula a ideologia às classes nem entende ser a subordinação da consciência operária o fruto da sua doutrinação pela burguesia. Ao invés, entende ser a ideologia – cujo núcleo é o fetichismo da mercadoria – o resultado não intencional da dominação do sistema mercantil de produção. Os agentes deste imaginam serem as relações que mantêm entre si relações entre coisas, mercadorias, cujos valores de troca parecem derivar de sua natureza; inversamente, imaginam que as relações entre os objetos – as mercadorias – têm virtudes sociais. O fetichismo não se fixa só nas mercadorias, mas no conjunto das relações capitalistas: na forma-salário, na forma-lucro, na forma-juro etc. Em todos esses casos, produz-se a inversão. A sociedade mercantil se naturaliza e veda aos agentes a percepção de que ela resulta da exploração entre as classes. Por ela o salário parece ser o valor do trabalho e não da força de trabalho; o lucro e o juro parecem ser, respectivamente, a remuneração do trabalho do empresário e do dinheiro emprestado, e não quotas-parte do trabalho excedente gerado pela exploração capitalista. Entendendo-se desta forma a ideologia inerente ao capitalismo, torna-se difícil entender até como os operários superam o seu individualismo e se organizam como atores coletivos para reivindicar e protestar. De qualquer maneira, como no caso anterior, as associações operárias submetidas ao fetichismo mercantil tenderiam a limitar suas demandas aos salários e às condições de trabalho.

Estas duas concepções de ideologia, além de oferecerem dificuldades para a explicação da ação revolucionária, têm a característica comum de focalizarem sua atenção nos obstáculos *cognitivos* para o surgimento de uma consciência revolucionária no proletariado (Lockwood, 1992, 321). Tais obstáculos, se supõe, poderiam ser ultrapassados por um entendimento correto, científico, do funcionamento do sistema.

A terceira concepção de dominação ideológica, a da hegemonia, tem características bem diferentes das anteriores. Ela refere-se a um sistema cultural dominante que cimenta a dominação de uma coalizão de classes sobre o conjunto da sociedade, constituindo um "bloco intelectual e moral". Trata-se de um sistema de valores e crenças cuja autoridade se deve principalmente ao seu estabelecimento espontâneo como ideias dominantes. A hegemonia não se refere, pois, apenas a um sistema cognitivo. Trata-se de *crenças não-racionais* (note-se *não-racionais* mas, de forma alguma, *irracionais*), valores, compromissos morais dificilmente "corrigíveis" pelo conhecimento científico. A hegemonia envolve tornar dominante certo modo de viver e de pensar, difundindo uma concepção de realidade através da sociedade em todas as suas manifestações institucionais e privadas, conformando com seu espírito todo o gosto, moralidade, costumes, religião e princípios políticos, e todas as relações sociais (Williams, 1960). Internalizada pelas massas, a hegemonia se torna parte do "senso comum".

Esta concepção de hegemonia, muito próxima à noção de "consciência coletiva" de Durkheim – como já notaram Anderson (1976) e Pizzorno (1972) – tem tido larga difusão entre os marxistas. Ela contém grande apelo porque, de um lado, dá mais complexidade à noção de ideologia de classe presente na *Ideologia Alemã* e, de outro, dá mais profundidade sociológica à teoria do fetichismo, enriquecendo a ideia de que a ideologia está incorporada às práticas cotidianas.

Ocorre que, pensada desde modo genérico, a noção de hegemonia apresenta, como bem aponta Lockwood, uma fraqueza fundamental. Ela tem sido incorporada em termos tão pouco específicos que as explicações da ação de classe feita com sua ajuda tendem a se tornar uma forma de *determinismo cultural*. Assim, "o conceito gramsciano de hegemonia tem possibilitado a muitos teóricos marxistas, preocupados em explicar a ausência de revolução proletária, adotarem" (…) "uma visão hiper-integrada de sociedade e uma visão hiper-socializada dos indivíduos" (Lockwood, 1992, 337), numa interpretação mais-do-que-parsoniana de Durkheim.

Contra essa tendência, haveria que *ressaltar e explorar* sociologicamente a referência do próprio Gramsci à *consciência contraditória* do homem ativo das massas. Diz ele:

> O homem-na-massa ativo tem uma atividade prática, mas não tem consciência teórica da sua atividade prática; esta, não obstante, envolve um entendimento do mundo no processo mesmo de transformação. Sua consciência teórica pode mesmo estar historicamente em oposição à sua atividade prática. Podemos quase dizer que ele tem duas consciências teóricas (ou

> uma consciência contraditória): uma está implícita na sua atividade e em realidade o une a seus companheiros-trabalhadores na transformação prática do mundo real; e outra, superficialmente explícita ou verbal, que ele herdou do passado e absorveu de forma acrítica. Mas essa concepção verbal não é sem consequências. Ela mantém unido o grupo social, influencia a conduta moral e a direção da vontade com *eficácia variável*, muitas vezes de forma poderosa, a ponto de produzir uma consciência tão contraditória que impede qualquer ação, qualquer decisão ou escolha, gerando uma condição de passividade moral e política (GRAMSCI, 2004, 103).

O ponto a sublinhar é que a consciência dominante – superficialmente explícita ou verbal – tem *eficácia variável* para influenciar a ação e dirigir a vontade das massas.

Sublinhe-se, de passagem, que do ponto de vista histórico é óbvio que a hegemonia não é plenamente eficaz. Com efeito, se a eficácia fosse tão grande, como explicar a atividade dos movimentos sociais nos períodos de exercício de hegemonia? Como explicar as rebeliões?

Ainda assim, teoricamente é muito importante o reconhecimento do caráter variável desta eficácia. No entanto, é insuficiente identificar, como Gramsci, o caráter meramente "superficial" e "passivo" do assentamento das massas à hegemonia e que este consentimento pode eventualmente se converter em adesão a um outro princípio hegemônico, sempre latente. Isso não é o bastante para uma ciência social que pretenda identificar não só as condições de persistência, mas também de mudança das formações sociais. Deste ângulo, o reconhecimento de que a hegemonia tem *eficácia variável* é fundamental *apenas* porque serve de estímulo para pesquisar o *princípio desta variação* e, mais ainda, as *condições em que os agentes abandonam sua passividade e se engajam no protesto coletivo.*

Voltamos, pois, renovados, ao nosso ponto de partida: como, sob quais condições, as contradições sistêmicas se traduzem em conflitos de classe? Em que circunstâncias e por quais meios as contradições sistêmicas conseguem se traduzir em conflitos de classe? Em que situações ocorrem rebeliões? Em quais revoluções?

Seguramente, o estudo dos textos dos teóricos marxistas pode cumprir um papel importante na investigação do problema. No entanto, creio que se perderia muito, *caso* não fossem aproveitados os estudos não marxistas contemporâneos sobre o modo de vida das classes populares e as suas formas de mobilização e protesto coletivo.

Creio que uma parte da literatura sociológica não marxista contém elementos muito importantes para uma investigação do tipo que mencionamos. Refiro-me, especialmente, a alguns conceitos e análises contidos, por uma parte, na obra de Pierre Bourdieu e seus colaboradores e, por outra, nos trabalhos sobre movimentos sociais estudados na perspectiva do "processo político".

Em relação à obra de Bourdieu e seus discípulos, há dois elementos importantes a assimilar, um metodológico e outro conceitual. Embora a teoria marxista do direito, desenvolvida por Pashukanis, e o conceito de fetichismo mercantil envolvam a imbricação entre práticas sociais e significação, a ênfase dada por Bourdieu no caráter relacional, prático e simbólico das relações entre classes sociais deverá ser incorporada em uma teoria que procure articular estrutura e práticas. De forma complementar, conviria, como já sublinhei em outra oportunidade, incorporar de Bourdieu o conceito de *habitus*.

A noção de habitus de classe permite, melhor que de outros modos, superar a ideia, presente no marxismo, de "classe em si" (e sua correlata "para si"), sublinhando a relevância da perspectiva dos explorados e dominados ainda que ela não seja elaborada reflexivamente e que eles não estejam revolucionando o sistema. No registro histórico-político, a noção de habitus permite captar os códigos internalizados *de forma pré-reflexiva* que conformam grande parte das práticas sociais, inclusive as das classes subalternas. Tais práticas podem ser politicamente relevantes, mesmo quando não põem em questão as modalidades vigentes de reprodução social. O melhor exemplo disso encontra-se na análise que o próprio Marx faz da participação dos camponeses no processo histórico que levou à ascensão de Napoleão ao poder de Estado na França em meados do século XIX. Naquele episódio, sem associação nacional ou organização política própria que permitisse a participação autônoma dos camponeses na vida política francesa, a atuação política unitária dessa classe passa a depender dela encontrar para si um representante "externo".[3] Foi a tradição histórico-cultural internalizada pelo campesinato francês – o seu habitus, diria Bourdieu – que lhe permitiu encontrar na figura e nas ideias de Napoleão a possibilidade de realização – ilusória, é verdade – de suas aspirações. Foi isso que fez de Bonaparte o depositário da votação massiva do campesinato no plebiscito que legitimou o golpe

---

3 O termo é de Marx. Luiz Bonaparte tornou-se seu representante "externo" na medida em que não era camponês nem foi instituído como representante pela atividade política autônoma dos camponeses. No entanto, ele só pode tornar-se representante de classe pela atividade "interna" do habitus camponês, conformado pela grande revolução francesa que os libertara da semisservidão e os transformara em proprietários livres, condição garantida depois por Napoleão I, no começo do século XIX.

de dezembro de 1951. O caso reconstituído por Marx em *O Dezoito Brumário de Luís Bonaparte* diz respeito a uma classe em declínio que, majoritária e ilusoriamente, vê na consolidação do poder de Napoleão Bonaparte, a possibilidade de restaurar suas condições anteriores de vida.

Não há dúvida que, para Marx, a busca da restauração da ordem anterior, vigente na época do primeiro Napoleão, não era a única prática camponesa possível. O seu relato enfatiza a possibilidade não realizada de uma prática camponesa revolucionária e menciona, como indícios disso, uma série de irrupções coletivas contra as mudanças adversas ocorridas nas condições camponesas de vida.

O esquema teórico construído por Bourdieu também contempla a existência de certa gama de disposições de conduta dentro de uma classe ou fração de classe, o que veda interpretar de forma muito mecânica o habitus enquanto dispositivo conservador. De fato, ele é um conjunto de disposições que permitem múltiplas orientações de conduta dentro de uma classe ou fração de classe. Quais os fundamentos estruturais disso? Para Bourdieu, são as diferentes origens e trajetórias de indivíduos que ocupam posições similares no espaço social (por exemplo, parte do operariado urbano provém da baixa classe média, outra parte é constituída por ex-trabalhadores rurais etc.) que favorecem o surgimento de diferenças de perspectiva e de opinião entre os agentes sociais. Ainda assim, para ele, tudo "parece indicar que [isso ocorre] dentro dos limites dos efeitos de classe; desta forma, as disposições ético-políticas dos membros de uma mesma classe aparecem como formas transformadas da disposição que caracteriza fundamentalmente a classe como um todo" (BOURDIEU, 1984, 456).[4] Esta percepção de que os limites de classe tendem a se impor à diversidade das interpretações presentes em cada classe, se traduz no visível ceticismo de Bourdieu em relação à relevância política das "diferenças de opinião" existentes entre as classes subalternas: para ele, sua capacidade de contestação parece estar sempre na dependência de sua associação com a fração intelectual (dominada) da classe dominante.

---

4 Quer dizer, para ele, a gama das disposições deriva da confluência entre a multiplicidade das trajetórias dos indivíduos (e suas famílias) e a trajetória/posição de classe. Isso significa que quanto menor a mobilidade social (ascendente ou descendente) menores são as chances de heterogeneidade dos habitus. E vice-versa. Quanto aos limites de classe não serem ultrapassados, trata-se de hipótese razoável enunciada em *A Distinção*, que exige cuidadosa demonstração.

Esta digressão permite sublinhar, como já o fizemos em outra parte, a importância de articular os conceitos de habitus e de contradição. Na medida em que explorarmos esta articulação, as variações nas disposições de conduta inerentes a cada classe não ficariam, como em Bourdieu, dependentes apenas das posições e trajetórias das classes e dos atores; *a própria experiência social* de cada classe – e especialmente a dos dominados – poderia *talvez* explicar tais variações nas disposições de conduta – em virtude dessa experiência ser *ambígua e dinâmica*, porque o *sistema* capitalista de classes é contraditório e cíclico.

Trata-se, é bom que se sublinhe, de uma sugestão cuja pertinência deve ser examinada tanto teoricamente como em investigações empíricas.

No que diz respeito às teorias da ação coletiva, a investigação do problema da relação entre contradições sistêmicas e conflitos de classes poderia absorver um grande conjunto de conceitos que elas têm produzido e que são, creio eu, bastante ajustáveis a uma perspectiva marxista renovada (Tilly, 1987; Tarrow, 1998) Digo ajustáveis porque as teorias dos movimentos sociais – que hoje procuram fundir-se com os estudos sobre rebeliões e revoluções em um teoria ampliada do "confronto político" (*contentious politics*) – não trabalham usualmente com o conceito de classe (McAdam, Tarrow, Tilly, 1996). No entanto, tais teorias sempre enfatizam a relevância das redes de relações sociais para a mobilização coletiva. Ora, as classes sociais se constroem não apenas por oposição às outras, mas também por adensamento das relações entre seus próprios membros. São tais relações verticais e horizontais que conformam os *habitus* de classe, assim como estes são os fundamentos de seus modos próprios de vida. Desta forma, a primeira vista parece ser possível trabalhar no sentido de "ajustar" conceitos e resultados das investigações efetuadas pelos teóricos dos movimentos sociais. Conceitos como "estrutura de mobilização", "oportunidade política", "repertório de ação coletiva", "quadro interpretativo" etc. seriam extraordinariamente úteis para ajudar os investigadores de inspiração marxista a superar a fase defensiva, de encolhimento, em que se encontram. Tenho a convicção de que, como tudo, uma grande teoria só tem condição de se preservar renovando-se. Minha esperança é que será este o caminho que seguirá o marxismo.

Bibliografia

ANDERSON, Perry. "The antinomies of Antonio Gramsci". *New Left Review*, vol. 100, 1976.

BOURDIEU, Pierre. *Distinction – A social critique of the judgement of taste*. Cambridge: Harvard University Press, 1984.

GOUDNER, Alvin. "Two Marxisms". In: *For Sociology – Renewal and Critique in Sociology Today*. Inglaterra: Penguin Books, 1975.

GRAMSCI, Antonio. *Cadernos do Cárcere*. Vol. 1. Rio de Janeiro: Civilização Brasileira, 2004.

LOCKWOOD, David. *Solidarity and Schism – "The problem of disorder" in Durkheimian and Marxist Sociology*. Oxford: Clarendon Press, 1992.

PIZZORNO, Alessandro. "Sobre el Método de Gramsci". In: *Pizzorno e outros, Gramsci y las ciencias sociales*. 2ª edición ampliada. Cordoba: Passado y Presente, 1972.

MCADAM, Doug; TARROW, Sidney; TILLY, Charles. "To Map Contentious Politics". *Mobilization*, vol. 1, n. 1, 1996.

SALLUM JR, Brasílio. "Classes, Cultura e Ação Coletiva". *Lua Nova – Revista de Cultura e Política*, CEDEC, n. 65, 2005.

TARROW, Sidney. *Power in Movement – Social Movements and Contentious Politics*. 2ª ed. Nova York: Cambridge University Press, 1998.

TILLY, Charles. *From Mobilization to Revolution*. Nova York: MacGraw-Hill, 1987.

WILLIAMS, G. A. "The Concept of 'Egemonia' in the Thought of Antonio Gramsci: Some notes and Interpretations". *Journal of History of Ideas*, vol. 21, n. 4, 1960.

O movimento social europeu entre sucessos parciais e impotência[1]

René Mouriaux[2]

Incontestavelmente, a reforma liberal enfrenta resistências na Europa. A despeito de sua intensidade, tais resistências não são suficientes para frear a liberalização crescente da economia, a flexibilização do mercado de trabalho, a redução da proteção social. Para compreender esse paradoxo, ou esse contraste, parece-me indispensável proceder a um exame duplo, no contexto da União Europeia. Primeiramente, é necessário tratar, de maneira geral, das vantagens do capital e das deficiências do movimento social (cuja discussão envolve as seguintes questões: é um movimento singular ou plural? Europeu ou em vias de europeização?). Num segundo momento, o artigo propõe-se a tratar de modo mais aprofundado do caso francês, cuja singularidade ilustra bem a dificuldade de uma ação comum no plano europeu.

As vantagens do capital

Em seu conjunto, a ciência política contemporânea na França recusa a existência das classes sociais e, em decorrência disso, o conceito de correlação de forças não pertence ao vocabulário dos politólogos, assim como também não pertence ao das elites europeias (DURAN, 2007). O círculo da razão inclui o essencial de homens e mulheres que admitem o consenso em torno do liberalismo.

---

1 Trabalho apresentando no 5º Colóquio Internacional Marx Engels na Sessão Plenária "Classes e movimentos sociais hoje" no dia 9 de novembro de 2007. Publicado também na Revista *Crítica Marxista*, n. 26 de 2008. Tradução e notas de tradução (N.T.) de Andréia Galvão.

2 Professor aposentado da Fondation Nationale des Sciences Politiques (Science Po.), Paris.

O patronato e a direita, que não coincidem em tudo, mantêm uma relação estreita que apenas os espíritos apartados do real ou ofuscados por uma luz muito forte, ocultam. No alvorecer do século XXI, a Europa ocidental é dominada por uma classe capitalista que detém o poder econômico e controla as instituições políticas, exercendo uma influência ideológica imensamente presente. Embora esses elementos requeiram precisões e nuances, não deixam de constituir o horizonte material e intelectual da época. Ter começado a apontar o dedo para essa realidade custou a Pierre Bourdieu ataques violentos e repetidos (Mouriaux, 2007).

Que o patronato constitui uma classe que exerce o poder econômico, em boa lógica, não deveria ser considerada uma proposição inquietante. Um grupo de homens e de mulheres possui os meios de produção e de trocas. A base objetiva de sua "condição" comum é prolongada por uma consciência própria, uma "posição" específica, para utilizar o vocabulário de Bourdieu. A burguesia, no sentido estrito do termo, reconhece-se facilmente, não apenas porque habita os bairros elegantes, mas também por seu estilo de vida, caracterizado por Michel Pinçon e Monique Pinçon-Charlot a partir de três termos: segurança, serenidade e cortesia (Pinçon e Pinçon-Charlot, 2007), o que vale, evidentemente, para os "estabelecidos", e não para os novos ricos que correm o risco da ostentação, da arrogância e mesmo do espírito de revanche. No plano europeu, a classe burguesa é organizada em uma única organização, a UNICE (União das Confederações da Indústria e dos Empregadores da Europa). Existia um Centro Europeu de Empresas Públicas (CEEP), inclinado a exprimir orientações liberais, mas ele modificou seu nome, mantendo contudo a mesma sigla: trata-se, agora, do Centro Europeu de Empresas com Participação Pública. A modificação exprime bem as mudanças de estatuto que ocorreram.

Na França, o patronato francês é unificado. Apenas o MEDEF (Movimento das Empresas da França) existe,[3] pois a CGPME (Confederação Geral das Pequenas e Médias Empresas), que concerne às pequenas e médias empresas, é estreitamente associada a ele. Por ocasião das eleições *prud'homales*[4] de 2002, a chapa de Empregadores da Economia Social obteve 11,3% dos votos. Esse percentual deve ser lido como o resultado de uma forte mobilização desse segmento e de uma abs-

---

[3] Sendo o sindicalismo vetado aos banqueiros, a Associação Profissional dos Bancos (APB) é associada ao MEDEF.

[4] Trata-se de um tribunal paritário, eleito a cada 5 anos por assalariados e empregadores do setor privado, para julgar conflitos de trabalho (N.T.)

tenção elevada do setor puramente privado. O terceiro setor não é uma realidade negligenciável. Associações, cooperativas e organizações de ajuda mútua ocupam 2,6 milhões de assalariados (DEMOUSTIER, 2003) que, com uma intensidade variável, desenvolvem uma cultura da solidariedade e experimentam formas de gestão originais. Contudo, seu peso econômico e político permanece limitado e sua existência depende da economia global. Na última eleição presidencial francesa, não se escutou a voz do terceiro setor. Fragmentados, divididos e enfraquecidos, os sindicatos de assalariados viram sua influência se reduzir, como desde 1943 desejava Friedrich August von Hayek em *O caminho da servidão* (1945).

O vigor econômico da burguesia europeia não significa, evidentemente, a ausência de conflitos em seu interior. Uma rivalidade se desenvolve entre nações, entre burguesias nacionais e empresas multinacionais, entre subcontratadas e contratantes (BRUNHOFF, 2001). Contudo, a burguesia consegue conservar sua unidade, tanto no interior de cada país, quanto no da União Europeia. Na França, Nicolas Sarkozy conseguiu unificar diversas correntes de direita da UMP (União para um Movimento Popular) e ao participar da Universidade de verão de 2007, organizada pelo MEDEF, manifestou publicamente o acordo entre as expressões econômica e partidária da burguesia.

Fortalecida em sua potência econômica, a burguesia domina as instituições europeias tanto no plano dos mecanismos, quanto no plano dos homens. O parlamento europeu, onde a direita domina, tem poderes reduzidos: ele não pode aumentar as receitas que dependem de uma decisão interestatal. A comissão europeia, que não é submetida a nenhum controle democrático, comporta apenas homens ou mulheres designados por sua convicção liberal. Enquanto a CECA compreendia um comissário de origem sindical, tal disposição não existe mais desde 1957. As diretrizes europeias orientam-se, todas elas, conforme o Consenso de Washington. Progressivamente, a linha da mercantilização, da concorrência, da rentabilidade, venceu. Desse modo, os serviços públicos foram esvaziados de seu conteúdo coletivo. Subrepticiamente, a partir de 1990, as instâncias europeias passaram a intervir no domínio da energia, sem que o texto dos tratados as autorize a fazê-lo (SOULT, 2008, 60). A decisão tomada em 27 de abril de 1994 pelo juiz Almelo, da Corte de Justiça das Comunidades Europeias, estipula que "a eletricidade depende da definição geral de mercadorias", dando, assim, uma cobertura legal aos quatro anos de intervenção contrária ao Tratado de Roma. O funcionamento da UE é aceito dessa forma por todos aqueles que veem na construção europeia uma garantia de paz e de prosperidade. Uma parte do Partido Socialista (PS), da União Nacional dos Sindicatos Autônomos (UNSA), a Confederação Francesa

Democrática do Trabalho (CFDT) como um todo, sustentaram o tratado constitucional europeu em 2005, ao passo que ele convertia em dogma "a concorrência livre e não falsificada". Isso equivale ao domínio da burguesia sobre a "península da Ásia", conforme a fórmula de Paul Valéry para se referir à Europa (VALÉRY, 1931).

Enfim, as convicções burguesas sobre a economia, a sociedade, o Estado, exercem uma influência "imensamente dominante" (SÈVE, 2004, 11). A classe capitalista dispõe da imprensa escrita e da televisão. Silvio Berlusconi constitui a forma mais extrema da imbricação entre dinheiro e informação. Dividir, anestesiar, doutrinar, são os três eixos da comunicação contemporânea (MOURIAUX, 2007). As mensagens emitidas através da publicidade, dos jogos, dos comentários sobre a atualidade, impõem uma temática de extrema simplicidade. Como indica o capítulo VI do livro I de *O Capital*,[5] "aqui reinam sozinhos a Liberdade, Igualdade, Propriedade, Bentham".

A liberdade reclamada, proclamada e praticada corresponde aos interesses dos empreendedores, que não devem ser perturbados pelos direitos sociais, pela existência de serviços públicos "monopolistas", pela intervenção do Estado destinada a assegurar um mínimo de interesse geral. O *laisser-faire, laisser-passer*, caro a Jacques-Claude Marie Vincent Gournay, significa, antes de mais nada, que o patronato tenha as mãos livres na gestão da mão de obra. A flexibilização, a redução do direito de greve, a privatização, a mercantilização do máximo de bens, a limitação do Estado à manutenção da ordem e ao apoio às grandes forças econômicas[6] se referem a esse valor central, a liberdade, que tem em comum com o liberalismo o radical "líber", livre. Uma das primeiras definições do liberalismo foi dada por François Pierre Gonthier de Biran. Em seu diário de 1818, o filósofo conhecido como Maine de Biran o qualifica como "doutrina favorável ao desenvolvimento das liberdades". Que a nobreza da referência obscurece a exploração daqueles e daquelas que vendem sua força de trabalho, como desvendou o trabalho de Karl Marx, é algo completamente ocultado e o fracasso da URSS fornece a prova *contrária*.

Atacar a raposa livre no galinheiro, segundo a fórmula socialista do fim do século XIX, é considerado um ato que engendra necessariamente a pobreza e o terror.

---

5   Intitulado "Compra e venda da força de trabalho".

6   Amplificada por Friedrich Auguste von Hayek (1943), a recusa do Estado regulador e desenvolvimentista é anterior a isso, tal como indica o vocabulário. Colbertismo data de 1787, protecionismo de 1845, estatismo de 1880, antiestatismo de 1890, intervencionismo de 1897, dirigismo de 1930, planificação de 1935.

A supressão das fronteiras, a mobilidade do emprego entre empresas e entre nações são destacadas para advogar a modernidade do liberalismo, em oposição aos fixismos, aos localismos anteriores. A livre circulação de mercadorias e de capitais – que não é acompanhada pela livre circulação de homens provenientes dos países subdesenvolvidos – é vista como uma forma de transformar o planeta num vilarejo radiante. As contradições da realidade são utilizadas para convencer as populações europeias de que elas gozam de um destino pacífico e confortável, invejado pelos outros. A adversidade que as ameaça não é interna, mas provém da miséria externa e dos fanatismos arcaicos. *O choque das civilizações*, título de uma obra publicada por Samuel Huntington em 1996 e traduzida para o francês em 2000, é mencionado para estimular a adesão ao único regime que assegura(ria) o respeito aos direitos do homem, a prosperidade e um funcionamento democrático das instituições.

O segundo grande distintivo do liberalismo exerce igualmente uma atração considerável, a igualdade. O comprador encontra o vendedor no mercado, sem qualquer constrangimento, e a troca é feita à base de um equivalente geral que possui o mesmo valor para cada um dos envolvidos. A ficção é transportada para o mercado de trabalho, que supostamente funcionaria no âmbito de um contrato de trabalho livre e igual, embora na prática estabeleça uma subordinação. O discurso contemporâneo apaga a realidade. O contrato de trabalho aparece como uma associação na qual a lealdade e o investimento no sucesso da empreitada são requisitados. Se o desempregado perde seus direitos depois de recusar, por duas vezes, ofertas de emprego correspondentes a sua qualificação, isso é apresentado como se fosse de seu interesse. A igualdade não deve almejar o igualitarismo (1863). O social-democrata John Rawls prefere, em seu lugar, a busca da "equidade".

A República francesa se atribuiu a divisa "liberdade, igualdade, fraternidade". O terceiro termo é substituído, pelo liberalismo, por "propriedade". O voto censitário restringia a cidadania àqueles que dispunham de bens. No fundo, os pobres são sub-homens. O conselho de François Guizot "enriquecei!" permanece a palavra de ordem da burguesia. A política está a serviço da bolsa. O dinheiro assegura a liberdade e, com dotes iguais, todos têm a possibilidade de adquiri-la. Nicolas Sarkozy fundamentou sua campanha eleitoral de 2007 no slogan "trabalhar mais para ganhar mais".

A ideologia liberal baseia-se na concepção do *homo oeconomicus*, que é uma ficção muito bem desmontada por Toni Andréani (2000). Ela esbarra em uma dupla contradição que resulta da ocultação da exploração e da dimensão política do homem. De um lado, uma regulação é necessária e o *laisser-faire, laisser-passer* impede de pensá-la. Ora, como disse Emmanuel Kant, mesmo as sociedades de malfeitores possuem códigos. Em segundo lugar, a sociedade humana não se resume à soma das liberdades individuais. Ela comporta um bem comum que a coletividade deve assumir como seu encargo. O liberalismo se choca contra a existência necessária de serviços públicos. Léon Walras foi, sem dúvida, o primeiro economista que buscou integrar essa noção. No vocabulário da Comissão Europeia, serviço de interesse econômico geral vem substituir serviço público; serviço universal designa uma missão específica para as telecomunicações; ao passo que "missões de interesse geral" constitui uma expressão que relativiza o estatuto das empresas que delas se encarregam, já que tais missões podem ser assumidas pelo setor privado, conforme a concepção liberal que rege a prestação de serviços coletivos. Isso não apenas impede a primazia do indivíduo, mônada proprietária de si e de seus bens, impede toda visão da solidariedade, da sociabilidade humana. A dialética pela qual a individualização e a socialização se reforçam ao mesmo tempo é incompreendida. O coletivo é residual. Prova disso são as privatizações, por meio das quais o que é rentável é transferido aos agentes capitalistas e o que não é permanece nas mãos do Estado: a malha férrea no caso das ferrovias, a rede de distribuição no caso da energia.

Ao tríptico liberdade, igualdade, propriedade, Marx acrescentou Bentham, qualificado adiante como o "oráculo da inteligência burguesa vulgar".[7] O jurista inglês fundou a filosofia da utilidade. O utilitarismo que, no início do século XXI tem promotores como Jean-François Amadieu, considera que a única força que coloca os homens em relação é seu egoísmo, seus interesses individuais. O único "abre-te Sésamo" da sociedade: *no admittance except business*. O que quer dizer: aqui só são admitidos negócios. O pragmatismo completa o utilitarismo e, talvez, ocupe todo o lugar. A filosofia americana de William James e de Charles Sanders Peirce proclama que o verdadeiro é o que "funciona", o que se realiza. O pragmatismo combate toda ideia subversiva "utópica", toda forma de resistência "ideológica". Nicolas Sarkozy se vangloria de seu pragmatismo, o que lhe permite reconhecer a supremacia dos Estados Unidos no mundo, bem como da lei dos negócios na França.

A revolução conservadora inaugurada por Ronald Reagan repercutiu na Europa e suscitou o thatcherismo, o berlusconismo, o blairismo, o sarkozysmo. Os valores do liberalismo a serviço do Consenso de Washington, cotidianamente difundidos pelas mídias, penetraram as consciências. Embora colossais, as vantagens do capital não são

---

7   Cf. Karl Marx, *O Capital*, livro I, cap. XXIV, sessão 5, "O pretenso fundo do trabalho".

livres de contradições, que tão somente evocamos. Elas são concretamente vividas pelos assalariados, cuja condição se degradou e cuja coesão de grupo foi desfeita.

Os obstáculos à coesão antiliberal europeia

Diante dos objetivos comuns das burguesias da União Europeia, o mundo do trabalho carece de unidade, tanto ideológica quanto estratégica e organizacional. As resistências existem e não poderiam ser subestimadas. Contudo, elas esbarram em obstáculos próprios ao movimento operário, dos quais iremos analisar os principais.[8]

Primeiramente, o movimento operário não dispõe de um projeto alternativo à construção liberal da Europa. Evidentemente, existem fragmentos de contraproposições. Mas a esquerda não possui uma concepção articulada e compreensível de uma outra Europa. Os socialistas da pequena Europa de 1957 eram ligados à construção da CEE, garantia de paz e fortaleza contra a URSS. Eles aceitaram a deriva liberal de um federalismo que permanece estritamente interestatal. Os partidos comunistas da França e da Itália não souberam se revigorar depois do desaparecimento da União Soviética. O que existe de esquerda crítica no parlamento europeu se reuniu num grupo – a Esquerda Unitária Europeia/Esquerda Verde Nórdica (GUE-GVN) – cujo presidente, Francis Wurtz (2007), constata: "as novas ideias custam a emergir". Mais do que uma lítotes, a fórmula se aproxima de uma antífrase. A realidade exigiria dizer: a denúncia não consegue se concretizar em contraproposições que sejam mais do que palavras, moderações, remendos. Para evidenciar a veracidade do argumento, basta lembrar que a Confederação Europeia de Sindicatos (CES) conclamou o voto favorável ao Tratado pela Constituição Europeia (TCE) em 2005; que a direção da Confederação Geral do Trabalho (CGT) francesa tentou impedir a condenação do tratado; e que as forças que se opuseram a ele foram incapazes de construir um "plano" B após a vitória do "não" no referendo, um plano que pudesse dar um conteúdo positivo, institucional, à ideia de que uma outra Europa é possível.

Privado de um contraprojeto, a uma União Europeia intrinsicamente capitalista e liberal, o movimento operário europeu se vê confrontado a rivalidades nacionais. A

---

8 O sindicalismo alemão, o mais importante e poderoso da Europa, não foi capaz de barrar a redução da proteção social, nem a degradação da situação dos desempregados – isto quando ele não consentiu com essa situação. Num período de vinte anos, o poder de compra dos assalariados estagnou, enquanto a produtividade do trabalho explodiu, segundo uma enquete do Ministério do Trabalho alemão, publicada em setembro de 2007.

disputa entre o Uruguai e a Argentina acerca da implantação de uma fábrica de celulose oferece ao público sul-americano um exemplo do esgarçamento verificado no seio do Mercosul. No contexto da União Europeia, a concorrência entre os diversos salariados poupa os funcionários públicos, mas é vivida cotidianamente na indústria, no comércio, nos serviços. Em 1992, a deslocalização de Hoover, fábrica implantada em Dijon, rumo à Escócia suscitou uma emoção considerável, pois a decisão mostrava que o espaço europeu não era destinado a promover um "modelo social" que o discurso social colocava em evidência, mas sim a maximização do lucro. Longe de impedir a técnica que consiste em despir um santo para vestir outro, os sindicatos dos países que acolhem as empresas deslocalizadas aceitam a transferência, já que se beneficiam dela no curto prazo.

A rivalidade também aparece nos investimentos. Para facilitar a indicação de Paris como sede dos Jogos Olímpicos, a CGT francesa declarou que, "conforme a tradição sindical", não dificultaria os trabalhos necessários a sua preparação. Esse engajamento não exprime uma consciência de classe muito elevada e dá testemunho de uma ignorância da história. A CGT vivenciou greves na construção civil durante os trabalhos de infraestrutura dos Jogos Olímpicos de Inverno realizados em Grenoble em 1967, e greves na SNCF no próprio dia de abertura daqueles jogos.

As demissões nas multinacionais exacerbam as disputas entre o proletariado de diferentes países. O fechamento da planta de Vilvoorde em 1997 desembocou numa europeização da luta favorecida pelas inabilidades da própria Renault. Tal europeização foi facilitada por seu caráter defensivo, uma vez que a demanda sindical era a obtenção de um plano social[9] e não a manutenção da planta, o que poderia provocar, por ricochete, demissões em outras unidades (LEFEBURE, 1999). No início do ano 2007, a crise da Airbus provocou demissões, maiores na França do que na Alemanha. A federação metalúrgica da Força Operária (FO) não somente denunciou a desigualdade de tratamento, como também acusou os engenheiros alemães de serem responsáveis pelos erros de condutores elétricos do modelo *A 380*. O sindicalismo europeu não dispõe de regras internas, nem de instância de arbitragem, para tratar dos problemas provocados pela concorrência entre os diferentes salariados.

A Confederação Europeia de Sindicatos, que existe desde 1973, consolidou suas estruturas em quatro direções. No nível interprofissional, a central se expandiu

---

9   A legislação francesa prevê que as empresas que promovem demissões coletivas por motivo econômico devem negociar com o Estado e os sindicatos condições para preservar empregos ou para recolocar os trabalhadores ameaçados de demissão. (N.T.)

com a ampliação da Comunidade. Ela incluiu membros da Associação Europeia de Livre Troca e os candidatos à União Europeia. Ela adquiriu uma certa capacidade de negociação (celebrando seis acordos que enquadram seus signatários em algumas normas trabalhistas de caráter uniforme). Doze federações asseguraram uma convergência profissional. Comitês sindicais inter-regionais (de início, interfronteiriços) tratam de problemas relativos ao mercado de trabalho de dois ou três países. Enfim, os comitês de empresa europeus, a despeito de seus pequenos poderes, favoreceram a cooperação intersindical.

Embora incontestáveis, a representatividade e a capacidade organizativa da Confederação Europeia de Sindicatos não foram, infelizmente, colocadas a serviço de uma estratégia de transformação da União Europeia. Lembramos anteriormente a aprovação do Tratado pela Constituição Europeia que, longe de ser uma decisão isolada, inscreve-se numa tradição de alinhamento em relação às orientações da comissão. A aceitação do liberalismo econômico constitui uma deficiência para o conjunto confederal e para seus membros. O sucessor do secretário geral Emilio Gabaglio, John Monks, percebeu no "não" francês e holandês, bem como nas apreensões britânicas e alemãs, a contestação popular face a uma construção europeia qualificada de tecnocrata, para não dizer antissocial. Ele participou da grande manifestação anti-CPE em Paris. O 11º Congresso de Sevilha, em junho de 2007, exprimiu as inquietudes perante a desindicalização e a precarização, bem como evidenciou a oposição entre sindicatos do Sul, muito favoráveis ao minitratado europeu, e os do norte, mais reservados. As reivindicações acerca da proteção social se enfraqueceram, mesmo que outras formulações, como a que se opõe à diretriz Bolkestein, relativa à liberalização dos serviços, ou a que propõe o reconhecimento de um núcleo social na Constituição sejam coroadas pelo convite à "passagem à ofensiva".

Ao fim e ao cabo, Corinne Gobin, excelente especialista no sindicalismo europeu, percebe um enfraquecimento geral, estimulado pela ampliação da União Europeia. "O léxico mais reivindicativo não passa de retórica" (GOBIN, 2007). A Confederação Europeia de Sindicatos não busca unir, dinamizar os movimentos sociais. Sua convocação para a manifestação diante do Conselho Europeu em Bruxelas, em 21 de junho de 2007, em defesa da carta dos direitos fundamentais, confirma e ilustra a propensão de encerrar o sindicalismo europeu no plano institucional.

Um caso exemplar: as lutas francesas

Nem federação, nem confederação, a UE é uma união de Estados que se impõe uma grande integração econômica, conformando uma realidade *sui generis*, segundo Amadeus Lopez Sabino, *expert* jurídico no Conselho das comunidades europeias (MEHEUT, 1994). A construção da UE afeta a França, talvez mais do que todas as outras nações do continente, por três razões interligadas.

Em primeiro lugar, a França representa um dos exemplos mais bem acabados de Estado-nação que a Europa "fratura", devido à implantação de normas supranacionais e ao apoio às regiões (BURGI, 1994). Essa constatação não significa retomar o discurso antijacobino que confunde Robespierre e Napoleão. O primeiro jacobinismo se opôs ao centralismo autoritário. A Constituição de 1793 previa a instalação de assembleias primárias departamentais, com poderes ampliados. Quaisquer que sejam as contratendências e as diversidades internas existentes – não esqueçamos que a Alsácia-Moselle permanece concordatária[10] – a forma que prevaleceu é aquela do Estado-nação, cuja soberania é diminuída pelos tratados europeus.

Em segundo lugar, a França estabelecera um amplo setor público após a Liberação, baseado nas concepções jurídicas de Léon Duguit e Antoine Carré de Malberg. A política de privatização impulsionada por Bruxelas transforma profundamente a configuração da formação social francesa. Enfim, depois de ter beneficiado a agricultura, a Europa não oferece mais nem ajuda, nem sustento à economia francesa. Muito pelo contrário, a ampliação da Europa vem acompanhada pelo *dumping social*, o euro forte debilita as exportações. Com relação a isso, Nicolas Sarkozy é pego em uma contradição, posto que ele promove um tratado constitucional "reduzido" que reconhece a lógica do TCE, ao mesmo tempo em que reclama uma preferência comunitária e um euro modesto, o que nem Angela Merkel, nem Jean-Claude Trichet pretendem levar em conta.

Sem desembocar em um nacionalismo proletário que se manifestou ao longo de sua história, é legítimo reconhecer a combatividade do movimento operário francês, estimulado pela intensidade dos ataques que atingem o seu "modelo social". Isso explica a posição de ponta verificada em 1995, 2003, 2005 e 2006. Mas o vigor da "France

---

10 A lei que estabelece a separação entre Igreja e Estado, que data de 1905, não se aplica a essa região que, entre 1871 e 1918, encontrava-se sob domínio alemão. Desse modo, as religiões praticadas (católica, protestante, judaica) gozam de um estatuto público, e seus representantes são remunerados pelo Estado. Mesmo os bispos de Estrasburgo e Metz são, ainda hoje, nomeados pelo chefe de Estado. (N.T.)

en révolte" (KOUVELAKIS, 2007), conforme a expressão de Stathis Kouvelakis, não impede que os sucessos parciais sejam seguidos por reveses mais graves e, finalmente, pelo sucesso do neoconservadorismo de Sarkozy. Três grandes fatores contribuem para esvaziar a dinâmica das lutas antiliberais.

As batalhas que são conduzidas no plano da sociedade civil não encontram correspondência na esfera política. Tal descolamento apareceu em 1995, quando a esquerda partidária observou um silêncio ensurdecedor, enquanto os membros do Partido Socialista se posicionavam abertamente contra um movimento qualificado de corporativista, e favoravelmente à reforma Juppé, considerada necessária e pertinente.[11] Em seu conjunto, o PS apoia a dita economia de mercado, ocultando que ela é oligopolista, e mesmo cartelizada, em zonas regionais, e estruturada por relações estatais, que orientam as trocas entre essas zonas (EUA, China, UE etc). Sacudido por suas guinadas de reestalinização e por aberturas aventureiras, pelo sectarismo antissocialista e pelo oportunismo eleitoral, o PCF perdeu mais de três quartos de seu eleitorado e sua capacidade de exercer a "função de tribuno" que era seu atributo.

A campanha presidencial de 2007 mostrou a incapacidade da esquerda de superar os interesses dos aparelhos. Cinco candidatos disputaram os decepcionados com o socialismo: Marie-Georges Buffet (PCF), Olivier Besancenot (LCR), Arlette Laguiller (LO), Gérard Schivardi (PT), José Bové (coletivos antiliberais). Os dias que se seguiram ao desastre anunciado confirmaram as resistências a todo processo de aproximação. O PCF, cujo fracionamento interno aumenta, permanece assombrado por sua grandeza passada. A LCR, igualmente dividida, pretende, em sua maioria, se apresentar como a única força da esquerda radical. LO e PT cultivam seu isolamento. Desorientados, os coletivos buscam uns aos outros e uma parte deles conclama a criação de uma *Die Linke*[12] à francesa, sem aprofundar a reflexão sobre as condições a reunir e sobre as etapas a vislumbrar. A ausência de um polo crítico unido e coerente abandona o PS à sua vertente liberal. A ofensiva de Sarkozy contra as 35 horas, a greve nos setores públicos, os imigrantes, a implantação de franquias médicas na seguridade

---

11 O autor faz referência às greves dos funcionários públicos de novembro/dezembro de 1995, contra a reforma do sistema de aposentadoria pretendida pelo governo de Alain Juppé. (N.T.)

12 Partido socialista democrático alemão que ocupa a presidência do Partido da Esquerda Europeia (PEE). (N.T.)

social,[13] os ataques ao estatuto dos funcionários públicos, ao estatuto público da GDF, o projeto de fusão da ANPE-UNEDIC,[14] não encontram nenhum obstáculo sério no plano político. As dificuldades do governo vêm de outra parte, do crescimento interno fraco, da conjuntura internacional desfavorável.

As "vitórias desfeitas" do movimento social na França provêm, em segundo lugar, de seu fracionamento. A multiplicidade contemporânea traduz a riqueza e a diversificação da sociedade, como se pode ver abaixo:

Tabela das principais organizações – sindicatos, associações – dos movimentos sociais na França (2007)

EXPRESSÃO DE GRUPOS SOCIAIS	
Assalariados	CGT, CFDT, FO, CFTC, CFE-CGC, UNSA, FSU, USS, CNT
Advogados	SAF
Juízes	SM
Médicos	SMG, UCMSF, USP
Agricultores	CP, MODEF
Estudantes	UNEF, CE
Desempregados	AC!, APEIS, CC-CGT, MNCP
Imigrantes, Sem documentos	GISTI, Migreurop, FASTI, Cimade
Temáticas Transversais	
Feminismo	CADAC, Ruptures, MLF
Altermundialismo	ATTAC
Ecologia	CSCV, Amis de la Terre
Família	CSF, MPF

---

13 Afirmando ser necessário responsabilizar os pacientes pelo sistema de saúde pública, a fim de reduzir as despesas e encontrar novas formas de financiamento, o governo pretendia condicionar a utilização dos serviços ao pagamento de uma franquia, alegando que todo tipo de seguro funciona dessa forma. As franquias foram instituídas em 1 de janeiro de 2008. (N.T.)

14 Trata-se de uma tentativa de fundir dois organismos: a Associação Nacional para o Emprego, responsável pela recolocação dos desempregados no mercado de trabalho, e a União Nacional Interprofissional para o Emprego na Indústria e no Comércio, encarregada de gerir o seguro-desemprego. Os sindicatos temem que a fusão, além de provocar a redução de postos de trabalho, pressione os desempregados a aceitar qualquer emprego, já que, desde 2001, a concessão do seguro-desemprego é condicionada a uma série de procedimentos destinados a (re)qualificar o desempregado e a assegurar seu engajamento "efetivo" na busca de uma nova colocação. (N.T.)

Marxismo: Teoria, História e Política

Direitos humanos	LDH, MRAP
Movimento gay	Acadie, FHAR
Antifascismo	Ras le Front
Movimento anticonsumo e antipublicidade	RAP, Paysage de France, Ethique sur étiquette
Crítica da informação	ACRIMED
Defesa dos serviços públicos	CNCDDSP
Problemas específicos	
Moradia	DAL, DD!, CDSL
Ação anti-Aids	Act-up
Clubes de pensamento	
Reflexão e formação	Copernic, OMOS, Raison d'agir, Universités populaires
Editores	Syllepse, Le Croquant*

* Os leitores se surpreenderão com a ausência do regionalismo. Sua vitalidade declinou em razão das reformas implementadas após a lei Deferre, de 1982. O reforço dos poderes locais levou à formação de feudos e à própria concorrência entre territórios, desarmando muitas reivindicações em torno de questões regionais, jogando uma sombra sobre a descentralização e estimulando a solidariedade nacional.

Diante de um problema particular, convergências se verificam, mas elas não são jamais completas, nem duráveis. Em 23 de setembro de 2007, cerca de quarenta organizações convocaram uma manifestação contra as franquias médicas. A CGT não se associou a elas. A greve de 18 de outubro do mesmo ano envolveu somente algumas empresas, como a RATP, a SNCF, a EDF-GDT, os professores, mas não outros funcionários públicos. A convergência nacional dos coletivos de defesa e de desenvolvimento dos serviços públicos conseguiu reunir lutas locais contra o abandono de certas regiões pelo Estado,[15] mas não conseguiu fazer o que a CGT deveria assumir, isto é, a coordenação dos combates setoriais, de transportes, energia, saúde, educação, que ataquem a política de privatização, a mercantilização dos serviços públicos.

A segmentação das "lutas antiliberais" representa o segundo grande freio às lutas francesas. O "cada um por si", combatido pelo "todos juntos", se impõe cada vez mais facilmente, à medida que o patronato e os poderes públicos se esforçam para multiplicar os tipos de contrato e para individualizar a gestão dos assalariados. A oposição

---

15 Muitos serviços públicos deixaram de ser prestados em certas cidades porque considerados "deficitários", devido ao pequeno número de usuários. (N.T.)

entre o privado e o público é um clássico do discurso divisor e a separação entre as funções públicas (do Estado, das coletividades territoriais, hospitalar),[16] o alfa e o ômega das políticas públicas. A convergência nacional dos coletivos de defesa e de desenvolvimento dos serviços públicos consegue mobilizar amplamente no plano local, mas fragilmente no plano nacional. A jornada do dia 29 de setembro de 2007 contra as franquias médicas reuniu, segundo o *l'Humanité*, entre 20 mil e 30 mil participantes. O movimento anti-CPE mostrou,[17] em 2006, potencialidades de agregação, mas também seus limites posto que os jovens da universidade (ignorados por aqueles das grandes escolas) não tentaram, de maneira significativa, se juntar àqueles das periferias que, por sua vez, haviam se insurgido contra Nicolas Sarkozy[18] no outono de 2005 (COLLECTIF 4BIS, 2007). A CFDT se associou a esse movimento contrariada, como forma de proteger sua pequena confederação estudantil e suas oportunidades perante os jovens assalariados. "O primeiro que sai, está morto?" Após a retirada do projeto, a CFDT mais do que depressa retomou sua posição de diálogo. "Com a retirada do CPE, negociemos enfim reformas justas" (JOUAN, 2006). "É, em todo caso, com essa vontade sempre reiterada pela CFDT de dar um papel central à negociação que nós abordamos a fase de concertação que vai se abrir". Entre os dois turnos da eleição presidencial de 2007, a CFDT recusou-se a "entrar em uma prática de mobilização contra tal ou qual candidato" e a qualquer evocação de um "terceiro turno social" (SYNDICALISME HEBDO, 2007). Em face da ofensiva de Sarkozy, a central se contenta em deplorar a pressão exagerada do presidente, a contestar o calendário (CHEREQUE, 2007). Basta dizer que a escolha estratégica desta que é uma das primeiras centrais sindicais francesas incide fortemente sobre a conjuntura social e contribui para desarticular o movimento social.

---

16 Os funcionários públicos possuem diferentes estatutos, conforme o âmbito do aparelho de Estado em que atuam. A função pública do Estado compreende o conjunto dos agentes do poder central, enquanto a função pública territorial diz respeito às coletividades territoriais (região, departamento ou comuna), ao passo que a função pública hospitalar se refere aos funcionários dos hospitais públicos. (N.T.)

17 O autor faz referência ao projeto que pretendia implementar o contrato de primeiro emprego (CPE), segundo o qual os menores de 26 anos poderiam ser contratados em condições que tornavam letra morta o contrato de duração indeterminada, ao estabelecer um período de experiência de dois anos durante o qual o contrato poderia ser rompido sem qualquer justificativa. (N.T.)

18 O autor faz referência às manifestações que atingiram principalmente a periferia de Paris, após a morte de dois jovens perseguidos pela polícia. (N.T.)

Observações Finais

No Curto Prazo, A Perspectiva Mais Provável É A De Um Novo Avanço Do Liberalismo Na Europa. A Abrangência Das Contrarreformas Pretendidas Por Nicolas Sarkozy Não Deixa De Repercutir Sobre O Estado Da Correlação De Forças No Âmbito Da Ue. Na Grã-Bretanha, Gordon Brown Doura Um Pouco O Brasão Do Partido Trabalhista, Dando-Lhe O Tempo De Um Breve Estado De Graça. Na Itália, O *Partito Della Rifondazione Comunista* Reencontra A Política Da Centro Esquerda. O *Die Linke* Na Alemanha Enfrenta Suas Primeiras Dificuldades Com Seus Apelos À Moderação.

A Amplitude Das Contradições Que Atravessam O Capitalismo Do Século Xxi Não Protege Os Dirigentes De Surpresas. A Rejeição Da Lógica Mercantil Permanece Forte, Notadamente Na França. O Movimento Social Avança Muito Melhor Quando Os Desafios Ideológicos, Programáticos E Estratégicos São Respondidos. Uma Convergência Europeia Mais Intensa Se Mostra Necessária, Ligada Aos Combates Nos Outros Continentes (Dreano, 2004).

Bibliografia

ANDREANI, Toni. *Un Être De Raison. Critique De L'Homo Oeconomicus*. Paris: Syllepse, 2000.

BRUNHOFF, Suzanne De Et Al. *Bourgeoisie: État D'une Classe Dominante*. Paris: Syllepse, Col. Séminaire Marxiste. Enjeux Contemporains, 2001.

BURGI, Noëlle. *Fractures De L'etat-Nation*. Paris: Kimé, 1994.

CHEREQUE, François. "Pas De Réformes Cohérentes Sans Un Agenda Social Clair". *Syndicalisme Hebdo*, n. 3138, 27 set. 2007.

COLLECTIF 4BIS. "Le CPE est mort...pas la précarité". *Retour sur le printemps 2006*. Paris: Syllepse, 2007, p. 172-173.

DEMOUSTIER, Danièle. *L'économie sociale et solidaire*. 2ᵉ ed. Paris: La Découverte, 2003.

DREANO, Bernard. "Les mouvements sociaux face au défi européen". *Mondialisation des résistances. L'état des luttes*. Paris: Syllepse, 2004, p. 180-182.

Durand, Pascal (org.). *Les nouveaux mots du pouvoir*. Bruxelas: Aden, 2007. Abécédaire critique.

Gobin, Corinne. "Un œil sur l'Europe". *Rouge*. 7 de junho de 2007.

Hayek, Friedrich August von. *La Route de la servitude*. Paris, 1993 (Librairie de Médicis, 1945).

Jouan, Rémi. "Le CPE retiré, négocions enfin des réformes justes". *Syndicalisme Hebdo,* n. 3071, 13 de abril de 2006.

Kouvelakis, Stathis. *La France en révolte. Luttes sociales et cycles politiques*. Paris: Textuel, 2007.

Lagneau, Eric; Lefebure, Pierre. *La spirale de Vilvoorde. Médiatisation et politisation de la protestation*. Paris: Cahiers du CEVIPOF, 1999.

Meheut, Martine (org.). *Le fédéralisme est-il pensable pour une Europe prochaine?*. Paris: Kimé, 1994.

Mouriaux, René. "Pierre Bourdieu, entre gourou et repoussoir, un sociologue critique". *Liaisons*, agosto 2007, n. 26, p. 25-31.

_____. "La politisation. Le mot, la chose et ses dimensions contemporaines". *Congrès Marx International V*, Nanterre, 2007.

Pinçon, Michel; Pinçon-Charlot, Monique. "Sécurité, sérénité et courtoisie". *L'Humanité*, 13 de agosto 2007.

Sève, Lucien. *Penser avec Marx aujourd'hui. I. Marx et nous*. Paris: La Dispute, 2004.

Soult, François. *EDF. Chronique d'un désastre inéluctable*. Paris: Calmann-Levy, 2008.

Syndicalisme Hebdo. *Revue de presse. Entre les deux tours, François Chérèque rappelle l'autonomie de la CFDT*, n. 3121, 4 de maio de 2007.

Valery, Paul. *Regards sur le monde actuel*. Paris: Librairie Stock, Delamain et Boutelleau, 1931.

Wurtz, Francis. "Les nouvelles idées peinent à émerger". *L'Humanité*, 21 de setembro de 2007.

Teoria e prática das guerras camponesas no marxismo do século XXI[1]

Víctor O. Martín Martín[2]

O livro de Engels *A guerra camponesa na Alemanha* foi publicado pela primeira vez em 1850 nos números 5 e 6 de *A Nova Gazeta do Reno*, dirigida por Karl Marx. Vinte anos depois, no prefácio da segunda edição de 1870, Engels lembrava os paralelismos entre a revolução alemã de 1525 e a revolução de 1848. Contudo, este escrevia que as diferenças entre essas revoluções eram claras e patentes:

> Quem tirou proveito da revolução de 1525? Os príncipes. Quem tirou proveito da revolução de 1848? Os grandes soberanos, Áustria e Prússia. Por trás dos pequenos príncipes de 1525 estavam os pequenos vizinhos da cidade, aos quais aqueles estavam presos pelos impostos; por trás dos grandes soberanos de 1850, por trás da Áustria e da Prússia está, submetendo-se rapidamente por meio da dívida pública, a grande burguesia moderna. E por trás da grande burguesia está o proletariado (ENGELS, 1870, 1977, 620).

Duas épocas distintas: em 1525 a burguesia iniciava sua revolução (defensiva estratégica), em 1848 essa mesma classe percorria vitoriosa a compartimentada Alemanha da época (ofensiva estratégica). Em 1525, os exércitos de ideologia

---

[1] Trabalho apresentando no *5º Colóquio Marx Engels*, em sessão de comunicações do grupo temático "Socialismo no século XXI".
[2] Professor Titular do Departamento de Geografia da Universidade de La Laguna, Ilhas Canárias, Espanha.

igualitária comandados por Thomas Münzer queriam desfazer-se da servidão feudal, em 1848 a burguesia revolucionária tinha que aceitar essa reivindicação do campesinato semifeudal que na Alemanha estava localizado, fundamentalmente a leste do Elba. Porém, em 1848 também se publica o *Manifesto do Partido Comunista* de Marx e Engels, e o partido dos proletários começa a ser a principal ameaça da nascente burguesia conciliadora alemã. Desde então, os pais do socialismo científico não deixaram de se preocupar com a compreensão correta do campesinato, e os primeiros esboços e proposições sobre a renda da terra (renda pré-capitalista), as relações sociais no campo (relações semifeudais), a estrutura da propriedade da terra (dicotomia latifúndio/minifúndio) e, relacionado a tudo isso, as causas de permanência de grandes massas da população camponesa (pequenos camponeses e camponeses sem terra) em uma Europa ocidental tida como eminentemente capitalista fizeram parte do acervo de pesquisa do marxismo clássico.

Neste início do século XXI mais da metade da população do planeta vive no campo. É possível afirmar que o marxismo está se dedicando à análise científica e à solução prática do "problema camponês" no século XXI da mesma forma que Engels indicava no final do século XIX?

> Este partido, que sobre todos os demais tem a vantagem de ter uma visão clara da relação existente entre as causas econômicas e os efeitos políticos e que, por esta razão, há muito tempo descobriu o lobo que se esconde debaixo da pele de cordeiro do grande latifundiário disfarçado de amigo inoportuno dos camponeses, vai deixar tranquilamente o camponês, condenado à ruína, nas mãos de seus falsos protetores, até se converter de adversário passivo em adversário ativo dos operários industriais? Com isto, entramos em cheio no problema camponês (ENGELS, 1894a, 1978, 421).

Marx disse que na Alemanha de meados do século XIX deveria reeditar-se a guerra camponesa da Alemanha do XVI;[3] então nos perguntamos: deveriam reeditar-se no mundo do século XXI a guerra camponesa da Alemanha do século XVI?

O objetivo deste trabalho é o de indagar os antecedentes, o desenvolvimento e a situação atual do pensamento marxista clássico sobre a relação entre a questão agrária,

---

3 "Na Alemanha tudo dependerá da possibilidade de apoiar a revolução proletária com uma segunda edição da guerra camponesa. Então tudo irá bem..." (MARX, 1856).

o problema camponês e as guerras camponesas mediante três diferentes – mas, inter-relacionadas – perspectivas: explicação da natureza econômica e de classe (renda pré--capitalista da terra e do campesinato), evolução da compreensão teórica da revolução proletária mundial em relação à guerra camponesa (esboço do problema camponês e lugar que ocupa na defensiva, equilíbrio e ofensiva estratégica) e atualidade do pensamento marxista no que diz respeito à relação entre a revolução proletária mundial e a guerra camponesa (capitalismo burocrático, semifeudalidade e imperialismo).

1. Da Alemanha do século XIX ao terceiro mundo do século XXI

O interesse de Marx e Engels pela Alemanha rural da segunda metade do século XIX não foi casual:

> Em todas as partes onde predomina a propriedade média e a grande, a classe mais numerosa do campo está integrada por trabalhadores agrícolas. Esse é o caso de todo o Norte e Leste da Alemanha, e é nesse grupo onde os operários industriais da cidade encontram seu aliado mais natural e mais numeroso.
>
> A Prússia continuava sendo um *Estado semifeudal,* enquanto o bonapartismo é em todo caso uma forma moderada de Estado que pressupõe a eliminação do feudalismo. A Prússia deve, portanto, decidir-se terminar com seus numerosos *vestígios de feudalismo* e sacrificar seus junkers como tais.

Desta forma, à Prússia coube o peculiar destino de culminar no final deste século, e na forma agradável de bonapartismo, sua *revolução burguesa* que começou em 1808-1813 e que deu um passo adiante em 1848. E se tudo caminhar bem, se o mundo permanecer quieto e tranquilo e nós chegarmos à velhice, talvez em 1900 vejamos que o governo prussiano acabou realmente com todas as instituições feudais e que a Prússia enfim consegue alcançar a situação em que a França se encontrava em 1792 (ENGELS, 1874, 1977, 626 e 629; grifos nossos).

Naqueles anos dois fatos de singular importância coincidem com o tema de que tratamos:

a) Engels estava referindo-se ao problema camponês, à questão agrária na Alemanha, o país mais revolucionário do seu tempo.
b) No final do século XIX o imperialismo, como fase superior e última do capitalismo, tinha iniciado sua marcha, envolvendo em seus assuntos a todos os povos e civilizações do planeta.

Dois fatos, um de caráter nacional e outro de caráter mundial. Para a Alemanha, Engels indicava que na subsistência da semisservidão (semifeudalidade) a leste do Elba encontrava-se "o aliado mais natural e numeroso" do proletariado: os pequenos camponeses e os camponeses sem terra. Porém com as primeiras décadas do século XX, a Alemanha alça-se à via prussiana para o capitalismo e a semifeudalidade, o problema camponês, desaparece.[4] Para o mundo, o desenvolvimento do imperialismo encerrava a época das revoluções burguesas, deixando pendente o problema da democratização da terra nos países, semicolônias e colônias que não tinham iniciado ou não tinham concluído as revoluções burguesas. Desde então, o problema camponês converteu-se em uma das questões chave que a maioria dos povos do mundo deveria resolver para ocupar seu lugar real no caminho do progresso da humanidade.

O número de camponeses no mundo atual supera a metade da população do planeta. Nunca antes na história do homem houve tal número de camponeses sobre a terra. E, principalmente, semelhante número de camponeses pobres (pequenos camponeses e camponeses sem terra). Milhões desses camponeses já estão lutando (tanto com meios pacíficos como através da luta armada) para conseguir o acesso à terra (México, Bolívia, Guatemala, Brasil, Paraguai, Peru, Colômbia, Venezuela, Uruguai, Argentina, Chile, Nepal, Índia, Filipinas, China, África do Sul, Namíbia, Malawi...) e há tentativas de controlá-los por mecanismos que vão da repressão constante por parte das forças conservadoras até a extensão de medidas parciais de caráter reformista.

Hoje são poucos os lugares do planeta na situação da Alemanha a oeste do Elba (capitalista convertida em nação imperialista), e a situação do campesinato na Alemanha do leste do Elba será estendida à maioria dos países do mundo (a semifeudalidade que os converte em nações oprimidas). A questão agrária, o problema do campesinato, antes local, passou a ser global.

---

[4] Por volta de 1908, Lênin assinalava a aplicação da teoria de Marx às condições específicas de cada país (LÊNIN, 1975b, 229): "Os social-democratas alemães, por exemplo, renunciaram logicamente a todos os velhos programas de Marx que exigiam a nacionalização da terra, já que a Alemanha consolidou-se definitivamente como país burguês de tipo junker".

2. Do esboço da "Questão Agrária" por Marx e Engels aos conceitos chave do marxismo atual: semifeudalidade, capitalismo burocrático e imperialismo

A preocupação pela caracterização das classes sociais em pugna e, dentro destas, a importância que o campesinato podia ter na luta a favor ou contra no novo sistema econômico chamou logo a atenção de Marx e Engels.

O interesse de Marx pela explicação teórica da natureza da renda da terra foi assinalado por Engels com relação à atenção que aquele estava dando à reforma russa de 1861:

> Marx tinha empreendido na década de 70 estudos especiais completamente novos sobre este setor da renda do solo. Havia passado vários anos estudando e resumindo na sua língua materna os dados estatísticos indispensáveis sobre a 'reforma' de 1861 na Rússia e outras publicações sobre a propriedade territorial que lhe foram fornecidas do modo mais completo desejável por alguns amigos russos e que se propunham a contribuir elaborando novamente esta seção. Dada a variedade de formas que se apresentam na Rússia, tanto a propriedade da terra como a exploração do produtor rural, a Rússia deveria desempenhar, na seção sobre a renda do solo, o mesmo papel que no livro I, ao tratar do trabalho assalariado industrial, desempenha a Inglaterra. Infelizmente, Marx não conseguiu executar este plano (Engels, 1978, 11-12).

Assim, a Rússia daria o exemplo empírico para explicar a teoria geral da renda do solo, da mesma forma que a Inglaterra o havia dado para explicar a teoria geral do trabalho assalariado.

Continuando com a trajetória iniciada por Marx, Engels, em 1894, escrevia:

> Os partidos burgueses e reacionários admiram-se extraordinariamente de que, de repente, os socialistas [comunistas] coloquem agora e em todos os lugares na ordem do dia o problema camponês. Na realidade, deveriam espantar-se de que isto não tenha já sido feito há muito tempo. Da Irlanda à Sicília, da Andaluzia até a Rússia e Bulgária, o camponês é um elemento essencial da população, da produção e do poder político (Engels, 1978, 420).

Neste mesmo artigo, Engels destacava a importância da semisservidão na Alemanha no final do século XIX:

> A semisservidão em que de fato se mantém os trabalhadores agrícolas do leste do Elba é a base principal na qual está assentada a dominação dos junkers na Prússia e, portanto, a base fundamental na qual repousa a supremacia prussiana típica na Alemanha. São os junkers do leste do Elba, mergulhados cada vez mais em dívidas, cada vez mais empobrecidos entregues ao parasitismo, à custa do Estado e dos particulares, e que por isso mesmo se agarram com tanta força à dominação, os que criaram e mantém o caráter especificamente prussiano da burocracia e da oficialidade do exército [...]. O poder desses junkers descansa no fato de disporem da propriedade do solo no território fechado das sete províncias da antiga Prússia – ou seja, em aproximadamente um terço de todo o território do império –, propriedade do solo, que aqui incorpora o poder social e político, não só da propriedade territorial, mas também por meio das fábricas de açúcar de beterraba e das destilarias de cachaça, das indústrias mais importantes deste território (ENGELS, 1978, 439-440).

Aqui já estava esboçada a importância que a semisservidão ainda tinha na caracterização da formação social da Alemanha do século XIX. Nessa época, concomitantemente à publicação do citado artigo de Engels, na Rússia czarista, Lênin publica *Conteúdo econômico do populismo e sua crítica no livro do Sr. Struve*, no qual retoma e aprofunda os estudos sobre o problema camponês e da renda da terra que Marx não tinha conseguido concluir. Este livro serviu de guia, como o próprio Lênin reconheceria anos depois, para sua obra *O desenvolvimento do capitalismo na Rússia*, publicada em 1899. Nela expõe-se o caminho através do qual a Rússia estava se transformando em um país capitalista: o caminho prussiano, latifundiário ou junker. No campo russo, Lênin explica a convivência da nova agricultura capitalista com o velho sistema de pagamento em trabalho (semisservidão). A importância do movimento camponês na revolução russa de 1905 levou Lênin a enfatizar ainda mais as sobrevivências semifeudais na evolução do capitalismo russo:

> O que deu origem a este programa equivocado não foi o "temor" à revolução agrária camponesa, senão a superestimação do grau de desenvolvimento na agricultura russa. Os restos do regime de semisservidão

> pareciam-nos então, um pequeno detalhe, e a economia capitalista na terra em parcelas e na dos latifundiários nos parecia um fenômeno completamente maduro e consolidado. A revolução acusou esse erro. Confirmou a direção do desenvolvimento por nós definido. A análise marxista de classes da sociedade foi confirmada de um modo tão brilhante por todo decorrer dos acontecimentos em geral, e pelas primeiras duas Dumas, particularmente, que o socialismo não marxista ficou definitivamente desautorizado. Mas, os restos do regime de servidão no campo acabaram sendo muito mais fortes do que pensávamos; dando origem a um movimento nacional dos camponeses e fazendo deste movimento a pedra fundamental de toda a revolução burguesa (LÊNIN, 1975b, 84).

Esse capitalismo russo que tinha optado pela via prussiana, desenvolvia-se, portanto, como um capitalismo atrasado, unido por laços sem fim com os restos do regime da servidão. Não só a Rússia tinha tomado o caminho junker para o desenvolvimento capitalista, também numerosos países da Europa e da América Latina, alguns poucos da Ásia e da África o estavam fazendo. Na China, retomando as contribuições de Marx, Engels e Lênin, Mao Tsé-tung explica a sociedade chinesa contemporânea sob o prisma do conceito marxista e denomina esse capitalismo atrasado e unido aos grandes proprietários da terra e ao imperialismo, como capitalismo burocrático. A generalização do termo "capitalismo burocrático" feita por Mao Tsé-tung na China ao resto dos países do mundo que não culminaram a revolução burguesa, e que, portanto, transferem para a era das revoluções proletárias a solução do problema camponês, é feita em 1989 por Guzmán como o atual herdeiro das teorias de Marx, Engels, Lênin e Mao Tse-tung. Guzmán define o capitalismo burocrático da seguinte forma:

> Sobre uma base semifeudal e sob um domínio imperialista, desenvolve-se um capitalismo, um capitalismo tardio, um capitalismo que nasce amarrado a semifeudalidade e submetido ao domínio imperialista... O capitalismo burocrático desenvolve-se ligado aos grandes capitais monopolistas que controlam a economia do país, capitais formados [...] pelos grandes capitais dos grandes latifundiários, dos burgueses compradores e dos grandes banqueiros; assim vai-se gerando o capitalismo burocrático preso [...] ao feudalismo, submetido ao imperialismo e monopolista [...]. Este capitalismo, em certo momento da evolução, combina-se com o poder do Estado e utiliza os meios econômicos do Estado, o utiliza como

> alavanca econômica e este processo gera outra fração da grande burguesia, a burguesia burocrática; desta forma dar-se-á um desenvolvimento do capitalismo burocrático que já era monopolista e transforma-se por sua vez em estatal (GUZMÁN, 1993, 106).

O imperialismo atravessa três momentos[5] desde seu nascimento até a sua destruição: desenvolvimento, aprofundamento e crise (GUZMÁN, 1993, 537 *passim*). Cada um destes três momentos ou etapas tem três partes ou fases:

1. Primeiro momento ou desenvolvimento do imperialismo (1871-1945):
    1.1. Preparação (1871-1903).
    1.2. Aplicação (1903-1918).
    1.3. Crise profunda (1918-1945).
2. Segundo momento ou aprofundamento do imperialismo (1945-1980):
    2.1. Preparação (1945-1958).
    2.2. Aplicação (1958-1968).
    2.3. Crise profunda (1968-1980).
3. Terceiro momento ou crise geral do imperialismo (a partir de 1980).
    3.1. Preparação (1980-200?)
    3.2. Aplicação.
    3.3. Crise muito profunda.

No desenvolvimento histórico do imperialismo burocrático no seu primeiro momento (1871-1945) tentou-se efetuar reformas agrárias dentro do marco do capitalismo mediante a distribuição da terra e o ataque às relações sociais de semisservidão ou semifeudais. O âmbito geográfico onde foram aplicadas foi na Europa Central, Oriental e Mediterrânea durante os anos vinte e trinta (MARTÍN MARTÍN, 2005), com o objetivo de neutralizar o efeito da Revolução Russa de 1917 no campo, concretizada na aliança operário-camponesa dirigida pelo partido comunista.

---

5 Três momentos que Mao Tsé-tung empregou pela primeira vez no artigo de 1938 Sobre a guerra prolongada (MAO TSÉ-TUNG, 1993, 218 e SS. do vol. II). Com resultados muito esperançosos, esta articulação baseada na evolução do capitalismo na sua fase imperialista e dos trabalhos anteriores: 1) para entender a evolução do pensamento geográfico contemporâneo (MARTÍN MARTÍN, 2000) e 2) para sintetizar a gênese e evolução dos processos de reformas agrárias no mundo durante o último século (MARTÍN MARTÍN, 2005).

Na Rússia,[6] nos países atrasados e subdesenvolvidos ocorrerá a transição para o capitalismo agrário no campo. Porém o resultado é um capitalismo atrasado (capitalismo burocrático), baseado na combinação do sistema de pagamento em trabalho e o tipicamente capitalista. Um capitalismo agrário com um grande peso da semifeudalidade, ou seja, preso aos grandes proprietários da terra, onde: a) a renda (pré-capitalista) continua absorvendo uma grande percentagem do mais produto ou lucro capitalista; b) onde o sistema pago em trabalho pressupõe uma produtividade mais baixa do trabalho (não desenvolvimento das forças produtivas); c) onde os arrendamentos são mais caros para o pequeno campesinato (arrendamentos leoninos diante dos arrendamentos capitalistas) e a remuneração no referido sistema de pagamento em trabalho é mais barata que no "livre" contrato capitalista (a renda do arrendatário e/ou parceleiro é inferior a do trabalhador rural); e d) onde subsiste a coerção extraeconomia como base da dependência pessoal do pequeno campesinato e campesinato sem terra (dependência da comunidade, falta de direitos civis, semisservidão).

No segundo momento de desenvolvimento do imperialismo (1945-1980) aparece (conceitualizado e formalizado pela primeira vez) este conceito aplicado à Revolução Chinesa que, com seu triunfo em 1949, por meio de uma nova aliança operário-camponesa dirigida pelo partido comunista, gera uma contra réplica de reformas agrárias no marco de países onde se desenvolvia um capitalismo burocrático. Estas reformas agrárias, aplicadas durante a década de sessenta e setenta na América Latina e nos novos países independentes da África e da Ásia (MARTÍN MARTÍN, 2005) nos quais o peso das estruturas agrárias semifeudais era considerável, foram dirigidas por burguesias burocráticas estatistas.

---

6 "Assim, portanto, a caracterização de nossas fazendas estritamente capitalistas – feita pelo mesmo senhor Kablúkov, que com tanto empenho idealiza o pagamento em trabalho – confirma inteiramente o fato de que o capitalismo russo cria as condições sociais que exigem necessariamente a racionalização da agricultura e o desaparecimento da vassalagem, enquanto que o pagamento em trabalho, ao contrário, exclui a possibilidade de racionalizar a agricultura, perpetua a estagnação técnica e a vassalagem do produtor. Não há nada mais frívolo que o habitual júbilo dos populistas devido à fragilidade do capitalismo na nossa agricultura. Pior ainda se for frágil, pois isto só representa a força das formas pré-capitalistas de exploração, incomparavelmente mais duras para o produtor" (LÊNIN, 1975a, 224-225).

3. A evolução da semifeudalidade na crise do capitalismo burocrático: o talismã do título da propriedade

As grandes burguesias do Terceiro Mundo (burocráticas, fundamentalmente compradoras e grandes proprietárias da terra) em conivência com as dos países imperialistas, a partir dos anos sessenta, vão desenvolver o capitalismo burocrático no campo através de múltiplas e diversas leis de reforma agrária, cuja característica principal é que foram leis de compra e venda de terras que não destruíram a semifeudalidade, ao contrário, fizeram-na evoluir e o que hoje se observa é consequência dessa compra e venda de terras (inclusive as formas associativas que surgiram dessas reformas agrárias estão sendo loteadas e, assim, surgem situações semelhantes às que Marx tratou no seu livro *As lutas de classes na França de 1848 a 1850* ao explicar a evolução da agricultura nesse país após a vitória da revolução burguesa de 1789.

A seguir transcrevemos as ideias de Marx e as comparamos com a atual situação do campo nos países do Terceiro Mundo (entre colchetes), isto, a partir de 1980 quando começa o terceiro momento do desenvolvimento do capitalismo burocrático (crise geral).

> A população camponesa – mais de dois terços da população total da França – compõe-se em sua maioria de proprietários territoriais supostamente livres [*similar à proporção que hoje há no Terceiro Mundo*]. A primeira geração, liberada sem compensação das cargas feudais pela revolução de 1789, não tinha pago nada pela terra [*no Terceiro Mundo é diferente, pois não houve uma revolução burguesa no seu momento histórico e, a partir de 1917, quando começa a era da revolução proletária, a burguesia converte-se em uma classe obsoleta e incapaz*]. Porém as gerações seguintes pagavam barato o preço da terra o que seus antepassados semisservos tinham pago no sistema de rendas, dízimos, prestações pessoais etc. [*é necessário ressaltar que os camponeses sob o regime feudal pagam a terra com prestações servis, enquanto que no sistema capitalista a pagam com dinheiro, na forma de preço*]. Quanto mais crescia a população e mais se acentuava a distribuição da terra, mais caro era o preço do lote, pois à medida que esta diminui, aumenta a demanda em torno dela [*hoje o que se quer criar é um mercado da terra, pois as terras estão sendo loteadas ao mesmo tempo em que aumenta a população camponesa; a consequência é uma elevação do preço da terra que prejudica ao camponês que tem que pagar mais por ela*]. Porém, na mesma proporção em que aumentava o preço que o camponês pagava pelo lote – tanto se o comprava diretamente como se seus co-herdeiros assumissem

a dívida como capital –, aumentava necessariamente o endividamento do camponês, ou seja, a hipoteca *[isto é o que foi se delineando nos países subdesenvolvidos, nos quais a grande burguesia, os bancos, os latifundiários e o Estado elaboram estratégias que facilitam os créditos rurais e utilizam-se da hipoteca para apropriar-se das terras, promovendo assim um novo processo de concentração da propriedade, com a finalidade de aplicar formas evolutivas da semifeudalidade. A divisão da terra, o loteamento, leva ao minifundismo e este determina um retrocesso no cultivo do solo porque restringe a possibilidade de aplicar formas novas de produção agrícola]*. O título da dívida que onera o solo chama-se, efetivamente hipoteca, ou seja, título de penhora da terra. Da mesma forma que os privilégios se acumulavam nas propriedades medievais, no lote mais moderno se acumulam as hipotecas. Por outro lado, na economia parcelaria, a terra é um mero instrumento de produção para seu proprietário. Porém, à medida que o solo se divide, diminui sua fertilidade. A utilização de maquinário no cultivo, a divisão do trabalho, os grandes meios para melhorar a terra, tais como a instalação de canais de drenagem e de irrigação etc., tornam se cada vez mais impossíveis, ao mesmo tempo em que as despesas improdutivas do cultivo aumentam na mesma proporção em que aumenta a divisão do próprio meio de produção. Isso ocorre, independente do dono do lote possuir ou não capital. Mas, quanto mais acentuada é a divisão, mais o pedaço de terra com seu mísero inventário é o único capital do camponês parcelário, mais se reduz o investimento do capital sobre o solo, mais carência tem o pequeno camponês da terra, de dinheiro e de cultura para pôr em prática os progressos da agronomia, mais retrocede o cultivo do solo. Finalmente, o produto líquido diminui na mesma proporção em que aumenta o consumo bruto, em que toda a família do camponês sente-se impossibilitada para outras tarefas devido à posse de sua terra, embora sem poder dela tirar o suficiente para viver *[a consequência no campo é que se consome menos, produz-se menos, os salários diminuem e cresce o desemprego; e isto é ideal para o imperialismo porque compra com um custo menor, explorando imensamente o camponês]*. Consequentemente, na mesma medida em que aumenta a população e com ela a divisão do solo, encarece o meio de produção, a terra, e diminui sua fertilidade, e na mesma medida se enfraquece a agricultura e o camponês se sobrecarrega de dívida. E o que era efeito, converte-se por sua vez em causa. Cada geração deixa a outra mais endividada, cada nova geração surge sob condições mais desfavoráveis e insuportáveis *[são as crises cíclicas do capitalismo burocrático que logo se recompõe, mas partindo de uma situação mais crítica que a anterior]*, as hipotecas geram novas hipotecas e, quando o camponês não pode encontrar no seu lote uma garantia para contrair novas dívidas, ou seja, quando não pode prorrogá-la com novas hipotecas, cai diretamente nas garras da usura, e os interesses usurários ficam cada vez mais descomunais. E chegou-se a uma situação em que o camponês francês, seja na forma de juros por hipotecas que oneram a terra, ou na de juros cobrados pelo agiota sobre adiantamentos não hipotecários, cede ao capitalista não só a renda do solo, não só o lucro industrial, resumindo: não só todo o lucro líquido, mas também uma parte do salário; ou seja, desceu ao nível do colono irlandês, e tudo a pretexto de ser proprietário privado *[uma perspectiva terrível para o camponês de hoje no quadro do capitalismo burocrático]* (MARX, 1977, 199-201).

Resumindo, a população aumenta no Terceiro Mundo, a terra é compartimentada e fica mais cara. Esse processo diminui a fertilidade da terra e, em consequência, há um declínio na agricultura, e devido a isso, sobrecarrega-se o camponês de dívidas, adota-se a hipoteca das terras e desta forma os banqueiros ou agiotas se apoderam de suas terras. É o fenômeno descrito por Marx, o qual acaba afirmando que o título de propriedade do camponês é o talismã com o qual o capital o vinha fascinando até agora[7] e o pretexto do qual fazia uso para instigá-lo contra o proletariado industrial. Só a queda do capital pode engrandecer o camponês; só um governo anticapitalista, proletário, pode acabar com sua miséria econômica e com sua degradação social. A solução, nas palavras do próprio Marx, é que o camponês necessita uma república vermelha,

---

[7] Atualmente o exemplo deste fenômeno é a estratégia que o Banco Mundial está implantando. Sabe-se que esta instituição está promovendo e, em alguns casos, financiando reformas gerais do sistema de posse de terras, particularmente os aspectos relacionados com a concessão de títulos, cadastros e registros de propriedade, mola propulsora do mercado imobiliário, reformas redistributivas baseadas no mercado ou negociadas, assistência técnica e apoio à comercialização. Nisto, o Banco seguiu a pauta de seus próprios economistas de desenvolvimento, que comprovaram que a forte desigualdade na posse de terras (semifeudalidade) atrasa o crescimento econômico, capitalista, é claro. Esta preocupação principal é enfeitada também com a afirmação de que essa desigualdade não mitiga a pobreza e os esforços de utilizar os solos de forma sustentável. Estas medidas, conhecidas como reformas agrárias orientadas ao mercado, não representam claras estratégias para que o capitalismo burocrático evolua no campo dos países onde a semifeudalidade sobrevive? Neste novo marco normativo, outras instituições, particularmente os governos, os organismos de cooperação e outros braços de desenvolvimento, estão aderindo à pauta do Banco Mundial e aplicando de forma taxativa essas reformas parcialmente ou, em alguns casos, totalmente. O Banco está tentando ampliar ativamente estas mudanças a novos países (MARTÍN MARTÍN, 2005).

necessita a ditadura do proletariado, necessita unir-se ao proletariado para combater, só assim pode ir de encontro a um destino histórico.

E, está sendo levada a cabo hoje, no século XXI em algum país essa "república vermelha", onde o camponês uniu-se ao proletariado e seu partido? Sim, esta revolução democrática ou guerra camponesa que estabelece uma ditadura conjunta baseada na aliança operário-camponesa está se desenvolvendo no Peru na forma de guerra popular há um quarto de século.[8]

Bibliografia

ENGELS, Friedrich. *La guerra campesina en Alemania*. Moscú: Editorial Progreso, 1850, ed. 1981.

_____. "Prefacio a la guerra campesina en Alemania. Prefacio a la segunda edición de 1870". In: MARX, Karl; ENGELS, Friedrich. *Obras Escogidas en Dos Tomos*. Tomo I, p. 619-627. Moscú: Editorial Progreso, 1870, ed. 1977.

_____. "Adición al prefacio a la edición de 1870 para la tercera edición de 1875 de la guerra campesina en Alemania". In: MARX, Karl; ENGELS, Friedrich. *Obras Escogidas en Dos Tomos*. Tomo I, p. 627-633. Moscú: Editorial Progreso, 1874, ed. 1977.

---

8 No prólogo de *Tempestade nos Andes* de Valcárcel, Mariátegui explica o seu ponto de vista que posteriormente foi retomado pelo Partido Comunista do Peru (MARIÁTEGUI, 1998, o grifo é nosso): "A fé em um renascimento indígena não é oriundo de um processo de "ocidentalização" material da terra quéchua. Não é a civilização, não é o alfabeto do branco, o que eleva a alma do índio. É o mito, é a ideia da revolução socialista. A esperança indígena é absolutamente revolucionária. O mesmo mito, a mesma ideia, são agentes decisivos do despertar de outros povos antigos, de outras antigas raças em crise: hindus, chineses etc. Hoje a história universal tende mais do que nunca a reger-se por um mesmo quadrante. Por que haveria de ser o povo inca, o qual construiu o mais desenvolvido e harmônico sistema comunista, o único insensível a emoção mundial? A consanguinidade do movimento indigenista com as correntes revolucionárias mundiais é evidente demais para que precise ser documentada. Eu já disse que cheguei ao entendimento e a justa valorização do indígena por meio do socialismo. O caso de Valcárcel é prova de minha experiência pessoal. Homem de múltipla formação intelectual, influenciado por seus hábitos tradicionais, orientado por uma gama distinta de sugestões e estudos, Valcárcel soluciona politicamente seu indigenismo no socialismo. Neste livro nos diz, entre outras coisas, que "o proletariado indígena espera seu Lênin". Não seria outra a linguagem de um marxista.

_____. "Acerca de las relaciones sociales en Rusia". In: Marx, Karl; Engels, Friedrich. *Obras Escogidas en Dos Tomos*. Tomo II, p. 42-54. Moscú: Editorial Progreso, 1875, ed. 1977.

_____. "El problema campesino en Francia y en Alemania". In: Marx, Karl; Engels, Friedrich. *Obras Escogidas en Dos Tomos*. Tomo II, p. 420-441. Moscú: Editorial Progreso, 1894a, ed. 1978.

_____. Prólogo. In: Marx, Karl. *El Capital*. Tomo III, p. 7-23. México D. F.: Fondo de Cultura Económica, 1894b, ed. 1978.

Guzmán, Abimael. *Guerra Popular en El Perú. El Pensamiento Gonzalo*. Bruselas: Luis Arce Borja Editor, 1989, ed. 1993.

Lênin, Vladimir Ilich. *Escritos económicos (1893-1899). 1. Contenido económico del populismo*. Madrid: Siglo XXI, 1894, ed. 1974.

_____. "El desarrollo del capitalismo en Rusia". In: *Obras Completas*. Tomo III. Madrid: Ayuso-Akal, 1899, ed. 1975a.

_____. *La cuestión agraria. El programa agrario de la socialdemocracia en la primera revolución rusa 1905/1907*. Madrid: Ayuso, 1908, ed. 1975b.

_____. "Nuevos datos acerca de las leyes del desarrollo del capitalismo en la agricultura. Cuaderno I: El capitalismo y la agricultura en los Estados Unidos de América del Norte". In: *Sobre los Estados Unidos de América del Norte*. 5 Tomos, p. 56-144. Moscú: Editorial Progreso, 1915, ed. 1978.

Mao Tsé-Tung. *Obras Escogidas*. Madrid: Editorial Fundamentos, 1974.

Mariátegui, José Carlos. *Siete ensayos de interpretación de la realidad peruana*. Perú: Edición electrónica, [1928]. Disponível em: <http: // ekeko2.rcp.net.pe / 7ENSAYOS / ENSAYOS/ Indice.htm>. Consultado em 10 de julho de 1998

Martín Martín, Víctor O. "Propuesta para la enseñanza universitaria de la materia de teoría de la Geografía". In: González Ortiz, J. L.; Marrón Gaite, M. J. *Geografía, Profesorado y Sociedad. Teoría y Práctica de la Geografía en la Enseñanza*. Murcia: AGE-Universidad de Murcia-Consejería de Educación y Universidades de la Región de Murcia, 2000.

_____. "Actualidad de la cuestión agraria en el mundo: viejo problema, ¿nuevos enfoques?". In: *IV Conferencia Internacional de Geografía Crítica*. México D. F.:

Universidad Autónoma Metropolitana-Xochimilco – Grupo Internacional de Geografía Crítica, 2005.

MARX, Karl. "Las luchas de clases en Francia de 1848 a 1850". In: MARX, Karl; ENGELS, Friedrich. *Obras Escogidas en Dos Tomos*. Tomo I, p. 104-226. Moscú: Editorial Progreso, 1850, ed. 1977.

_____. "El Dieciocho Brumario de Luis Bonaparte". In: MARX, Karl; ENGELS, Friedrich. *Obras Escogidas en Dos Tomos* Tomo I, p. 227-324. Moscú: Editorial Progreso, 1852, ed. 1977.

_____. *Carta de Marx a Engels de 16 de abril de 1856*. Edición electrónica, [1856]. Disponível em: <http://www.marxists.org/espanol/m-e/cartas/m16-4-56.htm>. Consultado em 18 de maio de 2007.

_____. *El Capital*. 3 tomos. México D. F.: Fondo de Cultura Económica, 1978.

PCP. "El problema agrario. La actual campaña agrícola. Cuestión fundamental: semifeudalidad y capitalismo burocrático". *Sol Rojo*, Copenhague, n. 6, p. 16-28. 1995.

Parte V: Democracia, Estado e transição socialista

Lênin e a transição socialista[1]

Marcos Del Roio[2]

Este artigo pretende acompanhar o pensamento e a ação política de Lênin a propósito da transição socialista desde a revolução de 1905 até suas últimas reflexões, destacando alguns momentos e ideias cruciais. É importante a revolução de 1905, a eclosão da guerra imperialista, a revolução de 1917, os momentos iniciais do poder dos sovietes e, por fim as reflexões sobre a NEP. A tese fundamental é que a Rússia, com Lênin vivo, não conseguiu alcançar as condições para a transição socialista.

Capitalismo e revolução

A mundialização do capital, fase atual do imperialismo e, ao que parece, de sua crise orgânica inelutável, traz novamente à tona e em nova perspectiva a questão da revolução e da transição socialista. Embora não seja iminente, essa questão é de grande atualidade, mormente se observamos alguns processos políticos extremamente contraditórios colocados na cena mundial. Decerto, também nesse problema a retomada dos autores clássicos pode contribuir para desbastar o caminho da reflexão necessária. Entre esses autores, pela diversidade de situações concretas com que se deparou e pela capacidade de análise, sempre norteada por rigorosa teoria política, sem dúvida, destaca-se Lênin.

---

1 Trabalho apresentando no *5° Colóquio Marx Engels* na Sessão Plenária: "Estado, democracia e socialismo", no dia 8 de novembro de 2007. Publicado também na Revista *Lutas & Resistência*s, n. 2 de 2007.

2 Professor de Ciência Política na FFC/Unesp – Marília.

Luciana Aliaga, Henrique Amorim e Paula Marcelino (orgs.)

A obra teórica (e prático-política) de Lênin começa com a crítica à concepção predominante na intelectualidade revolucionária da Rússia, a qual afirmava a singularidade daquela formação social. Segundo os *narodiniks* o capitalismo seria algo estranho à alma eslava e da situação de opressão do absolutismo czarista poder-se-ia passar imediatamente a um específico socialismo fundado na tradição cultural camponesa, cuja base era a comuna agrária. Lênin, partindo do método dialético usado por Marx, demonstra como o capitalismo efetivamente se desenvolvia na Rússia, mas de uma forma particular, observável não só na industrialização induzida pelo Estado feudal-absolutista, mas também na desintegração em andamento das relações sociais feudais e o surgimento de um mercado capitalista no campo.

Posto isso, o problema passava a ser a criação de um instrumento adequado à ação política voltada para o objetivo imediato, que era precisamente a derrubada dessa variante oriental de monarquia feudal-absolutista e a conquista da emancipação política. Esse instrumento seria o partido revolucionário da classe operária, cujo objetivo era fazer dessa classe a vanguarda da luta pela democracia política na Rússia. A democracia política traria condições melhores para o desenvolvimento das forças produtivas capitalistas e para o crescimento cultural da Rússia (Lênin, 1975).

Com a eclosão da revolução burguesa, em 1905, no calor da luta, Lênin teve ocasião de explicitar a sua compreensão não só da inserção da classe operária como sujeito autônomo no processo, mas como dirigente da revolução, condição que alcançaria desde que conseguisse selar a aliança com as massas camponesas e deixasse clara a sua perspectiva socialista. Se a luta pela emancipação política fosse levada até o fim, se a revolução burguesa se radicalizasse, colimaria na instauração de uma ditadura democrática do proletariado aliado ao campesinato, regime no qual a burguesia existiria sem ser classe dominante e dirigente do Estado. O capitalismo se desenvolveria da forma mais democrática possível criando as condições melhores e mais adequadas para a que a Rússia se refizesse do seu atraso e para a que transição socialista tivesse início tão logo as condições concretas se apresentassem.

Numa síntese magistral, Lênin anotava:

> O proletariado deve levar até o fim a revolução democrática, atraindo a si a massa do campesinato, a fim de esmagar pela força a resistência da autocracia e paralisar a instabilidade burguesa. O proletariado deve levar a cabo a revolução socialista, atraindo a si a massa dos elementos semiproletários da população, a fim de quebrar pela força a resistência da

burguesia e paralisar a instabilidade do campesinato e da pequena burguesia (LÊNIN, 1976, 85-86).

A revolução se concluiu com um acordo entre a burguesia e o regime político, que possibilitou a abertura de um corpo parlamentar representativo das demandas de classe dos capitalistas. Nesse momento, em abril de 1906, encarregado pelo POSDR de formular o programa agrário, Lênin avaliou que a tendência principal era que o capitalismo prosseguisse seu desenvolvimento por um caminho análogo ao que denominou de via prussiana, considerando que a burguesia havia chegado a um acordo com a nobreza feudal, tal qual ocorrera na Alemanha nos desdobramentos da revolução de 1848. Esse acordo, porém, foi de curta duração, de modo que em meados de 1907 a monarquia absolutista foi restaurada completamente, preservando, todavia, o projeto de desenvolvimento capitalista, embora possa ser dito agora que se assemelhasse mais a Áustria-Hungria.

De todo modo, a contradição entre o desenvolvimento capitalista e o invólucro estatal feudal-absolutista, em algum momento traria novamente à tona o problema apenas momentaneamente contido da revolução democrática. Foi a explosão e generalização da guerra imperialista de 1914, no entanto, a gerar uma mudança profunda e insuspeitada na situação e, por decorrência, na formulação teórica de Lênin.

Guerra imperialista e revolução

Colocado diante do impacto da guerra, Lênin aceitou o desafio de compreender esse fenômeno inédito pela destruição posta em prática com tamanho consenso de governos, de partidos, de ideologias. Discernir os fundamentos econômico-sociais do imperialismo era importante não só para saber dos motivos da guerra, mas também dos motivos pelos quais a maioria do movimento operário e socialista havia oferecido decidido apoio à matança desencadeada. A época imperialista, iniciada em torno de 1880, possibilitou a ampliação do estatuto da cidadania nos Estados liberal-imperialistas e a difusão das ideologias nacionalistas, submetendo assim o movimento operário aos interesses materiais e ideológicos da burguesia, com a incorporação do sindicato e do partido operário a institucionalidade burguesa. Mais ainda, o imperialismo havia tornado possível que uma camada superior da classe operária, melhor organizada e com melhores condições de vida, aceitasse e apoiasse a política imperialista.

Assim, num paradoxo, a guerra imperialista colocava a revolução socialista internacional na ordem do dia e isso porque, diante da iminência da destruição, se colocava a necessidade da aceleração e do salto histórico. Paradoxo, porque ao mesmo tempo em que a classe operária e o projeto histórico da paz universal e do socialismo apareciam fragorosamente derrotados, a guerra imperialista oferecia a possibilidade da revolução socialista internacional ao colocar em contato imediato os povos conflagrados, ao unificar a situação de Estados de diferente nível de desenvolvimento capitalista e unificar os interesses do proletariado vitimado pela guerra contra as burguesias que haviam promovido o massacre. Contra a guerra imperialista, apenas a revolução socialista internacional seria capaz de oferecer solução definitiva. Necessário agora, de imediato, era construir novos instrumentos de luta revolucionária em toda a Europa, que organizasse o proletariado contra a burguesia imperialista e seus aliados em todos os países, pois que se tratava de desencadear uma guerra civil revolucionária internacional contra o imperialismo capitalista.

A revolução socialista poderia começar em qualquer dos Estados enredados pela guerra imperialista e se difundir pelos outros em seguida. Não era possível se certificar de onde a revolução pudesse começar e muito menos supor que tivesse início no Estado mais arcaico e de capitalismo mais embrionário da corrente imperialista, que era precisamente o império russo. Ainda em 1915, Lênin dizia ser a Rússia "um país onde a autocracia está viva, onde a revolução burguesa esta longe de estar terminada" (LÊNIN, 1976, 274).

Em março de 1917 a greve de massas em São Petsburgo pôs abaixo a monarquia absolutista e deu início a revolução socialista internacional, que acabaria finalmente derrotada em março de 1921. Retornado às pressas do exílio suíço no qual se encontrava, Lênin proclamava em abril que "o poder do Estado passou na Rússia para as mãos de uma nova classe: a classe da burguesia e dos latifundiários aburguesados. Nessa medida, a revolução democrático-burguesa na Rússia está terminada" (LÊNIN, 1976a, 280), ainda que não estivesse terminada do ponto de vista do desenvolvimento das forças produtivas e da cultura. Mas a conclusão era que a revolução socialista ganhava atualidade também na Rússia e exatamente por esses dois motivos: a Rússia estava envolvida numa guerra de caráter imperialista, o que levava a situação internacional ao primeiro plano, e agora a burguesia era classe dirigente e dominante do Estado russo, contando inclusive com o respaldo de significativa fração do movimento político da classe operária e do campesinato (o que era indício de capacidade do exercício da hegemonia).

O governo provisório republicano poderia, no horizonte, considerando a possibilidade de vitória na guerra e o eventual predomínio da questão nacional, se endereçar para um regime liberal-democrático-burguês. Não era esse o caso, porém, porquanto evidente a predomínio da situação internacional e também pelo fato de no próprio seio da revolução burguesa estar já se constituindo o embrião de um novo Estado.

Os conselhos operários, que haviam surgido já ao final da revolução de 1905, voltavam a fazer a sua aparição, apenas que agora logo no início da nova onda revolucionária. Lênin percebera que os conselhos eram o embrião do novo Estado operário, o qual poderia se contrapor ao Estado burguês que se esforçava para se consolidar. Em suma: "A origem e o significado de classe dessa dualidade de poderes residem em que a revolução russa de março de 1917, ademais de varrer toda a monarquia czarista e entregar todo o poder a burguesia, se aproximou plenamente da ditadura democrática revolucionária do proletariado e dos camponeses" (LÊNIN, 1976a, 283).

A luta pela instauração da ditadura democrática do proletariado e do campesinato estaria agora em patamar superior ao de 1905, e a diferença era menos por conta do tempo transcorrido, por conta de um desenvolvimento significativamente maior das forças de produção, mas pelo predomínio da situação nacional antes e da situação internacional de guerra imperialista agora, a qual colocava a revolução socialista como tarefa imediata. Nessas condições, a instauração da ditadura democrática do proletariado na Rússia representaria apenas um momento de aproximação da revolução socialista internacional, cujo território compreendia toda a área atingida pela guerra imperialista.

A ditadura democrática do proletariado e do campesinato seria instaurada no momento em que os soviets assumissem o poder e dessem início imediato à construção de um novo Estado operário e socialista. Para que isso ocorresse, no entanto, era necessário que os bolcheviques conquistassem a hegemonia política nos soviets e atraíssem para o lado da classe operária a maioria da imensa massa pequeno burguesa, tão numerosa que contaminava o próprio proletariado com sua ideologia de apoio a burguesia.

Lênin apresentava o Estado operário em gestação como a superação dialética da república democrática do capitalismo. O novo Estado que surgiria da ação histórica da classe operária assumiria uma forma análoga a da experiência da Comuna de Paris, "que substitui o exército e a polícia, separados do povo, com o armamento imediato e direto do povo" (LÊNIN, 1976a, 291). A experiência dos soviets, surgida em 1905 e retomada agora em 1917, seria o embrião de um Estado-comuna, e "é isso que está já encarnando na vida de nosso país, agora, neste momento, por iniciativa de um povo de milhões e milhões de homens, que cria a democracia, sem prévia autorização, a sua maneira (…)" (Lênin, 1976a, 291).

Assim, a forma da ditadura democrática do proletariado e do campesinato seria um Estado-comuna, uma variante de democracia mais ampla e profunda que a república democrática, pois que seus fundamentos econômico-sociais seriam outros, seus objetivos históricos seriam outros, de um alcance que culminaria no comunismo, na emancipação humana. O Estado-comuna é a forma do Estado da transição socialista, mas no caso concreto da Rússia a disjunção entre os fundamentos econômico-sociais e a aproximação da ditadura do proletariado é palpável, pois a revolução burguesa, do ponto de vista das forças produtivas desenvolvidas, ainda não se concluiu, como ainda não se concluiu a dissolução do campesinato como camada social pré-capitalista. Logo, as condições materiais da transição socialista ainda não estavam postas, mas a disjunção seria sanada no processo mesmo de andamento da revolução socialista internacional e da transição.

A fundação de um Estado-comuna na Rússia a partir da instituição dos sovietes, instituição inventada pela classe operária, seria um exemplo e um estímulo para que a classe operária de outros países procedesse a um caminho semelhante, sendo particularmente importante nesse desenho estratégico o caso da Alemanha, por contar com uma classe operária disciplinada e qualificada. Assim, os bolcheviques se propunham a assumir um governo que confrontasse a situação de emergência crescente em que se encontrava a Rússia em substituição ao governo provisório e enveredar pelo caminho do socialismo.

Capitalismo de Estado e transição socialista

Em setembro de 1917 era palpável o fracasso do projeto liberal-burguês do governo provisório. A Rússia se encontrava entre a instauração de uma ditadura militar e a instauração de uma ditadura democrática fundada na aliança operário-camponesa a ser dirigida pelos bolcheviques. O respaldo dessa agremiação revolucionária crescia dia a dia nos sovietes em apoio à proposição exposta por Lênin de se fazer frente à catástrofe e a fome que se avizinhavam com rapidez: "Essas medidas são o controle, a inspeção, a contabilidade, a regulação pelo Estado, a implantação de uma distribuição correta da mão de obra na produção e na distribuição de produtos, a economia das energias do povo, a eliminação de qualquer esforço desnecessário" (Lênin, 1977, 176).

Para se enveredar por esse caminho de controle, inspeção e contabilidade, Lênin propunha a nacionalização e fusão dos bancos, nacionalização dos monopólios, abolição do sigilo comercial, agremiação obrigatória da burguesia, organização obrigatória da população em cooperativas de consumo ou fomento. Essas medidas não eram estranhas aos Estados imperialistas, nos quais já vigiam um capitalismo monopolista de Estado, ainda mais acentuado no momento da mobilização total para a guerra, mas na Rússia essas medidas só poderiam ser tomadas contra a burguesia, pois "a dominação da burguesia é incompatível com uma verdadeira democracia, autenticamente revolucionária" (Lênin, 1977, p. 210). Então, Lênin indicava que "o capitalismo monopolista de Estado, num Estado verdadeiramente democrático, revolucionário, representa, inevitavelmente, infalivelmente, um passo, e mais do que um passo para o socialismo", pois "o socialismo nada mais é do que o monopólio capitalista de Estado posto a serviço de todo o povo e que, por isso, deixou de ser monopólio capitalista" (Lênin, 1977, 212).

Em suma, Lênin propunha, de imediato, a criação de um Estado democrático-revolucionário, uma ditadura da democracia dirigida pelo proletariado, que instaurasse o capitalismo monopolista de Estado, tanto como meio para combater a catástrofe iminente, como para se aproximar do socialismo, para se criar as condições da transição. A Rússia não contava ainda com a base material do capitalismo monopolista de Estado burguês, mas poderia ter a sua organização e a direção da classe operária.

Cerca de um mês depois, em *Se sustentarão os bolcheviques no poder?*, Lênin adiantou mais alguns elementos de sua concepção dos passos iniciais da transição socialista. Antes de tudo insiste que o soviete é o embrião de um novo Estado, mas que deve assumir todo o poder de Estado ou então sucumbir. Constata que "se a iniciativa popular criadora das massas revolucionárias não tivesse criado os sovietes, a revolução proletária na Rússia não teria esperança, pois o proletariado não poderia, indubitavelmente, reter o poder com o antigo aparelho de Estado, e é impossível criar de repente um novo aparelho". De imediato, o papel dos sovietes seria o de assumir a ditadura da democracia e estabelecer o "controle operário sobre a produção e distribuição de produtos" (Lênin, 1977a, 292).

Certo que a destruição do aparato repressivo do Estado capitalista é imprescindível. Mas o aparelho de contabilidade e registro, intimamente ligado aos bancos e consórcios, "não pode e nem deve ser destruído. O que se tem que fazer é arrancá-lo do controle dos capitalistas; separar, afastar, isolar dele os capitalistas, e os fios que eles manejam; é preciso subordiná-lo aos sovietes proletários; é preciso torná-lo mais vasto, mais universal, mais popular". Como se houvesse dúvida ainda, enfatiza: "O capitalismo criou um aparelho de registro na forma de bancos, consórcios, serviços postais, sociedades de consumidores e sindicatos de funcionários públicos. Sem os grandes bancos o socialismo seria irrealizável". Arremata então afirmando que "a 'chave' de tudo não será sequer o confisco dos bens dos capitalistas, mas o controle operário geral, de todo o povo, universal, sobre os capitalistas e seus possíveis partidários" (Lênin, 1977, 294).

O controle operário do novo Estado operário seria o cerne da democracia fundada no trabalho, no qual ainda haveria capitalismo, mas um capitalismo de passagem para a época da transição socialista. Nesse momento, importante era "obrigar os capitalistas a trabalhar, dentro dos marcos da nova organização do Estado", pois "há outro caminho que não seja o de implementar imediatamente um verdadeiro autogoverno do povo?" (Lênin, 1977, 298).

O esvaziamento do governo provisório da República possibilitou que os bolcheviques assumissem o poder em 7 de novembro de 1917, tendo em seguida obtido amplo respaldo dos sovietes de toda a Rússia. Tratava-se agora de implementar as linhas mestras programáticas que Lênin havia definido desde o seu retorno ao País no precedente mês de abril. Mas antes de tudo havia que se fazer frente à sabotagem empreendida pela burguesia apeada do poder. Em março de 1918 os bolcheviques chegavam à conclusão que a fase da conquista do poder havia terminado e se iniciava a fase de construção dos fundamentos da transição socialista.

O debate aceso nos sovietes e no seio do partido comunista (bolchevique) teve um ponto alto na exposição de Lênin sobre *As tarefas imediatas do poder soviético*. Apesar da persistente instabilidade da situação e da fragilidade da Rússia, conseguido o tratado de paz, o problema central passava a ser agora o de organizar o governo. De maneira geral,

> A vitória da revolução socialista será assegurada somente se o proletariado e os camponeses pobres desenvolverem suficiente consciência de classe, devoção aos princípios, abnegação e perseverança. Ao criar um novo tipo de Estado, o Estado soviético, que dá as massas trabalhadoras e oprimidas a possibilidade de participar ativamente na construção independente de uma nova sociedade, resolvemos só uma pequena parte deste difícil problema. A dificuldade principal está no terreno econômico: isto é, em introduzir um registro e um controle mais estrito e geral da produção e da distribuição de produtos, em aumentar a produtividade do trabalho e socializar a produção na prática (Lênin, 1977b, 92).

Lênin afirmava que se tratava, naquele momento, de "criar as condições que impossibilitem a existência da burguesia ou o surgimento de uma nova burguesia" (Lênin, 1977b, 96), mas, paradoxalmente, insistia que diante da particularidade da situação concreta da Rússia, nesse momento a ofensiva contra o capital deveria ser interrompida. A explicação que Lênin oferece é bastante simples: os organizadores do processo produtivo, os especialistas no conhecimento são de origem burguesa e só eles, nas condições presentes podem realizar essas funções. Logo, não restaria outra saída ao novo Estado em construção senão induzir essa camada a se envolver com a tarefa de registro e contabilidade, imprescindível pra que houvesse uma elevação imediata da produtividade do trabalho, nem que fosse ao custo da oferta de altos salários. Esse seria um investimento para que a força de trabalho se qualificasse e se disciplinasse para o socialismo, o que tornaria os altos salários desnecessários a sua vez.

Expropriada a burguesia das fábricas agora era preciso encontrar um meio de incorporar o seu conhecimento. A difusão da ciência e da técnica gerada pelo capitalismo era uma rota incontornável para a transição socialista, incluindo os aspectos progressivos da organização científica do trabalho elaborada por F. Taylor. Sobre a necessidade de ampliação da produtividade do trabalho, Lênin avançava que

> A última palavra do capitalismo neste terreno – o sistema Taylor –, do mesmo modo que todos os avanços do capitalismo, reúne em si toda a ferocidade refinada da exploração burguesa e uma série das maiores conquistas científicas referentes ao estudo dos movimentos mecânicos durante o trabalho, a supressão dos movimentos supérfluos e a elaboração de métodos de trabalho mais racionais, a implantação de melhores sistemas de registro e controle. A República Soviética deve adotar, a qualquer custo, as conquistas mais valiosas da ciência e da técnica neste domínio. A possibilidade de se construir o socialismo depende precisamente do êxito que logremos ao combinar o poder soviético e a organização soviética da direção com as últimas conquistas do capitalismo (Lênin, 1977b, 110).

Outros destaques de Lênin para a ação imediata eram o uso da publicidade, a construção do Banco Popular e a melhoria dos monopólios estatais, condição para a efetivação do monopólio do comercio exterior. O recolhimento de impostos sobre bens e rendas ainda não estava estabelecido como método de governo, predominando ainda a imposição de tributos à burguesia. A implantação do trabalho obrigatório, necessário para a transição socialista deve começar pelos ricos e se expandir gradualmente a todos.

Esses são todos elementos importantes, mas o fundamental é "aprender a combinar a democracia das 'reuniões públicas' das massas trabalhadoras, que flui turbulenta, impetuosa como as águas primaveris que fazem transbordar os rios, com a disciplina de ferro durante o trabalho, com a obediência incondicional à vontade de uma só pessoa, o dirigente soviético do trabalho" (Lênin, 1977b, 123).

A reflexão de Lênin está sempre acoplada à realidade do momento, mas sem jamais perder de vista o objetivo postado em um horizonte longínquo. Esse momento inicial da transição socialista, um momento fugaz entre a revolução, enquanto conquista do poder, e transição socialista propriamente dita, pode ser identificada como sendo de criação das condições da transição, entre as quais se sobressai a condição para a democracia socialista, "a obra de se conseguir que toda a população aprenda a arte de governar e comece a governar" (Lênin, 1977b, 124).

As condições da transição deveriam ser criadas, como se fosse um alinhamento para o momento em que a revolução socialista internacional se difundisse também para a Europa ainda conflagrada. Enquanto isso à Rússia caberia apenas manobrar, retroceder e esperar. Na Rússia, e Lênin não tinha dúvida, as condições da transição ou a aproximação do socialismo, implicavam a construção de um capitalismo monopolista de Estado sob controle do proletariado da grande indústria, pois está implícita o registro, a contabilidade, a disciplina no trabalho, a incorporação da ciência e da técnica. Nessa situação, além de gestores empresariais, mesmo ex-proprietários foram incorporados na administração das empresas estatais.

Decerto que o conflito social e ideológico continuava acirrado nessa situação de criação das condições da transição, ou seja, dos fundamentos econômico-sociais da democracia socialista, da época histórica da transição socialista. O esforço de Lênin era o de demonstrar a necessidade do capitalismo de Estado, pois pelo momento o socialismo era pouco mais que uma decisão política, um projeto de se constituir um Estado operário a partir da instituição do soviete. Mas na realidade das coisas, a Rússia permanecia sendo um país de pequenos camponeses, onde se produz mercadorias e acumulação privada, de modo que havia um poder soviético sobre uma base material na qual predominava ainda um capitalismo pequeno-burguês.

Assim, a particularidade do momento histórico da Rússia era o conflito, por um lado, da pequena produção mercantil e do capitalismo privado contra o capitalismo de Estado e o socialismo. O capitalismo de Estado é condição mesma para o início bem sucedido da transição socialista, é uma aproximação do socialismo. No momento que corria, a ditadura deveria ser exercida contra a pequena burguesia, enquanto a Rússia soviética manobrava, recuava e esperava pela revolução na Alemanha, quando então a situação seria outra e poderia se pensar com mais seriedade sobre o socialismo integral.

Lênin pensava de início que o soviete fosse uma particularidade da revolução na Rússia, mas a prática da classe operária em outros países demonstrou o quanto havia de universal nessa forma de auto-organização da classe operária. Quando a experiência dos sovietes (conselhos) se espalhou pelos chamados impérios centrais, a partir de fins de 1918, parecia que o desenho estratégico de Lênin, que via na Rússia apenas o nascedouro de uma revolução muito mais ampla, estava perto de se realizar. Na Alemanha a transformação do capitalismo monopolista de Estado em socialismo parecia ser mais imediato pelo fato da transição partir de um patamar muito mais elevado que o da Rússia.

O processo que se seguiu foi o pior dentro das previsões possíveis. A revolução socialista internacional tardou a acontecer e quando aconteceu foi débil, tendo sofrido uma dura derrota e assim impedido a classe operária dos países imperialistas de ajudar decisivamente a Rússia revolucionária. A própria Rússia foi penalizada com quase três anos de guerra civil e intervenção armada do imperialismo. Assim a prioridade foi novamente alterada para a defesa do poder revolucionário a todo custo, criando novas formas de hierarquia e burocracia, que distorceram profundamente a democracia do soviete e colocou em cheque a aliança operário-camponesa.

A NEP e as difíceis condições para a transição socialista

Vencida a guerra civil e a intervenção imperialista, mas derrotada a revolução socialista internacional, em março de 1921, a devastada Rússia soviética, em mais uma manobra de recuo para esperar a classe operária do Ocidente a se reerguer, dá início à chamada NEP (Nova Política Econômica). Não por acaso Lênin retoma a discussão de 1918 sobre o capitalismo de Estado no seu texto *Sobre o imposto em espécie*. A primeira observação é que depois da guerra civil a ruína do país havia aumentado e detido a restauração das forças produtivas, ao mesmo tempo em que se reforçava o elemento pequeno burguês no campo.

Em outro aparente paradoxo, Lênin defendia que para se melhorar a situação dos operários havia que se começar pelos camponeses e pela garantia do abastecimento. Atentava ainda que

> tomar outro caminho diferente significa colocar os interesses corporativistas dos operários acima dos interesses de classe; significa, pois,

> sacrificar em troca do aproveitamento de vantagens imediatas, parciais e momentâneas, os interesses de toda a classe operária, de sua ditadura, de sua aliança com os camponeses contra os latifundiários capitalistas, de seu papel dirigente na luta para libertar o trabalho do jugo do capital (Lênin, 1977c, 79).

Na prática, a proposta de Lênin indicava o fim do confisco da produção camponesa pelo imposto em espécie e pela troca por produtos industriais. Uma solução econômica bastante primitiva, mas derivada da situação de devastação em que a Rússia se encontrava então. Ademais, diante da impossibilidade de se restaurar as forças produtivas de imediato, seria necessário ajudar na restauração da pequena indústria, o que, ao final das contas "resulta no ressurgimento da pequena-burguesia e do capitalismo baseado na limitada liberdade de comércio (ainda que não seja mais do que local)" (Lênin, 1977c, 81).

Nessa situação, quando as condições para a transição socialista estavam ainda aquém de 1918, a estratégia socialista de Lênin apontava como única possibilidade o empenho para se canalizar o desenvolvimento capitalista inevitável para a via do capitalismo de Estado. Daí a prioridade dada por Lênin às concessões, ao concessionário capitalista, gestor da grande empresa, cujo significado seria de "um pacto do poder soviético, ou seja, do poder estatal proletário, com o capitalismo de Estado, contra o elemento pequeno-proprietário (elemento patriarcal e pequeno-burguês)" (Lênin, 1977c, 83).

Assim,

> "Implantando" o capitalismo de Estado sob a forma de concessões, o poder soviético reforça a grande produção contra a pequena, a produção avançada contra a atrasada, a produção baseada na maquinaria contra a manual, aumentando assim a quantidade de produtos da grande indústria reunidos em suas mãos (por meio de cotas em espécie) e reforçando as relações econômicas reguladas pelo Estado em contrapartida às relações pequeno-burguesas anárquicas (Lênin, 1977c, 84).

O cooperativismo era outra forma de capitalismo de Estado, apenas que com a grande diferença que essa se funda na pequena indústria manual e patriarcal, mais difícil de ser controlada e também mais difícil de passar para a grande produção e associação voluntária. Outras formas de capitalismo de Estado seriam o pagamento de comissão ao comerciante pelo estoque e venda da produção estatal ou privada e, finalmente, o arrendamento de uma fábrica ou da terra. Percebe-se com toda a nitidez que o empenho de Lênin nesse momento é construir na Rússia um capitalismo de Estado, dado a flagrante impossibilidade da transição socialista e mesmo do recuo para formas de produção pré-capitalistas. O problema todo estava em ajustar as melhores condições para a transição socialista, para o que "é necessário compreender quais são os caminhos, os métodos, os recursos, os elementos intermediários necessários para a passagem das relações pré-capitalistas para o socialismo" (LÊNIN, 1977c, 88).

As dificuldades foram ainda maiores na implantação de um capitalismo de Estado razoavelmente adiantado, pois a estratégia da burguesia russa e do imperialismo era a de sufocar a Rússia soviética economicamente, tendo então falhado o projeto das concessões. Desse modo, não restou a Lênin outro caminho que não fosse o de aprofundar a reflexão sobre o capitalismo de Estado a partir das variantes mais atrasadas e a partir disso encontrar as linhas de passagem para a transição socialista, quase que cedendo, por força da dura realidade, às velhas concepções dos *narodiniks* de passagem para o socialismo a partir das comunas agrárias.

Já adoentado, Lênin expõe algumas considerações sobre o problema das cooperativas. Começa por afirmar que o socialismo seria o mesmo que a máxima organização dos trabalhadores em cooperativas e para demonstrar isso raciocina a partir da lembrança que "com a NEP fizemos uma concessão ao camponês como comerciante, fizemos uma concessão ao princípio do comércio privado; disso precisamente (ao contrário do que alguns creem) a gigantesca importância das cooperativas" (LÊNIN, 1977d, 378).

Lênin identificava a importância das cooperativas a partir da propriedade dos meios de produção pelo Estado operário e também pelo que julgava ser o caminho de passagem dessa vertente do capitalismo de Estado, que eram as cooperativas para as condições da transição socialista. O cooperativismo dos camponeses deveria então ser estimulado por meio de uma política de Estado adequada e com oferta de vantagens materiais em relação à empresa privada. Mas para que o cooperativismo implique a autogestão coletiva e elevação da produtividade é indispensável "toda uma etapa de desenvolvimento cultural". A melhor qualificação para o trabalho e uma cultura geral mais extensa, com o tempo resultaria na geração das condições da transição socialista pela via do capitalismo de Estado também nessa vertente. Em fórmula lapidar Lênin afirmava: "quando os meios de produção pertencem à sociedade, quando é um fato o triunfo de classe do proletariado sobre a burguesia, o regime dos cooperativistas cultos é o socialismo" (Lênin, 1977d, 381).

Na avaliação de Lênin, quando o problema da sua sucessão na direção do partido e do Estado já se apresentava, as tarefas que seus sucessores teriam que se defrontar eram de longo prazo. A primeira delas seria a refazer a administração pública, em grande medida herdada do antigo Estado feudal-absolutista, burocrático e ineficaz. O fato é que o novo Estado que deveria se desenvolver e florescer a partir dos sovietes, da autogestão, da democracia direta de base, não chegou a se constituir em razão das tantas agruras que passou desde que assumira o poder de Estado.

A outra tarefa seria promover uma "revolução cultural" entre os camponeses, induzindo-os a se organizarem em cooperativas, já que "se pudéssemos organizar toda a população em cooperativas, pisaríamos com os dois pés em terreno socialista". Lênin concluía, não sem certa melancolia, que

> hoje nos basta esta revolução cultural para chegar a nos convertermos em um país completamente socialista, mas essa revolução cultural nos apresenta incríveis dificuldades, tanto no aspecto puramente cultural (pois somos analfabetos) como no aspecto material (pois para sermos cultos é necessário certo desenvolvimento dos meios materiais de produção, se precisa de certa base material) (Lênin, 1977d, 384).

Últimas considerações

Chegado perto do fim da vida, Lênin tinha plena clareza de que a revolução socialista internacional fora derrotada, quiçá por quanto tempo, tendo assim falhado o seu desenho estratégico concebido com o início da guerra imperialista de perseguir uma guerra civil revolucionária em toda a Europa e depois, mais concretamente, uma revolução articulada entre Rússia e Alemanha. Nunca teve dúvidas, porém, que na Rússia, cujo desenvolvimento era retardatário, tratava-se de se construir as condições para a transição socialista. Na particularidade russa, as condições para a transição socialista seriam construídas por um capitalismo de Estado dirigido pela ditadura democrática do proletariado e do campesinato.

O drama se apresenta quando se constata que a situação em 1923 era muito pior que 1905, quando esteve longe da vitória, e que 1918, quando se consolidou a teoria do capitalismo de Estado como via de passagem para as condições da transição socialista.

Os últimos escritos de Lênin buscaram configurar a NEP como construção de um capitalismo de Estado sob direção do partido comunista, que amadurecesse indicando as vias de passagem para a transição socialista, que criasse as condições da transição socialista. Lênin sabia das dificuldades quase insuperáveis e de quanto a derrota estava próxima, considerando o isolamento internacional e a catástrofe econômico-social da Rússia.

Do exposto, é possível observar que a teoria política de Lênin sempre esteve vinculada à prática transformadora do real, e a sua prática esteve sempre vinculada a criação das condições da transição socialista. Para que isso ocorresse era preciso que a classe operária assumisse a direção do processo histórico, que no caso particular da Rússia significava alcançar o desenvolvimento científico, técnico, organizativo e cultural do imperialismo, implementando um capitalismo de Estado que criasse as condições para a transição socialista. Isso poderia acontecer em meio a uma revolução burguesa ou em meio a uma presumível revolução socialista internacional. As condições da transição não eram uma abstração, pois estavam postas na realidade do imperialismo capitalista e eram essas as condições a serem alcançadas a fim de que a empreitada da transição socialista para o comunismo e a emancipação do trabalho fosse empreendida. Assim, pode ser dito que a transição socialista propriamente dita jamais teve início no tempo de Lênin, permanecendo sempre como um objetivo a ser alcançado.

Bibliografia

Lênin, V. "Que hacer?" In: *Obras escogidas em doce tomos*. Tomo II. Moscú: Editorial Progreso, 1975.

_____. "Dos tácticas de la socialdemocracia em la revolucion democrática". In: *Obras escogidas em doce tomos*. Tomo III. Moscú: Editorial Progreso, 1976.

_____. "La bancarrota de la II Internacional". In: *Obras escogidas em doce tomos*. Tomo V. Moscú: Editorial Progreso, 1976.

_____. "Las tareas del proletariado em nuestra revolucion". In: *Obras escogidas em doce tomos*. Tomo VI. Moscú: Editorial Progreso, 1976a.

_____. "La catástrofe que nos amenaza y como combatirla". In: *Obras escogidas em doce tomos*. Tomo VII. Moscú: Editorial Progreso, 1977.

_____. "Se sostendran los bolcheviques en el poder?" In: *Obras escogidas em doce tomos*. Tomo VII. Moscú: Editorial Progreso, 1977a.

_____. "Las tareas inmediatas del poder soviético". In: *Obras escogidas em doce tomos*. Tomo VIII. Moscú: Editorial Progreso, 1977b.

_____. "Sobre el impuesto en espécie". In: *Obras escogidas em doce tomos*. Tomo XII. Moscú: Editorial Progreso, 1977c.

_____. "Sobre las cooperativas". In: *Obras escogidas em doce tomos*. Tomo XII. Moscú: Editorial Progreso, 1977d.

Conselhismo e democracia[1]

Luciano Cavini Martorano[2]

É um fato geralmente aceito que o marxismo não dispõe de uma teoria da democracia – teoria entendida como um "conjunto significativo pertinente", como um "conjunto explicativo coerente", ou ainda como um "conjunto hipotético testável" –; embora ofereça alguns elementos importantes para a formulação de seu conceito. Isto é, o material encontrado na bibliografia marxista ainda não forma um conjunto coerente capaz de abranger as inúmeras questões englobadas pelo tema democracia – tais como, representação política, exercício e controle do poder, sistema partidário, institucionalidade –, que permitisse uma explicação teórica satisfatória sobre ele. Ele tampouco permite o teste por infirmação de suas hipóteses. Em outros termos, a análise marxista sobre a democracia ainda não atingiu um grau suficiente de "formalização": "Uma teoria é formalizada quando os elementos que a caracterizam podem ser descritos por meio de regras estritas e suficientes para especificar sua natureza própria" (De Bruynne *et alli*, 1977: 119 ss).

Esta ausência, de alguma maneira, exerceu influência sobre o reconhecido fenômeno do déficit democrático nas primeiras tentativas de transição socialista do século XX – especialmente em se tratando de movimentos que buscavam apoiar a sua ação política orientados pela asserção de Lênin: "sem teoria revolucionária, não há movimento revolucionário", ainda que eles acreditassem estar amparados por uma teoria

---

[1] Trabalho apresentando no *5° Colóquio Marx Engels* na Sessão Plenária: "Estado, democracia e socialismo", no dia 8 de novembro de 2007. Publicado também na Revista *Crítica Marxista* n. 28, de 2009.

[2] Doutor em Ciência Política pelo Instituto Universitário de Pesquisa do Rio de Janeiro (IUPERJ).

da democracia socialista. No entanto, na sua falta, o melhor dos esforços por sua realização se deparava com um número sempre maior de obstáculos, muitas vezes incompreendidos ou subestimados. Para se mencionar apenas o principal exemplo, o da antiga União Soviética, o processo de esvaziamento político dos sovietes (conselhos no idioma russo), considerados os órgãos da nova democracia, começa logo no início da década de 1920. Em grande parte suscitado pela fusão do Partido bolchevique com o Estado soviético, este processo vai se expressar, cada vez mais, através da diminuição da ação política dos trabalhadores da cidade e do campo – que se reduz às periódicas e formais manifestações eleitorais, com base na lista de candidato único –; da redução do controle dos trabalhadores sobre os funcionários e os representantes políticos, o que leva ao aumento da burocracia partidária, assim como da burocracia estatal e a do aparelho econômico, com a autonomização de seus organismos; e da separação crescente entre os órgãos legislativos e os executivos.

Se democracia é o regime no qual a classe dominante consegue influenciar efetivamente o processo decisório estatal, dividindo o poder de decisão com os funcionários de Estado, nos termos definidos por Nicos Poulantzas (1972) – essa ação se dá pela existência de um órgão próprio de representação (parlamento, assembleia, ou conselho), que intervenha *de fato* na determinação da política estatal, segundo Décio Saes (1987). E se há uma relação entre os organismos políticos e a estrutura de determinado modo de produção, mais especificamente a de sua articulação com o conteúdo e a forma de relações econômicas e sociais históricas específicas,[3] pode-se tentar sistematizar os elementos substanciais apresentados por alguns dos principais autores marxistas que abordaram a questão sobre o papel dos conselhos na democracia socialista, tendo

---

[3] Esta problemática é sugerida por Umberto Cerroni (1980, 72-73), quando ao analisar o Estado moderno, e remetendo-se a Marx, destaca a necessidade de uma análise sobre a "recíproca implicação entre as formas políticas e [as] relações econômico-sociais"; já qualificando a natureza de sua relação no capitalismo. Ela se encontra também na obra de C.B. Macpherson (1978, 13), para quem diferentes "modelos" de democracia "são congruentes com diferentes espécies de sociedade e exigem mesmo diferentes tipos de sociedade", embora ele analise apenas os "modelos" de democracia liberal. Para este autor, a relação – considerada "decisiva" (MACPHERSON, 1978, 16) – entre as instituições e a estrutura da sociedade, entre a democracia e as classes sociais, explica a natureza funcional do regime político para a manutenção da coesão social. Assim, por exemplo, uma sociedade desigual se reproduziria apoiada em um regime que reservasse a disputa política apenas para uma elite, mantendo a maioria social em estado de apatia política. Já uma sociedade mais igualitária exigiria um regime mais participativo.

em vista sua maior formalização teórica. O objetivo desse artigo é oferecer uma primeira aproximação nesse sentido. Esclaremos que para nós o conselhismo engloba não apenas os autores apresentados de forma restritiva como integrantes dos "grupos comunistas de conselhos" – isto é, Karl Korsch, Anton Pannekoek, Herman Gorter etc. – conforme a posição defendida por Paul Mattick. Se assim o fizéssemos, estaríamos excluindo da pesquisa autores como Lênin, Leon Trotsky e mesmo Antonio Gramsci, entre outros. Para nós, os "conselhistas" incluem todos aqueles que pensaram a questão dos conselhos operários em sua relação com o partido socialista e com o Estado operário; e não exclusivamente os que consideravam esses novos organismos como expressão automática da democracia direta e da superação dos partidos, como é o caso de alguns dos marxistas analisados por Paul Mattick.

O ponto de partida para a discussão sobre a nova democracia é a obra de Marx dedicada à Comuna de Paris. Em *A Guerra Civil na França*, ele sugere a necessidade de se superar o burocratismo típico do Estado burguês como condição indispensável para a instauração de um controle popular sobre a burocracia (através da eleição de funcionários, da revogabilidade de representantes, do mandato imperativo e do pagamento de um salário equivalente ao do operário), com o objetivo de se estabelecer uma nova relação entre os trabalhadores e seus representantes administrativos e políticos. Além disso, Marx indica a importância da fusão da atividade legislativa com a executiva em um só organismo. Ao apresentar o que considera como sendo o "seu verdadeiro segredo", Marx destaca: "a Comuna era, essencialmente, um governo da classe operária, fruto da luta da classe produtora contra a classe exploradora, a forma política afinal descoberta sob a qual se poderia levar a cabo a emancipação econômica do trabalho" (Marx, s/d, 301).[4] Ao sublinhar a importância das medidas adotadas pela Comuna em seus poucos dias de existência, ele afirma também que elas eram a expressão de "um governo do povo pelo povo" (Marx, s/d, 305). Notemos aqui, de passagem, a diferença entre a primeira afirmação – "governo da classe operária" –, e a segunda – "governo do povo pelo povo" –, já que ambas não são sinônimos, especialmente para o próprio marxismo. Mas, o que mais nos interessa agora é acentuar a relação estabelecida por Marx entre uma determinada forma política que seja adequada à luta pelo fim da exploração capitalista. Em outros termos, nem toda forma política pode ser compatível com a luta pelo socialismo e a sua construção, o que é fundamental para a compreensão sobre a necessidade de se substituir o parlamento tradicional do Estado burguês pelos

---

[4] A tradução das edições estrangeiras é nossa.

conselhos operários. E se a Comuna assim se configurou para Marx, isto se deve ao fato dela ter agido como um "autogoverno dos produtores".[5] É de se registrar ainda que, nessa obra, Marx não faz nenhuma referência ao papel dos partidos na experiência da Comuna, e sugere uma aplicação do sufrágio universal implicando um maior poder para os eleitores.

Com base na experiência da Revolução Russa de outubro de 1917, e apoiado na análise marxiana da Comuna de Paris, Lênin vê nos soviets os órgãos constitutivos da nova democracia, procurando mostrar da seguinte maneira a sua radical novidade: 1) eles formariam um exército de operários e de camponeses, em substituição ao exército tradicional, separado da população trabalhadora; 2) eles garantiriam uma "estreita e indissolúvel" ligação com as massas, impedindo a autonomização do aparelho estatal; 3) seriam mais democráticos que os organismos anteriores por permitir a eleição e a revogabilidade de seus integrantes; 4) facilitariam uma "sólida ligação entre as profissões mais diversas"; 5) seriam ainda uma "forma de organização da vanguarda" permitindo a esta "educar, instruir e levar atrás de si toda a gigantesca massa" popular (desde logo, registre-se o enorme problema relacionado com o duplo papel atribuído ao soviete, em sua condição simultânea de organização de "massa" e de vanguarda, ou seja, aqui Lênin atribui ao soviete um papel normalmente reservado ao partido revolucionário socialista ao longo de sua própria obra); 6) por último, eles reuniriam as "vantagens do parlamentarismo com as vantagens da democracia imediata e direta", ao fusionar a atividade legislativa com a execução das leis (LÊNIN, 1978, 43-44). Porém, pouco tempo depois, o próprio Lênin, levando em conta a nascente experiência soviética, constata que "os sovietes, sendo por seu programa órgãos de administração exercida *pelos trabalhadores*, sejam na prática órgãos de administração exercida *para os trabalhadores* exercida pelo setor avançado do proletariado, e não pelas massas trabalhadoras" (LÊNIN, 1978, 171; grifos do autor). Ou seja, o problema da relação entre vanguarda e "massa", presente em sua formulação anterior, fora resolvido em favor da primeira, organizada no partido, e em prejuízo dos trabalhadores e dos sovietes. Tal fato já antecipava uma relação potencialmente conflituosa entre partido e conselhos.

---

[5] Tal como aparece na edição alemã: "Selbstregierung der Produzenten" (MARX, 1978, p. 202), semelhante à versão inglesa "self-government of the producers" (MARX, 1978, 140), mas diferente tanto da versão francesa "gouvernement des producteurs par les producteurs" (MARX, 1978, 499), e da espanhola "Gobierno de los productores por los productores" (MARX, s/d, 299).

Exercício e controle do poder

Na sua polêmica análise sobre *A Revolução Russa*, Rosa Luxemburgo, ao fazer a crítica de algumas concepções de Lênin e de Trotsky, sublinha que cabe ao proletariado, tendo conquistado o poder, "criar no lugar de uma democracia burguesa, uma democracia socialista e não abolir toda a democracia" (LUXEMBURGO, 1973, 68). Essa democracia socialista não começaria somente "na terra prometida, uma vez construídas a infraestrutura econômica socialista", mas já "com a demolição do domínio de classe e a construção do socialismo. Começa no momento mesmo da tomada do poder pelo partido socialista". Para Rosa, a ditadura do proletariado, e não a de sua vanguarda ou a de seus representantes, "consiste no sistema de aplicação da democracia, e não em sua abolição" (LUXEMBURGO, 1973, 68).

Em obra anterior, polemizando com Eduard Bernstein, a revolucionária polonesa procura evidenciar a necessidade da democracia para a luta dos trabalhadores:

> É [a democracia] necessária em primeiro lugar porque cria formas políticas (administração autônoma, direito eleitoral etc.) que servirão de pontos de apoio ao proletariado em seu trabalho de transformação da sociedade burguesa. Em segundo lugar, é indispensável porque só por meio dela, na luta pela democracia, no exercício de seus direitos, pode o proletariado chegar à consciência de seus interesses de classe e suas tarefas históricas (LUXEMBURGO, 1975, 67).

Tais afirmações, tomadas ao pé da letra, poderiam inclusive desautorizar a pretensão dos bolcheviques, ao final exitosa, em dirigir a luta dos trabalhadores russos pela conquista do poder político na Rússia czarista, onde a democracia burguesa ainda não existia, estando eles portanto sem condições de exercer os direitos democráticos. De todo modo, para Rosa, a democracia seria "indispensável" para que os trabalhadores pudessem desenvolver a sua consciência sobre a possibilidade de conquista do poder político, tornando "essa perspectiva *necessária*" e a "a *única possível*" (LUXEMBURGO, 1975, 67; grifos do autor). Dessa forma, ela procurava também enfrentar o dilema posto frente ao movimento operário pela complexa relação entre reforma e revolução no que diz respeito à democracia. E apesar de suas polêmicas com Lênin, eles estão de acordo sobre um ponto crucial: a necessidade de uma ruptura política de caráter estrutural, envolvendo a mudança de classe no poder, como condição indispensável para se implantar a nova democracia.

Tal perspectiva parece ser a predominante nos artigos de Antonio Gramsci dedicados aos Conselhos de Fábrica, onde ele destaca como sendo "tarefa" do Estado socialista a garantia das "condições de desenvolvimento das instituições que as massas trabalhadoras criarão a fim de dirigir a produção segundo o seu próprio interesse, e de se governar diretamente" (Gramsci, 1976, 84). Ao "Estado de transição" caberia ainda a "missão" de "suprimir a concorrência abolindo a propriedade privada, as classes, as economias nacionais" (Gramsci, 1976, 23). Afirmamos predominante porque o teórico italiano considera que esse novo Estado "já existe potencialmente nas instituições de vida social, características da classe trabalhadora explorada", mormente nos comitês de fábrica. Por isso, nas condições da crise de Turim em 1919, ele aponta como grande desafio a criação "desde já [de] uma verdadeira democracia operária" (Gramsci, 1976, 34), através de sua organização hierarquizada e centralizada mas que garantisse a autonomia dos conselhos.

No período de seus artigos para o jornal *Ordine Nuovo*, Gramsci acentua também que "o Estado socialista não pode encarnar-se nas instituições do Estado capitalista" (Gramsci, 1976, 23). Mas qual é o argumento de fundo que ele apresenta para sustentar a tese de que seria possível postular uma nova democracia baseada nos conselhos? Uma condição necessária para a instauração de um Estado socialista seria a transformação sociopolítica dos trabalhadores da condição de meros assalariados para a de produtores, processo que já estaria em curso na dinâmica reprodutiva do capitalismo, mas que para se efetivar inteiramente pressuporia a conquista de uma nova consciência por parte deles. Só então,

> o operário é verdadeiramente um produtor, porque tomou consciência da sua função no novo processo produtivo, em todos os seus graus, desde a fábrica até à nação e depois ao mundo; então, ele sente que é a classe e torna-se comunista porque para ele a propriedade privada não é uma função da produtividade; e torna-se revolucionário porque concebe o capitalista, o proprietário privado como um peso morto, como um obstáculo que é necessário eliminar (Gramsci e Bordiga, 1981, 63).

Ou seja, novamente a consciência de classe surge como um atributo necessário para a solução da questão do chamado "sujeito histórico" da revolução e da construção do socialismo. Essa consciência faria com que os trabalhadores compreendessem os limites da democracia capitalista e lutassem pela democracia socialista.

A nova democracia é vista por Gramsci, essencialmente, como a afirmação do poder operário na fábrica. Isso o leva a afirmar que ela é o lugar onde "a classe operária se funde num corpo orgânico determinado", constituindo-se enquanto "a célula de um novo Estado", fazendo com que o próprio Estado socialista pudesse surgir "em função de uma configuração produtiva" (Gramsci, 1976, 32). Revelando uma concepção que privilegia a economia em prejuízo da política, tal como demonstra sua outra afirmação, segundo a qual "o processo revolucionário è exercido no campo da produção, na fábrica" (Gramsci e Bordiga, 1981, 93).

Convém assinalar que a leitura de boa parte dos textos dedicados aos conselhos precisa levar em conta o nível de abstração em que se situa a análise do autor, evitando-se o risco de generalizações indevidas. Muitos dos trabalhos dos conselhistas têm uma manifesta preocupação tanto com a tática política a ser adotada pelo movimento socialista em determinada conjuntura, como com a sua estratégia visando a conquista do poder. Em outras palavras, as suas formulações, muitas vezes, não podem ser abstraídas de conjunturas políticas sob as quais foram feitas, especialmente quando eles próprios estavam diretamente envolvidos com o combate político imediato. Esse fato, por um lado, ajuda a entender a emergência de períodos históricos que caracterizam-se pela ausência de obras dedicadas ao estudo dos conselhos na medida em que eles não estão colocados, por assim dizer, na "ordem do dia" da agenda política, o que acaba exercendo influência sobre a agenda da pesquisa teórica. Por outro lado, isso não quer dizer que o problema teórico dos conselhos, assim como a questão do socialismo, possam ser circunscritos à agenda política conjuntural. Isso faria com que a própria teoria fosse reduzida à condição de uma simples análise instrumentalizada a serviço de interesses políticos imediatos. Além do que, como estamos buscando indicar, encontram-se na literatura conselhista inúmeros elementos que podem ser desenvolvidos teoricamente com vistas à construção de uma teoria da democracia socialista.

Feitas tais ressalvas, voltemos a um ponto presente nas formulações do jovem Gramsci, saber se de fato os conselhos de fábrica seriam "embriões" do futuro poder operário já presente no interior do capitalismo. Por ora, lembremos que, nessa época, Gramsci via o partido revolucionário como "um modelo do que será amanhã o Estado operário" na medida em que ele conseguisse que "as massas operárias se reencontrem no seu domínio específico, a produção" (Gramsci, 1976, 84). Vale dizer, em um primeiro momento, Gramsci caracteriza conselho e partido de forma bastante aproximada.

Para analisar tal questão, é importante acompanhar o debate travado entre ele e Amadeo Bordiga, do qual destacamos agora apenas alguns elementos relacionados com o objetivo do presente artigo. Ao longo desse debate, Bordiga chegou a afirmar que "o conteúdo central do marxismo [é] a crítica da democracia". Assim, a ditadura do proletariado não poderia ser conquistada "através da democracia, mas através de sua demolição" (BORDIGA, 2000, 4); afirmação literalmente contrária à feita por Rosa Luxemburgo. Ao conceber a democracia de maneira restrita – como equivalente à mera aplicação do sufrágio segundo o princípio a cada cidadão, um voto –, Bordiga entende democracia como sinônimo da democracia burguesa. Segundo ele, "ninguém se oporia ao uso do dilema: democracia burguesa ou democracia proletária, como equivalente perfeito daquele: democracia burguesa ou ditadura proletária" (BORDIGA, 1999, 1). O que revela a sua tendência em acentuar mais o aspecto repressivo tanto do Estado como do regime político, e negligenciar os efeitos ideológicos produzidos por eles, sobretudo quando são democráticos.

Bordiga destaca ainda o significado decisivo para o Estado socialista da fusão das atividades executivas e legislativas em um só organismo: "o poder de estado continua de fato nas mãos da burguesia até quando estejam de pé as instituições parlamentares e executivas do estado atual" (BORDIGA, 1999, 5; maiúsculas do autor). Dessa maneira, a exemplo de muitos outros marxistas, Bordiga identifica a divisão institucional entre poderes como elementos típicos do Estado e da democracia capitalistas. Como viria a revelar depois a experiência das tentativas de transição ao socialismo do século passado na antiga URSS, na China e em outros países, ao não conseguirem equacionar essa questão, sob o verniz do novo Estado que se proclamava socialista manteve-se a divisão institucional de poder característica do Estado anterior, ocultando-se a existência de um poder inteiramente autônomo frente aos trabalhadores.

O austríaco Otto Bauer fornece pistas sobre o que poderia ser considerado como um sintético esboço geral dos diferentes estágios de um regime político socialista. Segundo ele, os trabalhadores até poderiam ascender ao poder político através do sufrágio universal, mas o governo operário assim constituído enfrentaria, logo a seguir, a resistência da burguesia. Para enfrentá-la e vencê-la, a democracia operária – entendida como expressão do domínio de classe do proletariado, mas também como o resultado da vontade da maioria do povo –, "se transformaria" em uma ditadura do proletariado, obrigada a empregar meios ditatoriais contra a oposição burguesa.

Para ele, a ditadura do proletariado seria "uma democracia em uma situação revolucionária", sob a pressão do proletariado armado. Ela seria diferente da democracia operária que se caracterizaria como "a dominação do proletariado sem prejuízo da liberdade de direitos de todos os cidadãos" (BAUER, 1970, 2136 s). Ou seja, passado o período de crise, a ditadura proletária daria lugar à democracia dos operários, que por sua vez, na medida em que a oposição dos interesses de classe fosse desaparecendo, se desenvolveria até a democracia socialista. Ou então poderia surgir, a exemplo do que ocorrera na Rússia durante a Guerra Civil, uma "ditadura 'totalitária' de um partido operário", sob a qual os sovietes perderam poder frente a uma crescente burocracia. Isto é, para o teórico austríaco a ditadura do proletariado só seria necessária durante o período da crise revolucionária, se encerrando com esta. E mais ainda, Bauer chega a admitir a possibilidade de um "governo proletário" não apenas "proteger" como inclusive "apoiar" a produção capitalista, o que criaria como ele próprio admite uma "contradição entre a posição de domínio político do proletariado e a posição de domínio econômico da classe capitalista" (BAUER, 1970, 2138). Porém, somos levados a reconhecer que um efetivo domínio político do proletariado não pode ficar restrito à esfera política, pressupondo não só a estatização dos meios de produção, como a revolucionarização das relações de produção e das forças produtivas.

Max Adler, outro influente teórico do "austromarxismo", destacou que os famosos ideais da Revolução Francesa de igualdade, liberdade e fraternidade só poderiam alcançar um "conteúdo social" com a realização de uma verdadeira igualdade econômica. De tal sorte que a questão a ser enfrentada durante a transição seria a da passagem da democracia cirscunscrita à esfera política para uma ampla democracia social.

Adler assume a noção de "vontade geral" como sendo a própria noção da democracia, reiterando um aspecto central da concepção de Rousseau. Porém a concretização da "vontade geral" só seria possível em uma sociedade onde não mais houvesse a oposição entre interesses vitais; do contrário, a exemplo do que ocorre na sociedade de classes, a democracia nunca poderá ser completa, mas somente parcial. Nos seus termos, na sociedade de classes pode haver democracia política, mas não a democracia social. Para ele, o mais importante é considerar a democracia em consonância com o seu sentido etimológico: o "domínio de povo", ou mais exatamente, como a realização da "autodeterminação popular" (ADLER, 1974, 122). Sendo que esta democracia teria como pré-requisito a formação de um "povo unitário", ou uma "unidade solidária do povo". Sendo rigoroso, a democracia só poderia ser completa no comunismo, a sociedade sem classes; cabendo ao socialismo, enquanto período de transição, a construção de várias das condições indispensáveis para o seu advento futuro, como por exemplo a eliminação da desigualdade econômica. Registre-se, desde já, que Adler, assim como vários outros autores, nem sempre estabelecem uma clara distinção entre o socialismo e o comunismo, chegando mesmo a utilizar um como sendo sinônimo do outro.

A exemplo de Lênin, e como Anton Pannekoek, ele tenta mostrar a necessidade de uma ditadura mesmo sob o domínio da maioria social, pois uma classe "não deixa de existir com a superação das condições econômicas que provocaram o seu surgimento e a sua existência" (ADLER, 1974, 200). A sua vigência se estenderia até o fim das classes no comunismo, quando então estariam dadas as condições para a realização da verdadeira democracia.[6] Adler levanta ainda um ponto que fazia parte do debate no interior do marxismo: o proletariado, visto por ele como o portador do "interesse geral",[7] só poderia erigir o seu Estado quando fosse a maioria numérica da população de um país, pensando obviamente nas economias capitalistas mais desenvolvidas. Além disso, segundo ele, a ditadura do proletariado seria apenas *"uma função da democracia política"* (ADLER, 1974, 247; grifos do autor). Ora, a primeira concepção interdita a possibilidade de se pensar o início da transição socialista antes da formação de um proletariado socialmente majoritário, e, consequentemente, de se conceber como socialistas as revoluções na Rússia em outubro de 1917, ou na China de 1949.

Em relação ao princípio da divisão de poderes, entre legislativo e executivo, tampouco Adler o aceita como sendo a base da democracia, pois "o povo perderia uma parte essencial da sua verdadeira soberania se se contentasse apenas com a função legislativa e abdicasse da responsabilidade de escolher e controlar os funcionários do executivo e de designar os magistrados encarregados de julgar" (ADLER, 1976, 116). Como resultado final, além da perda do poder popular, se teria a "esclerose final das autoridades administrativas, convertendo-as num mecanismo burocrático fortemente hierarquizado que esmaga incessantemente a vontade legislativa com as limitações rigorosas duma burocracia cada dia mais autônoma" (ADLER, 1976, 117). Não é difícil supor que Adler, ao fazer tais considerações, tinha em vista não apenas a experiências das democracias parlamentares da Europa ocidental no início do século passado, como também a então recente burocratização do Estado soviético. Como podemos ver, mais

---

6 Ponto no qual o teórico austríaco difere de Lênin que, em *O Estado e a Revolução* indicara que o fim das classes implicaria também o fim da democracia sob o argumento de não haveria mais a necessidade da repressão de classe, subsistindo apenas "certos excessos individuais" (LÊNIN, 1993, 122), que seriam coibidos pelo povo sem a necessidade do Estado.

7 Expressão contraditória, porque Adler (1974, 114-115) se refere a um suposto "interesse geral" pela transformação revolucionária, o que está longe de corresponder aos interesses de todas as classes e grupos sociais na sociedade capitalista.

uma vez, a ideia de um efetivo poder popular aparece relacionada com a da fusão da atividade legislativa com a executiva e a judiciária.

O holandês Anton Pannekoek, na sua obra *Conselhos Operários*, ao procurar desenvolver a noção de uma democracia de conselhos se pergunta sobre a pertinência desse substantivo para designá-la, "pois *cracia* indica um domínio pela força que, neste caso, não existe". Além disso, a "organização em Conselhos é o único meio pelo qual a humanidade trabalhadora organiza suas atividades vitais sem que tenha a necessidade de um governo para dirigi-la" (Pannekoek,1977, 203). Vale dizer, para ele, a democracia conselhista é desde o início a expressão de uma democracia direta, a manifestação do autogoverno dos produtores diretos.

Em outro texto, *"Bolschewismus und Demokratie"*, Pannekoek entende a democracia como o "governo do povo", mas um governo onde o próprio povo se autodirija e não venha a ser dirigido por nenhum outro grupo ou camada social. Na medida em que o "povo" esteja dividido em classes sociais, isso impediria a formação de uma "vontade 'própria' comum" (1919, 25). Uma democracia operária que pretenda representar os interesses dos trabalhadores só poderia existir para Pannekoek com a formação dos conselhos operários, construídos de baixo para cima e mantendo uma permanente ligação com a "massa". A democracia de conselhos não poderia formar uma nova burocracia e funcionaria apoiando-se na atividade de delegados eleitos e removíveis a qualquer momento. Na sua principal obra, ele garante que "a organização em conselhos representa a mais elevada forma de democracia, a verdadeira democracia do trabalho", já que ela "assegura a subsistência de todos os produtores que colaboram na condição de donos livres e iguais de suas fontes de vida" (1977, 203 e 204).

Atribui-se a Karl Korsch a formulação de uma democracia industrial, porém seria mais correto afirmar que ele fornece apenas indicações significativas para a sua postulação. Nos limites desse artigo, destacamos brevemente que ela é entendida como a vigência de um sistema de conselhos sob o Estado operário. Esses conselhos, no processo revolucionário de conquista do poder, seriam a forma direta da autodeterminação dos produtores diretos tendo como principal desafio a realização do controle da produção, considerado como condição inicial necessária para uma posterior gestão operária do processo produtivo.

Mas por que precisamente uma democracia industrial? Porque para Korsch, a luta decisiva é a travada pelo domínio da economia (ou da "organização do trabalho"), e não a disputa pelo controle do Estado. Korsch, em uma primeira aproximação de suas teses, estaria então reafirmando assim a conhecida tese de Marx de que não pode haver um Estado operário sem que haja, correlatamente, a direção do proletariado sobre o processo de produção. Korsch admite que um sistema de conselhos de tipo puro esteja subordinado ao Estado socialista, apoiando-se na ideia de que "um sistema de conselhos econômicos controlado pelo Estado operário" (KORSCH, 1968, 110) poderia atender as reivindicações operárias.

Mesmo que os conselhos fossem os principais órgãos da democracia industrial, Korsch aventou a possibilidade da restrição provisória dos direitos de participação dos operários na gestão econômica. Tal hipótese fora formulada por um autor como Nikolai Bukharin (1974), em obra escrita durante o período do "comunismo de guerra" na nascente Rússia soviética. Ao admitir essa possibilidade teríamos porém um regime socialista de caráter ditatorial, implicando a inexistência dos conselhos como órgãos de representação dos trabalhadores e a monopolização do processo de tomada de decisões pela burocracia de Estado. Para nós, essa hipótese contraria a própria essência do regime político socialista enquanto um regime necessariamente democrático.

Em suma, excetuando essa última hipótese, predomina na literatura a ideia de que o exercício e o controle do poder na democracia socialista guarda relação direta com a organização e o funcionamento dos conselhos operários, capazes de superar a anterior divisão institucional de poderes da democracia capitalista. E essa questão só pode ser corretamente analisada tendo em vista o quadro mais geral em que se insere a transição socialista, no qual além da luta contra a antiga classe dominante e seus aliados, o proletariado enfrenta o desafio de controlar efetivamente a burocracia e de impedir a formação de uma nova burguesia de Estado, com base nas relações de produção capitalistas ainda não superadas com a estatização dos meios de produção.

Representação política: sistema único de conselhos ou sistema misto

Na passagem do capitalismo ao comunismo, um problema em particular sobre a representação política se destaca: se o objetivo final é o fim do Estado, qual seria a relação entre o mecanismo da representação necessariamente presente no início da transição e a busca pelo autogoverno dos produtores diretos, que implicaria a sua eliminação? Dito de outra maneira, trata-se de um problema a ser formulado nos termos de uma disjuntiva entre representação *ou* autogestão; ou, ao contrário, nos termos da possível combinação entre elementos da representação política *e* formas de exercício direto do poder pelos trabalhadores, a partir mesmo do começo da transição socialista?

Aqui, nos limitaremos a empreender uma primeira classificação indicando a existência de duas posições teóricas divergentes: a primeira postula a vigência de um sistema puro de conselhos, que tanto poderia conter mecanismos de representação política, como, hipoteticamente, também poderia prescindir deles; a segunda formula a possibilidade de um sistema misto, com o funcionamento simultâneo dos conselhos e de uma Assembleia Nacional nos moldes do sistema parlamentar tradicional.

Pannekoek (1977, 79) sustenta a necessidade de se construir o novo regime apoiando-se exclusivamente nos conselhos operários, com base na hipótese de que a cada classe social corresponderia um "corpo representativo". No entanto, há no seu pensamento uma oscilação no que diz respeito à representação política. Em *"Bolchewismus und Demokratie"*, ele tendia a excluir qualquer modalidade de representação no interior dos conselhos, já que o autogoverno do povo seria uma condição necessária tão logo os trabalhadores triunfassem em sua revolução política contra a burguesia; assim como a sua total autonomia política seria desde sempre um requisito da luta por sua emancipação. No artigo "Conselho Operário", de 1975, Pannekek passa a admitir alguma representação desde que fosse controlada pelos representados. E, na obra *Conselhos Operários*, o marxista holandês argumenta que a luta operária só poderia ter êxito sob uma condição: a de que os trabalhadores "decidam tudo por si mesmos. Não podem delegar a decisão e a responsabilidade a um organismo ou sindicatos que se encarregariam disso" (PANNEKOEK, 1977, 104). Dando o exemplo de um comitê de greve, ele assinala que "toda iniciativa e toda decisão emana dos próprios trabalhadores", e mesmo perante a necessidade de tal organismo, "tudo é feito pelos grevistas". Resumindo: "A decisão e a ação, ambas coletivas, não são mais que uma" (PANNEKOEK, 1977, 104). Ao final do livro, ele apresenta como condição essencial para o êxito do movimento socialista, além da unidade de ação dos trabalhadores, a exigência de que "eles mesmos conservem a direção de sua luta, nomeando a seus delegados, seus comitês de greve, criando seus conselhos operários, [mas] não permitindo que nenhum chefe os dirija" (PANNEKOEK, 1977, 379).

Aqui é possível, a partir dessas indicações de Pannekoek, tentar apontar uma diferenciação inicial entre uma noção de *representação*, na qual os representantes teriam maior poder de ação e de decisão, e uma outra de simples *delegação de funções*, onde os representados mantivessem um permanente controle sobre os primeiros. No caso de Pannekoek, a nosso ver, a dificuldade reside no fato de que, para ele, uma ação de greve parece se equivaler à luta pela revolução socialista, não havendo nenhuma diferença de grau ou escala; além disso, ele subestima as diversas condições para a luta operária, sendo levado a minimizar as diferenças quantitativas e qualitativas implicadas no combate travado sob o Estado burguês ou sob o Estado socialista. Em outros termos, ele não se coloca a pergunta sobre quando seria possível uma inteira autonomia política e ideológica não só de grupos isolados, incorporados principalmente em organizações com orientações e programas políticos próprios, mas de boa parte dos trabalhadores, para não falar de sua maioria. Para dar apenas um exemplo de uma outra concepção, Bordiga considera impossível a emergência de uma soberania da "maioria do proletariado" no dia seguinte à vitória da revolução (GRAMSCI e BORDIGA, 1981, 7).

Já Karl Korsch, na sua própria definição de "autonomia industrial", admite a representação política no interior do sistema conselhista. Ela se expressa no seguinte fenômeno: "quem se encontra na posição de poder sobre o processo de produção são os representantes de todos os que participam ativamente na produção, no lugar do tradicional proprietário privado ou do diretor escolhido por ele" (KORSCH, 1968, 34). E, de forma explícita, ao formular suas ideias sobre a implantação da democracia industrial, ele reconhece que ela se daria através da combinação de formas de democracia indireta com as da democracia direta.

Max Adler, por sua vez, é um dos principais representantes da defesa de um sistema misto de representação no socialismo. Segundo ele, a ditadura do proletariado não pode ser entendida como a ditadura apenas dos operários manuais, *"mas sim como a de todo o povo trabalhador"* (ADLER, 1976, 38; itálico no original). Mas isso, curiosamente, não impediria que no seu interior se manifeste uma "tendência muito clara para degenerar na ditadura de uma minoria contra a maioria do povo trabalhador" (ADLER, 1976, 50). Geralmente, boa parte dos críticos da ditadura do proletariado alertam para tal risco, exatamente por ela subentender o domínio de uma minoria operária – os produtores diretos, estrito senso – sobre uma maioria de trabalhadores assalariados, no entanto, sem levar em conta, ou pelo menos negligenciando, a possibilidade de que esta minoria possa representar de fato os interesses da maioria social.

Porém, o núcleo do argumento de Adler não se encontra, digamos, em uma concepção ampliada do Estado socialista; e sim em uma noção, a nosso ver, restritiva dos conselhos operários. Para ele, os conselhos seriam os órgãos de representação apenas dos trabalhadores que tivessem convicções socialistas. A Assembleia Nacional teria, portanto, de continuar representando os interesses de outras classes e grupos sociais, e mesmo dos trabalhadores não comprometidos com o socialismo. Ele pondera que o peso principal estaria com o sistema de conselhos, apostando em uma contínua perda de influência política da Assembleia Nacional, que acabaria levando ao seu esvaziamento. A proposição de Adler, em outras palavras, caracteriza a defesa de um situação mais duradoura de duplo poder, presente não só durante a crise revolucionária como também ao longo de boa parte da transição. O que reforça ainda mais a singularidade de sua análise, já que boa parte dos autores marxistas admitem uma situação de duplo poder circunscrita ao período da conquista do poder estatal pelos trabalhadores, ou no máximo, encerrando-se logo após essa vitória. É importante ainda sublinhar um outro elemento da sua análise: a tese de que só poderia haver uma verdadeira representação popular sob a condição de existir um "povo homogêneo". Ou seja, rigorosamente, apenas em uma sociedade sem classes e sem propriedade privada. Isso coloca uma outra dificuldade, a da admissão de alguma forma de representação política na sociedade comunista onde não haveria mais Estado.

Descartando-se a possibilidade de um duplo, e antagônico, sistema de representação no socialismo, o passo seguinte da investigação seria pensar em como se daria a articulação entre representação e autogestão com base na proposição de Ernst Mandel (1970, p. 35), segundo a qual o próprio funcionamento da autogestão se realizaria preservando determinadas formas de delegação de poder. Isto é, o problema seria saber como os conselhos articulariam formas de democracia indireta com a direta de modo a fazer com que o peso recaia de continuadamente sobre a segunda, e não o inverso.

O(s) partido(s)

Além da diferença entre duas posições sobre o sistema partidário no socialismo – pluralismo ou partido único –,[8] existe outra clivagem no interior do debate conselhista também relacionada com a questão partidária. Nos referimos às formulações distintas envolvendo a relação entre o(s) partido(s) revolucionário(s) e os conselhos, apresentadas por alguns dos autores examinados. Essa nova divisão pode ser, grosso modo, classificada da seguinte maneira: (i) partido e conselho são organizações rivais, e o primeiro dá lugar ao segundo na transição socialista; (ii) partido(s) e conselhos podem trabalhar conjuntamente na construção do socialismo, mas a direção cabe sempre ao(s) partido(s) que subordinam os segundos; (iii) partido e conselho atuam juntos, mas com base em uma divisão de tarefas entre ambos.

Os principais autores vinculados à primeira posição são Anton Panneloek e Otto Rühle. Pannekoek (2001, 2) afirma que "o partido revolucionário é uma contradição entre termos", dada a presença em seu interior de uma insanável divisão entre dirigentes e dirigidos que necessariamente culminaria com o exercício da dominação dos

---

8   Sobre isso, consultar Décio Saes (1998).

primeiros sobre os segundos, o que impossibilitaria a conquista de uma autêntica autonomia pelos trabalhadores. Para ele, a "meta" dos partidos revolucionários não seria a emancipação do proletariado, e sim a de "governá-lo" (Pannekoek, 2001, 1). No artigo "A propósito do Partido Comunista", o marxista holandês admite uma "função" apenas "temporária" aos partidos, consistindo em indicar o caminho a ser seguido pelos trabalhadores. Porém, com a radicalização da luta de classes surgiria uma contradição já que o "objetivo" do partido "não foi forjar uma classe operária poderosa, mas fortalecer as [suas] forças". Ou seja, a revolução e o socialismo só podem triunfar na presença de uma "classe revolucionária" (Pannekoek, 2003, 5-9), composta pela grande maioria dos trabalhadores. Em sua principal obra dedicada aos conselhos, ele admite porém uma nova "função" a ser desempenhada pelas organizações partidárias no socialismo, "limitada à luta espiritual", visando "dar forma à opinião" dos trabalhadores para "organizá-la mediante intercâmbios e discussões", fazendo "com que as ideias nascentes adquiram formas concisas e se clarifiquem" (Pannekoek, 1977, 143).

Também Otto Rühle, em artigo intitulado "A revolução não é tarefa de partido" (2001), critica a forma partido propondo a sua substituição imediata pelos conselhos já antes da revolução, no curso da crise que a antecede. Em outro artigo, ao tratar da concepção leninista de partido, Rühle sustenta que nele "os chefes são o cérebro das massas", e que essa "distinção entre o cérebro e o corpo, entre os intelectuais e as massas, os oficiais e os simples soldados corresponde à dualidade da sociedade de classe, à ordem social burguesa" (Rühle, 1939, 5). Segundo ele, a concepção de partido de Lênin já seria suficiente para explicar o ocaso dos soviets desde o início da Rússia soviética.

Amadeo Bordiga, sobretudo no início de sua polêmica com Gramsci, defende a segunda posição. Estabelecendo uma rígida distinção entre os soviets, considerados como órgãos de representação política da classe operária – a serem formados principalmente após a revolução –, e os conselhos de fábrica, enquanto órgãos de defesa dos interesses econômicos, ele chega à seguinte "conclusão: o órgão da revolução *enquanto* existir o poder burguês, é o partido de classe; *depois* da derrubada deste, é a rede dos Conselhos Operários" (Bordiga, 1981, 60, grifos nossos). Dessa forma, ele procura atribuir papéis diferentes ao partido – sempre no singular –, e aos conselhos, de acordo com períodos distintos da luta operária; e deixando a entender que, após a revolução, o partido cederia seu lugar aos conselhos. No entanto, analisando o período de domínio do Estado socialista, o próprio Bordiga afirma que um soviete "é revolucionário somente quando a maioria de seus membros está inscrita no Partido Comunista" (Bordiga, 1981, 85). Com isso, ele não apenas reafirma o papel dirigente do partido comunista no Estado socialista, como estabelece uma relação de subordinação automática dos conselhos diante dele.

Por último, Antonio Gramsci e Max Adler se referem à existência de diversas tendências no interior do movimento socialista, algumas das quais inclusive organizadas sob a forma partido, buscando representar os trabalhadores nos conselhos. Adler (1976, 106) sublinha que o novo sistema de representação vigente no socialismo, "é o que menos se parece com o da dominação de um partido, visto que precisamente tende a conduzir à superação da atual divisão do socialismo em diferentes partidos". No entanto, mesmo Gramsci e Adler, apesar de admitirem a existência conjunta de partidos e conselhos no socialismo, não chegam a fazer referências mais desenvolvidas sobre qual seria o sistema partidário próprio do socialismo.

Considerando essas diferenças teóricas, a pesquisa sobre a democracia socialista poderia se desenvolver em duas direções distintas: 1) através do aprofundamento da discussão sobre a organização e eventual institucionalização do sistema de conselhos, considerado como o único componente necessário da democracia socialista; ou 2) através do desenvolvimento da análise sobre a relação entre o sistema de conselhos e o sistema partidário no socialismo. A decisão sobre uma ou outra possibilidade depende da resposta a esta questão: a forma política partido pode ser superada no socialismo, ou apenas no comunismo, com o fim das classes e do Estado? A nosso ver, o grande desafio posto para a pesquisa marxista é, a partir da combinação do estudo teórico com a análise histórica, enfrentar a complexa questão da articulação entre o sistema conselhista e o sistema partidário, já que a forma partido continua sendo necessária durante toda a transição diante da continuidade da luta de classes.

Institucionalidade

No âmbito do déficit de uma teoria marxista da democracia, a questão institucional ocupa um lugar particular. Mas, ao contrário do que indicam alguns críticos do marxismo, essa questão não pode ser considerada como a causa principal do déficit democrático mais geral. Ou seja, é incorreto afirmar que a ausência de uma teoria marxista das instituições explica a inexistência da teoria da democracia; ou que ela esclarece o problema do não desenvolvimento da democracia conselhista nas experiências revolucionárias do século XX. Para nós, não é por não ter uma teoria das instituições que o marxismo não dispõe de uma teoria da democracia, mas justamente o contrário. Além disso, é um erro postular um modelo "universal" de instituições políticas que abrangesse os diferentes tipos históricos de democracia, pois a cada um deles corresponde uma configuração institucional que lhe é própria. Bem como é incorreto afirmar que o marxismo tenha negligenciado totalmente o estudo sobre as instituições. O que se pode afirmar, como faz Udo Bermbach (1973, 24), é que a literatura conselhista não resolveu as dificuldades básicas de sua institucionalização, sejam as teóricas ou as práticas.

Aqui nos limitamos a destacar sinteticamente apenas alguns dos seus elementos, que merecem uma análise mais desenvolvida a ser realizada por novos estudos:

1) Sufrágio universal ou limitado

Por várias vezes, Lênin argumentou que a privação do direito de voto para os que explorassem trabalho alheio era uma medida específica da Rússia soviética, e não uma medida a ser adotada em todas as formações econômico-sociais que iniciassem a transição. Já conselhistas como Anton Pannekoek e Amadeo Bordiga, entre outros, defendiam o direito de representação apenas para os trabalhadores, excluindo outras classes e camadas sociais. Com isso, eles descartavam a conhecida fórmula "um homem, um voto", considerada até hoje como um princípio irrecusável da democracia.

2) Sufrágio igualitário ou diferenciado

Lênin, novamente apoiado na situação concreta da Rússia soviética, mais especificamente no período do "comunismo de guerra", defendeu uma representação diferenciada entre os trabalhadores urbanos e os camponeses nos sovietes. O líder bolchevique destacava que, caso fosse aplicado o sufrágio igual, os seus maiores beneficiários seriam os camponeses possuidores de trigo e que se negavam a negociar com o Estado; e os prejudicados seriam os trabalhadores urbanos que passavam fome. Como se sabe, a regulamentação dos sovietes incorporou, por um determinado período, o sufrágio não igualitário, abandonado mais tarde com a Constituição de 1936.

Bordiga procura fundamentar a defesa do voto diferenciado, afirmando que o sufrágio igualitário teria um pressuposto falso ao considerar "cada homem como uma 'unidade' perfeita de um sistema composto por tantas unidades potencialmente equivalentes entre si", o que equivaleria "a pôr a consciência dos homens fora do reflexo concreto dos fatos e das determinações do ambiente". Ainda segundo Bordiga, a "unidade indivíduo tem sentido do ponto-de-vista biológico", mas não pode ser "o fundamento de construções sociais, pois do ponto-de-vista social nem todas as unidades têm o mesmo valor e a coletividade não surge senão a partir de relações e de alinhamentos nos quais a parte e a atividade de cada um não são uma função individual mas coletiva, pelas múltiplas influências do ambiente social" (Bordiga, 1999, 5).

3) Critério profissional e/ou territorial

A partir da experiência do soviete de Petrogrado, em 1905, desenvolveu-se a prática da representação profissional. Com ela, abandonava-se a circunscrição eleitoral de base territorial, formada principalmente nos bairros, pela representação através das unidades de trabalho. Um dos argumentos centrais utilizados pelos defensores do critério profissional exclusivo é o de que a cirscunscrição territorial contribuiria para a atomização social e política dos trabalhadores, favorecendo a ampliação da representação de classes e camadas sociais não proletárias. Gramsci (1976, 12-13) propôs a combinação das eleições nas fábricas com as do bairro; e Ernst Mandel (1970, 31) indicou a necessidade de uma articulação alternativa entre o plano funcional e territorial.

4) Voto secreto e/ou aberto

Um autor como Reinhard Bendix (1996), estudando as eleições em sociedades capitalistas avançadas, aponta o caráter socialmente opressivo que pode vir a ter o voto secreto, na medida em que ele limite a influência de grupos sociais mais organizados em oposição à classe dominante. Já Mandel (1970, 323), faz menção a adoção do voto público quando da introdução da autogestão na Iugoslávia. Falta apurar se isto foi apenas uma iniciativa isolada, e sobretudo quais foram os seus efeitos sobre a ação política dos trabalhadores.

Com isso, nota-se a preocupação do marxismo em formular e adotar medidas institucionais que correspondam às necessidades da luta pela construção do socialismo; isto é, ao esforço pela constituição do proletariado como nova classe dominante. O que constitui um ponto de partida possível para o estudo sobre o vínculo existente entre a nova democracia e suas instituições políticas e jurídicas. É preciso acentuar, novamente, que ainda há muito trabalho a ser feito pelos pesquisadores marxistas sobre essa matéria, envolvendo tanto a formulação teórica sobre a institucionalidade socialista, como a análise histórica e empírica sobre os efeitos provocados pela aplicação de medidas concretas.

Resumindo, cabe ao marxismo, partindo de seu próprio legado – mas travando um diálogo crítico com outras correntes teóricas que tenham contribuições importantes sobre o tema regime político –, e apoiando-se na análise histórica das revoluções socialistas do século XX e em algumas das recentes experiências de democracia participativa nesse início de século XXI, enfrentar o desafio da construção de uma teoria da democracia socialista com base nos conselhos operários. Isso se relaciona especialmente com o aprofundamento do estudo sobre o exercício e o controle do poder da nova classe dominante, e sobre a organização e a institucionalização do sistema conselhista e do sistema partidário. A nova democracia, representando a superação da democracia burguesa, poderá ser melhor concebida caso se dê primazia ao seu conteúdo social, e não

Luciana Aliaga, Henrique Amorim e Paula Marcelino (orgs.)

à sua forma institucional; deixando ela de ser entendida apenas enquanto uma modalidade de representação política para tornar-se a expressão, tanto mais direta quanto possível, dos interesses populares e operários.

Bibliografia

ADLER, Max. *Die Staatsauffassung des Marxismus*. Köln: Marx Studium Verlag, 1974.

_____. *Conselhos operários e revolução*. Coimbra: Centelha, 1976.

BAUER, Otto. "Demokratie und Bolschewismus". In: *Austromarxismus*. Frankfurt am Main: Europäische Verlagsanstalt, 1970.

BENDIX, Reinhard. *Construção nacional e cidadania*. São Paulo: Edusp, 1996.

BERMBARCH, Udo (Hsg.). *Theorie und Praxis der Direkten Demokratie*. Opladen: Westdeutscher Verlag, 1973.

BOBBIO, Norberto. *A Teoria das Formas de Governo*. 3ª ed. Brasília: Ed. UNB, 1980.

_____. *Qual Socialismo?* 2ª ed. Rio de Janeiro: Paz e Terra, 1983.

BORDIGA, Amadeo. *Il Problema del Potere*. In: www.marxists.org, 2000.

_____. *Il Principio Democrático*. In: www.marxists.org, 1999.

BUKHARIN, Nicolai. *Teoria economica del período de transición*. Buenos Aires: Siglo XXI Editores, 1974.

CERRONI, Umberto. *Teoria Política e Socialismo*. Lisboa: Publicações Europa América, 1980.

DE BRUYNNE, Paul *et alli*. *Dinâmica da Pesquisa em Ciências Sociais*. Rio de Janeiro: Livraria Francisco Alves Ed., 1977.

GRAMSCI, Antonio. *Democracia operária*. Coimbra: Centelha, 1976.

GRAMSCI, Antonio e BORDIGA, Amadeo. *Conselhos de fábrica*. São Paulo: Brasiliense, 1981.

HIRSCH, Joachim. *Materialistische Staatstheorie*. Hamburg: VSA Verlag, 2005.

KORSCH, Karl. *Auf dem Wege zur industriellen Demokratie*. Frankfurt am Main: Europäische Verlagsanstalt, 1968.

LÊNIN, V. I. *Acerca de la incorporación de las masas a la administración del Estado.* Moscú: Editorial Progreso, 1978.

_____. *O Estado e a Revolução.* São Paulo: Hucitec, 1993.

LUXEMBURGO, Rosa. *La revolución rusa.* Bogotá: Editorial Controvérsia, 1973.

_____. *Reforma, revisionismo e oportunismo.* Rio de Janeiro/Lisboa: Civilização Brasileira/Centro do Livro Brasileiro, 1975.

MACPHERSON, C. B. *A democracia liberal – Origens e Evolução.* Rio de Janeiro: Zahar, 1978.

MANDEL, Ernst (org.). *Controle ouvrier, conseils ouvriers, autogestion.* Paris: François Maspero, 1970.

MARX, Karl e ENGELS, Friedrich. *La Guerra Civil en Francia. Obras Escogidas.* Moscú: Editorial Progreso, s/d.

_____. *Marx Engels Gesamtausgabe – MEGA.* Tomo I, Vol. 22. Berlim: Dietz Verlag, 1978.

MATTICK, Paul. *Integração capitalista e ruptura operária.* S/l: A Regra do Jogo, 1977.

PANNEKOEK, Anton. *Los consejos obreros.* Bilbao: Ed. Zero, 1977.

PANNEKOEK, Anton *et alli.* "Conselho Operário". In: *Conselhos operários.* Coimbra: Centelha, 1975.

_____. *Bolchewismus und Demokratie.* S/l, 1919.

_____. *Partido e Classe.* In: www.marxists.org, 2001.

_____. *A propósito do partido comunista.* In: www.marxists.org, 2003.

POULANTZAS, Nicos. *Poder político y clases sociales en el estado capitalista.* 4ª ed. México: Siglo Veintiuno Editores, 1972.

RÜHLE, Otto. *A revolução não é tarefa de partido.* In: www.marxists.org, 2001.

_____. *A luta contra o fascismo começa com a luta contra o bolchevismo.* In: www.marxists.org, 1939.

SAES, Décio. *Democracia.* São Paulo: Ática, 1987.

_____. "O lugar do pluralismo político na democracia socialista". *Crítica Marxista,* São Paulo, n. 6, 1998.

A teoria da supressão da forma Estado em *O Estado e a Revolução*[1]

Rafael Afonso da Silva[2]

O objetivo deste texto é examinar a concepção da supressão do Estado delineada em *O Estado e a Revolução*. A tese que será defendida é a de que a concepção de Lênin nessa obra apresenta-se como uma tentativa de reunir em uma concepção internamente coerente duas interpretações conflitantes do problema da supressão do Estado: a da "extinção" e a da "reabsorção".

A concepção da "extinção"

Essa concepção de extinção do Estado recebe sua formulação clássica em *Do socialismo utópico ao socialismo científico*. Nesse texto, Engels explica que o objetivo fundamental da transformação socialista consiste em suprimir a contradição entre a produção *social* e a apropriação *privada*, "harmonizando" o modo de apropriação com "o caráter social dos meios de produção" (ENGELS, s/d, 331). De acordo com Engels, o capitalismo "cria a força que, se não quiser perecer, está obrigada a fazer essa revolução", o proletariado, ao mesmo tempo em que indica o meio pelo qual esta deve ser efetivada, "ao forçar cada vez mais a conversão dos grandes meios socializados de produção em propriedade do Estado" (ENGELS, s/d, 332). O primeiro ato da revolução proletária é precisamente a tomada do poder de Estado e a estatização dos meios de produção. Nesse mesmo ato, o proletariado "destrói-se a si próprio como proletariado, destruindo toda diferença e

---

1 Trabalho apresentando no *5° Colóquio Marx Engels*, na sessão de comunicações do grupo temático "A Obra teórica de Marx e o marxismo".

2 Doutorando pelo programa de pós-graduação em Sociologia pelo IFCH/Unicamp.

todo antagonismo de classe", e cria as condições para a supressão do Estado, que se torna crescentemente "supérfluo" até que, por si mesmo, "se extingue".

Para Engels, o "Estado como tal", como "governo sobre as pessoas", tem como função primária a manutenção das condições externas da exploração de classe. Isso significa duas coisas: manter pela força a classe explorada nas condições de exploração e, sob o capitalismo, assegurar a ordem pública contra "os choques e os excessos" resultantes da luta pela existência individual, engendrada pela anarquia da produção. Por isso, quando o Estado proletário toma posse dos meios de produção "em nome de toda a sociedade", abolindo com isso as condições de reprodução da exploração de classe e a razão da reprodução da anarquia da produção (a contradição entre produção social e apropriação privada), perde sua função primária como um Estado. Então, torna-se "supérfluo" numa esfera social após a outra, na medida em que a sociedade se torna capaz de regular e organizar a produção por si mesma, sem necessidade de que o Estado o faça em nome dela, até que o Estado, por si mesmo, "se extingue": "O governo das pessoas é substituído pela administração das coisas e pela direção dos processos de produção. O Estado não será 'abolido', *extingue-se*" (ENGELS, s/d, 332).

Há muitos aspectos problemáticos nessas passagens. Em primeiro lugar, Engels identifica a base de "toda diferença e de todo antagonismo de classe" como sendo a propriedade privada dos meios de produção, de modo que a apropriação dos meios de produção pelo Estado proletário é tomada como condição suficiente para supressão de "toda diferença e de todo antagonismo de classe". Ao mesmo tempo, as forças produtivas são entendidas como "neutras" no bojo do "modelo" engelsiano de transição ao comunismo. Engels fala da necessidade de reconhecer "o caráter social das forças produtivas modernas" e, consequentemente, de "harmonizar" o modo de apropriação com "o caráter social dos meios de produção". Trata-se de uma concepção que "estabelece um nexo de 'exterioridade' entre as forças produtivas e as relações de produção", ignorando que as forças produtivas materiais "constituem o conteúdo concreto, a forma de existência empírica das relações de produção" (TURCHETTO, 2005, 10). Disso resulta a redução das relações de produção a relações de propriedade no sentido puramente jurídico-formal, de tal forma que a transformação socialista é identificada com a mera transferência da titularidade dos meios de produção da burguesia privada para o Estado. Nessas passagens de Engels, não encontramos nenhuma menção à necessidade de revolucionamentos orgânicos do modo de produção, de transformações profundas da forma do processo de trabalho, mas somente a insistência na necessidade da tomada de posse dos meios de produção pelo Estado proletário "em nome de toda a sociedade" como medida que, por si só, garante a supressão das relações de produção capitalistas e a ulterior supressão do Estado.

Em segundo lugar, Engels não conecta a supressão do Estado e a mudança de sua "natureza" a qualquer transformação da forma política. Para Engels, ao tomar posse dos meios de produção "em nome de toda a sociedade", o Estado muda de "natureza": torna-se efetivamente o representante de toda a sociedade, em vez de ser o representante da classe que detém os meios de produção. Na sequência, esse Estado, que atua como "representante de toda a sociedade", é gradativa e naturalmente substituído pela autorregulação puramente social dos processos societários até tornar-se "supérfluo" e "extinguir-se". Podemos perguntar: que garantias há de que o Estado-proprietário dos meios de produção atuará "em nome de toda a sociedade"? Em que sentido a mera posse dos meios de produção pelo Estado pode garantir que este se converta de "órgão que está por cima da sociedade" em "órgão completamente subordinado a ela", uma das condições fundamentais da transição ao comunismo de acordo com Marx (Marx, s/d, 220)? E, se não há tais garantias, como é possível pensar que o Estado, por si mesmo, irá "adormecer", "extinguir-se", em vez de cristalizar-se em sua condição de Estado-proprietário dos meios de produção como um "órgão que está por cima da sociedade"? O texto de Engels sequer coloca tais questões. A dimensão prático-institucional do Estado aparece como não-problemática para a interpretação da "extinção", que toma a supressão do Estado como resultando "naturalmente" da abolição das classes pela apropriação estatal dos meios de produção.

A concepção da "reabsorção"

Essa interpretação encontra sua formulação mais elaborada nos esboços e no texto final de *A guerra civil na França*, de Karl Marx. O objeto central desses textos é a significação da Comuna de Paris. Ao analisá-la, Marx opõe muito distintamente o Estado, como força social "usurpada", socialmente ativada como estranhamento, à Comuna, como "reassunção" ou "reabsorção" das forças sociais que encontram na forma Estado sua objetificação alienada. A Comuna foi "a reabsorção do poder de Estado pela sociedade como suas próprias forças vivas, ao invés de como força que a controla e subjuga, [a reabsorção do poder de Estado] pelas próprias massas populares, formando sua própria força, ao invés da força organizada de sua supressão – a forma política da sua emancipação social, ao invés da força artificial (sua própria força oposta a e organizada contra elas) da sociedade, exercida para sua opressão por seus inimigos" (Marx, 1978, 56-7).

A antítese é clara: o Estado representa a *"usurpação"* das forças próprias das massas populares por um poder estranho que as subjuga, a *separação* dos poderes sociais em relação às massas e sua organização como "força oposta a e organizada contra elas"; a Comuna é a *"reabsorção"* do poder de Estado pelas próprias massas populares, a organização das forças das massas populares como sua própria força, como um poder que *não* é separado delas e oposto a elas, mas que aparece como a expressão direta de sua auto-organização.

Para Marx, o "grande segredo" da forma Comuna é que ela foi uma forma de "autogoverno dos produtores" (Marx, 1978,140). O meio para isso foi tornar "as funções públicas – militares, administrativas, políticas – funções de trabalhadores reais, ao invés de atributos de uma casta treinada" (Marx, 1978, 58). Isso se concretizou através de todo um conjunto de medidas: a supressão do exército permanente e a sua substituição pelo armamento do povo auto-organizado em milícias populares; a retirada das atribuições políticas da polícia e sua transformação em um agente responsável e a qualquer momento revogável da Comuna; a generalização dos princípios de elegibilidade e revogabilidade a todos os agentes responsáveis por funções políticas e administrativas; o estabelecimento do "mandato imperativo", que obriga esses agentes a executarem as decisões tomadas pelos trabalhadores; o fim dos privilégios pecuniários desses agentes, que devem exercer suas funções por um salário operário; a supressão da separação dos poderes legislativo e executivo. As duas primeiras medidas amputam os órgãos meramente repressivos da maquinaria estatal, tornando os "trabalhadores reais" os únicos detentores dos meios organizados de violência. Já as outras medidas visam a quebrar o despotismo burocrático, que subordina os trabalhadores ao mais simples funcionário, e este, dentro de uma estrutura hierárquica verticalizada, ao seu superior. Essas medidas criam uma nova forma de responsabilidade funcional dos funcionários: responsabilidade não mais perante o superior hierárquico, mas perante os trabalhadores que os elegeram. Em suma, "enquanto os órgãos meramente repressivos do velho poder governamental deviam ser amputados, suas funções legítimas deviam ser arrancadas de uma autoridade que usurpa preeminência sobre a própria sociedade e restituídas aos agentes responsáveis da sociedade" (Marx, 1978, 141).

Da "usurpação estatal" à restituição às massas populares dos poderes sociais alienados ao Estado: eis o sentido de todas essas medidas da Comuna. Por meio delas, inicia-se a supressão do Estado. Por que apenas se inicia?

A supressão do Estado só pode realizar-se como a reabsorção, pela sociedade, de energias próprias *despidas da forma política*. A supressão do Estado só é alcançada quando a sociedade, uma vez eliminadas as classes e todas as estruturas da alienação, se torna capaz de autorregulação *puramente social* de todos os processos societários. Tal configuração só é possível no comunismo, onde, como se lê nas notas de Marx ao livro *Estatismo e anarquia* de Bakunin, "as funções deixam de ser políticas", de tal modo que "não existe qualquer função de governo" e "a distribuição das funções gerais torna-se função administrativa (*Geschäftssache*) que não implica domínio algum" (MARX, 2003, 153).

A Comuna foi "a reabsorção do poder de Estado" pelas próprias massas populares. Todavia, trata-se de uma reabsorção *política*: a Comuna mantém as funções de governo político e a "distribuição das funções gerais" reveste ainda caráter de dominação política. Isso porque a Comuna "não abole a luta de classes" (MARX, 1978, 58), sendo, na verdade, uma expressão desta: "o produto da luta da classe produtora contra a classe apropriadora, a forma política, finalmente descoberta, para levar a cabo a emancipação econômica do trabalho" (Marx, 1978, 142).

A Comuna é uma *forma política*, não é um fim em si, mas um *meio* para "levar a cabo a emancipação econômica do trabalho". É por reconhecer que a dominação do capital não pode ser quebrada no nível da política que Marx define a Comuna *negativamente* "como uma alavanca para arrancar os fundamentos econômicos sobre que repousa a existência das classes" (MARX, 1978, 142), vendo a tarefa *positiva* na "emancipação econômica do trabalho".

É importante notar que, para Marx, esses "fundamentos econômicos" da existência das classes não se resumem à propriedade privada dos meios de produção. Marx assinala o *caráter capitalista* das formas sociais do trabalho organizado e dos meios de produção centralizados pela produção capitalista, indicando a necessidade de uma transformação muito mais profunda do que a resultante da mera transferência da titularidade dos meios de produção: "O que o proletariado tem de fazer é transformar o caráter capitalista daquele trabalho organizado e desses meios centralizados de trabalho, transformá-los de meios de dominação de classe e exploração de classe em formas de trabalho livre associado e meios sociais de produção" (MARX, 1978, 61).

Encontra-se aqui uma formulação completamente distinta daquela vista acima. Engels insiste na necessidade de reconhecer "o caráter social das forças produtivas", entendendo-as como "neutras", como "exteriores" às relações de produção. Por isso, a apropriação dos meios de produção pelo Estado proletário é tomada como condição suficiente para a supressão de "toda diferença e de todo antagonismo de classe". Marx, ao contrário, aponta para o *caráter capitalista* das forças produtivas. Por isso, ele não pode limitar-se a exigir a transferência dos meios de produção para o Estado proletário:

> [Os trabalhadores] sabem que eles têm de passar por diferentes fases da luta de classes. Eles sabem que a substituição das condições econômicas de escravidão do trabalho pelas condições do trabalho livre e associado pode ser apenas um trabalho progressivo do tempo, que eles necessitam não somente de uma mudança de distribuição, mas de uma nova organização da produção, ou, antes, de livrar-se das formas sociais do trabalho organizado presentes (engendradas pela indústria presente), [de livrar-se] das cadeias de escravidão de seu caráter de classe presente, e [necessitam de] sua coordenação nacional e internacional harmoniosa (Marx, 1978, 59).

Podemos, agora, experimentar sintetizar os elementos fundamentais da concepção da "reabsorção":

1) O Estado deve ser suprimido por meio de uma transformação radical de toda a sociedade. No transcurso dessa transformação, a sociedade deve tornar-se capaz de autorregulação puramente social de todos os processos societários, reabsorvendo todas as funções gerais até então exercidas pelo Estado. Nesse sentido, a supressão do Estado deve ser entendida como um processo de reabsorção *ativa*, pela sociedade, de energias próprias despidas da forma política.

2) A condição dessa transformação é a extirpação dos fundamentos econômicos da existência das classes. Estes não se resumem à propriedade privada dos meios de produção. As formas sociais do trabalho organizado e os meios de produção também revestem caráter de classe. É necessário "transformá-los de meios de dominação de classe e exploração de classe em formas de trabalho livre associado e meios sociais de produção", o que implica "passar por diferentes fases da luta de classes".

3) Todo esse processo não pode transcorrer sob qualquer forma política. A transformação da estrutura política existente é uma precondição indispensável para iniciar esse processo. A Comuna foi "a forma política, finalmente descoberta, para levar a cabo a emancipação econômica do trabalho". Isso porque ela foi a negação da "usurpação estatal": a reabsorção do poder de Estado pelos produtores reais através da organização das funções públicas como funções subordinadas à autoridade autoconstituída dos produtores associados e exercidas pelos próprios produtores.

O "tertium datur" de Lênin

Lênin tenta reunir em uma concepção coerente a interpretação da "extinção" e a interpretação da "reabsorção". Ele o faz distinguindo dois momentos no processo de supressão do Estado: o da "destruição" do Estado burguês e concomitante criação do Estado proletário e o da "extinção" deste último.

É através da análise da Comuna de Paris que Lênin fixa os elementos de sua concepção da "destruição" do Estado burguês. Para Lênin, a Comuna representou a transformação do Estado em um "semiEstado" ou em "algo que já não é um Estado propriamente dito" (Lênin, s/d, 44). O Estado é uma estrutura de comando político alienada que "usurpa" as forças da sociedade e as volta contra ela mesma no interesse de uma minoria, isto é, da classe economicamente dominante, que, assim, adquire meios universais de constrangimento para empregar na luta de classes. Não sendo uma simples coisa-instrumento, o poder estatal não pode ser apropriado pelas massas populares senão por meio do revolucionamento radical da estrutura e do modo de funcionamento do poder político. É isso o que Lênin encontra na forma Comuna. Enquanto, no Estado, as funções coercivas são exercidas por um contingente de homens armados separados da sociedade (polícia independente e exército permanente), na Comuna, "o órgão repressivo é já a maioria da população" (as milícias populares) (Lênin, s/d, 44). Enquanto, no Estado, a burocracia estatal, com sua estrutura hierárquica verticalizada, inviabiliza o controle das massas sobre os processos de tomada de decisão levados a cabo no interior de seus aparelhos administrativos, na Comuna, os funcionários são eleitos para funções subordinadas à revogabilidade imediata, todas as funções de governo são exercidas por salários operários e a maioria da população participa da gestão estatal num processo de rotatividade contínua, de forma que "todos sejam 'burocrata' durante algum tempo para que, deste modo, ninguém possa converter-se em 'burocrata'" (Lênin, s/d, 112). Além disso, a Comuna destrói o parlamentarismo burguês, suprimindo a separação das funções legislativa e executiva e tornando os deputados responsáveis perante seus eleitores e revogáveis a qualquer momento. A Comuna é a forma política do Estado proletário. Dado que essa forma política suprime a separação e a alienação do poder estatal em relação às massas populares, tal Estado "já não é um Estado propriamente dito", representando, pelo contrário, a destruição revolucionária de sua forma historicamente mais desenvolvida, o Estado burguês.

Não há dúvida de que até aqui a argumentação de Lênin se alinha com a concepção da "reabsorção", na medida em que o Estado é entendido como uma instância alienada e sua supressão é vista como um processo iniciado pela destruição do Estado existente e pela reabsorção das forças e funções "próprias ao poder estatal" pelas massas populares. Examinemos agora a análise de Lênin da "extinção" do Estado proletário.

Lênin não deixa dúvidas acerca do significado da expressão "extinção do Estado". Segundo ele, a extinção do Estado assinala "a gradualidade e a espontaneidade do processo" (Lênin, s/d, 92). Contudo, para compreender por que, para Lênin, esse processo assume essas características, é necessário examinar a interpretação leniniana das observações de Marx sobre a transição ao comunismo na *Crítica ao programa de Gotha*.

Partindo das observações de Marx, Lênin estabelece uma distinção entre uma "fase inferior" e uma "fase superior" do comunismo. Segundo Lênin, a primeira fase é iniciada com a instauração da ditadura do proletariado e a expropriação dos capitalistas. Nessa fase, observa-se a permanência do direito burguês no plano da distribuição e, portanto, do Estado como garantidor desse direito, o que Lênin explica do seguinte modo: "é impossível pensar que, ao derrubar o capitalismo, os homens aprenderão a trabalhar para a sociedade sem se sujeitar a *nenhuma norma de direito*; ademais, a abolição do capitalismo *não assenta no ato* as premissas econômicas desta mudança." (Lênin, s/d, 97)

Note-se que Lênin afirma explicitamente que, na "fase inferior" do comunismo, o capitalismo já foi descartado. Não encontramos uma tal assertiva na *Crítica ao programa de Gotha*. Sobre a permanência do direito burguês, Marx afirma apenas que "o direito não pode ser superior à estrutura econômica nem ao desenvolvimento cultural por ela condicionado" (Marx, s/d, 214).

Lênin interpreta ao seu próprio modo essa afirmação de Marx. Para ele, Marx se referiria não ao caráter capitalista da estrutura econômica, posto que os capitalistas já foram expropriados, mas ao grau insuficiente de desenvolvimento das forças produtivas herdadas do capitalismo. Para Lênin, a transição à "fase superior" do comunismo é comandada justamente pelo desenvolvimento das forças produtivas liberadas do constrangimento da apropriação privada dos meios de produção:

> Esta expropriação [a expropriação dos capitalistas] dará *a possibilidade* de desenvolver as forças produtivas em proporções gigantescas. [...] O que não sabemos *nem podemos* saber é a rapidez com que avançará esse desenvolvimento, a rapidez com que chegará a romper com a divisão do trabalho, a suprimir a contradição entre o trabalho intelectual e o manual, a converter o trabalho na "primeira necessidade vital" (Lênin, s/d, 98).

Como é sabido, Marx caracteriza a "fase superior" do comunismo como aquela em que desaparece "a subordinação escravizadora dos indivíduos à divisão do trabalho e, com ela, a contradição entre o trabalho intelectual e o trabalho manual", o que permite que o trabalho se converta na "primeira necessidade vital" (MARX, s/d, 214). Lênin interpreta essa transformação como sendo o resultado do desenvolvimento das forças produtivas. Se, para Lênin, é o desenvolvimento das forças produtivas que comanda a transformação da estrutura econômica na transição à "fase superior" do comunismo, o mesmo pode ser dito do "desenvolvimento cultural".

Lênin interpreta o "desenvolvimento cultural" que ocorre nessa transição como um processo de *habituação*: a habituação dos indivíduos aos modos cooperativos de comportamento. Para ele, esse processo é idêntico à "extinção" do Estado. A habituação começa com a "abolição do capitalismo", a qual suprime "a causa social mais profunda dos excessos consistentes em infringir as regras de convivência: a exploração das massas, sua penúria e sua miséria" (LÊNIN, s/d, 93). Com isso, os indivíduos começam a *habituar-se* "pouco a pouco a observar as regras elementares de convivência [...] sem violência, sem coerção, sem subordinação, *sem essa máquina especial* de coerção chamada Estado" (LÊNIN, s/d, 91). No entanto, apenas o desenvolvimento das forças produtivas, liberadas dos entraves da propriedade privada dos meios de produção, cria as condições para completar esse processo de habituação, ao suprimir as principais fontes sociais de conflito que remanescem após a "abolição do capitalismo": elimina a contradição entre trabalho intelectual e trabalho manual; elimina a escassez econômica, uma das principais fontes de conflito, permitindo atingir a abundância econômica necessária para a gratificação de todos os indivíduos "segundo suas necessidades" (LÊNIN, s/d, 99); permite que o trabalho dos indivíduos "seja tão produtivo que possam trabalhar voluntariamente *segundo sua capacidade*" (LÊNIN, s/d, 99).

É necessário fazer aqui alguns comentários críticos. Lênin não se dá conta de que a "nova sociedade" instaurada com a destruição do Estado burguês e a estatização dos meios de produção se baseia ainda sobre uma produção estruturada segundo as exigências da valorização capitalista, que reproduz, portanto, a relação de produção capitalista, que está inscrita na estrutura mesma das forças produtivas, na organização do processo de trabalho, na divisão técnica do trabalho e na divisão social do trabalho dela derivada. É isso o que lhe permite tomar a destruição do sistema estatal burguês e do sistema da propriedade privada como condição suficiente para garantir o desenvolvimento "espontâneo" do comunismo pela via do desenvolvimento das forças produtivas e da "habituação". A partir dessa compreensão é que Lênin pode sustentar a noção de "extinção" do Estado: esta é o reflexo do processo de formação de uma subjetividade que torna desnecessária a existência de agências coercivas para garantir a realização dos processos metabólicos sociais vitais, subjetividade que se forma espontaneamente, como consequência do desenvolvimento das forças produtivas, o qual elimina os conflitos sociais que remanescem após a "abolição do capitalismo". Aqui estamos distantes da concepção marxiana, que afirma a necessidade de "passar por diferentes fases da luta de classe" no processo de destruição das "formas sociais do trabalho organizado presentes" e de criação de "uma nova organização da produção", processo que condiciona a reabsorção, pela sociedade, das funções do metabolismo social até então exercidas pelo Estado. Tanto em Engels como em Lênin, a ideia da "extinção" do Estado está organicamente ligada a uma concepção que reduz as relações de produção capitalista a simples relações de propriedade (no sentido jurídico-formal), conduzindo à ocultação do papel da luta de classes no processo de transição à "fase superior" do comunismo.

Bibliografia

ENGELS, F. "Do socialismo utópico ao socialismo científico". In: MARX, K.; ENGELS, F. *Obras escolhidas*. Vol. 2. São Paulo: Alfa-Ômega, s/d.

LÊNIN, V. I. "El Estado y la revolución". In: *Obras Completas*. Vol. 33. Moscou: Progresso, s/d.

MARX, K. "Crítica ao programa de Gotha". In: MARX, K.; ENGELS, F. *Obras escolhidas*. Vol. 2. São Paulo: Alfa-Ômega, s/d.

_____. "The civil war in France". In: *MEGA*. Vol. 22. Berlim: Dietz Verlag, 1978.

_____. "Anotações ao livro *Estatismo e anarquismo* de Bakunin (extrato)". *Margem esquerda: ensaios marxistas*, São Paulo, n. 1, maio de 2003.

TURCHETTO, M. "As características específicas da transição ao comunismo". In: NAVES, M. B. (org.). *Análise marxista e sociedade de transição*. Campinas: Editora da Unicamp, 2005.

Parte VI: Capitalismo e produção da cultura

Informação e capitalismo: uma abordagem marxiana[1]

Marcos Dantas[2]

O objetivo deste texto é expor e discutir uma proposta teórica que temos desenvolvido em diversos trabalhos publicados nos últimos anos, sugerindo uma abordagem para a relação entre *informação, trabalho* e *valor*, no capitalismo avançado (DANTAS, 1994; 1996; 1999; 2001; 2006; 2007).

A proposta se justifica devido às características que o capitalismo assumiu na virada do século XX para o século XXI, sob a liderança de indústrias intensivas em ciência e tecnologia ou voltadas para a produção, em formas industriais e distribuição mercantilizada, de produtos culturais. Sustentamos que essas características definem um novo padrão de acumulação baseado no trabalho de recuperar, processar, registrar e comunicar informação, podendo a informação se expressar em diversas formas: científicas, artísticas, noticiosas, publicitárias etc. Definimos esse padrão como *capital-informação*, cuja lógica, sugerimos, pode ser explicada a partir da mesma teoria da mais-valia através da qual Marx explicou o capital-industrial.

Para isto, o nosso foco de abordagem será a *informação*. Propomos que este fenômeno deve ser compreendido nos termos de seu tratamento científico, conforme uma tradição já razoavelmente consolidada na Física e na Biologia, mas ainda pouco absorvida nas Ciências Sociais e, em particular, no debate marxista. Essa abordagem nos permitirá relacionar informação e trabalho; mais precisamente, informação e trabalho

---

[1] Trabalho apresentando no *5º Colóquio Marx Engels*, na sessão de comunicações do grupo temático "Economia e política no capitalismo contemporâneo".

[2] Professor da Escola de Comunicação da UFRJ.

vivo concreto. Deste relacionamento, então, poderemos sugerir um tratamento formal para o *valor da informação* que, inserida nas relações sociais capitalistas, expressará o valor do trabalho de recuperação, processamento, registro e comunicação da informação, com vistas à acumulação e apropriação. Dada, porém, a natureza da informação, o capital se defronta com dificuldades intrínsecas para se apropriar do seu valor, conforme discutiremos nas páginas finais desta comunicação.

Dialética da informação

Entendemos informação como uma modulação de energia que provoca algo diferente em um ambiente qualquer e produz, nesse ambiente, algum tipo de ação orientada, se nele existir algum agente capaz e interessado em captar e processar os sentidos ou significados daquela modulação (DANTAS, 2006).

Este enunciado sintetiza conceitos e formulações elaborados e discutidos por Bateson (1976), Moles (1978), Von Foerster (1980), Brillouin (1988), Escarpit (1991), Atlan (1992), entre outros, e pode ser resumidamente esclarecido da forma como se segue.

a) A informação é produzida numa *relação* estabelecida entre um *agente* e um *objeto*, através de variações de frequências sonoras, luminosas (cores), elétricas, eletro-magnéticas, odoríficas, caloríficas ou outras. O objeto é um segmento, maior ou menor, de um ambiente ou sistema qualquer. O agente é um segmento, logo um subsistema, desse mesmo ambiente que precisa e pode agir dentro dele, através dos *sentidos*, *orientações*, *significados* que aquela relação lhe fornece.

b) Conforme as leis da termodinâmica, todo e qualquer sistema tende a um estado crescente de equilíbrio e desordem. A este processo denomina-se *entropia*. A entropia mede um grau de desordem no sistema relativamente a um estado anterior mais ordenado. Um grau maior de entropia expressa, por isto, menor capacidade do sistema para *fornecer trabalho físico*, ou seja, em linguagem usual, maior "cansaço".

c) O avanço da entropia se dá no *tempo*. O tempo é uma medida de envelhecimento do sistema.

d) Qualquer sistema, portanto, evolui de um estado maior de ordem, desequilíbrio, *potencial de trabalho*, para um estado maior de desordem, equilíbrio, e, consequentemente, menor potencial de trabalho. Àquele estado inicial, Brillouin denominou *neguentropia*.

e) Alguns sistemas possuem meios ou recursos que lhes permitem retardar, por algum tempo, o avanço da entropia. Nesses sistemas, a energia dissipada pelo trabalho físico *espontâneo* (termodinâmico), pode ser parcialmente recuperada através de um trabalho *orientado*, que denominamos *neguentrópico*, ou *informacional*. Um sistema neguentrópico está habilitado a agir no seu ambiente porque dispõe de recursos para nele identificar as suas fontes necessárias de reposição de energia ("energia livre"), e efetua essa identificação, assim dando sentido à sua ação, através da informação que logra processar.

f) Durante o trabalho neguentrópico, o agente, através da informação, seleciona os seus objetivos e estabelece os meios de atingi-los. O agente dispõe, num momento inicial, de imagens ou formas (visuais, acústicas, auditivas etc.) relativamente invariantes por meio das quais pode descrever o sistema, formas estas que a Teoria da Informação define como *códigos*. Através dos códigos, ele processa a informação e vai selecionando, num processo crescente, os elementos necessários à consecução do seu objetivo, enquanto exclui aqueles que podem "atrapalhá-lo" (os "ruídos"). Ou seja, durante esse tempo de trabalho, o agente se encontra num estado de relativa *incerteza* quanto à informação efetivamente *útil* e quanto ao tempo que realmente consumirá durante sua ação.

g) O tempo é vital para a ação. Ao agir, um sistema neguentrópico acelera sua própria dissipação de energia (acentua o "cansaço"). Além disso, a neguentropia que recupera foi extraída de seu ambiente, logo implicou aumentar a entropia deste. Portanto, toda ação, se acresce a neguentropia em algum segmento do sistema (ΔN), também acresce entropia em outras partes (ΔS), numa relação tal que $\Delta N / \Delta S \leq 1$, fórmula esta que mede o *rendimento neguentrópico* da ação. Como, no tempo da ação, o agente está dissipando, mais aceleradamente, sua própria energia, bem como a do ambiente no qual age, quanto mais largo for este tempo, cresce a incerteza do processo, isto é, as dúvidas quanto às suas possibilidades de alcançar o máximo rendimento que lhe seria, em princípio, possível e desejável.

h) *O objetivo de qualquer agente é obter o máximo rendimento neguentrópico possível de sua ação, no menor tempo.*

i) Durante o processo de seleção da informação útil, o agente despende tempo *transformando* a informação já processada, em *registros*, ou *memórias*, isto é, em algum elemento material (dentro ou fora do seu corpo) através do qual ele pode desconsiderar os dados já tratados e concentrar a ação seguinte nos dados a tratar, isto é, na incerteza restante. Esta transformação é um *ato de comunicar* informação "passada", já processada, a um objeto, a outros agentes, a subsistemas do próprio agente. Ou seja, o trabalho neguentrópico consiste nesta relação (dialética) entre tempos de processamento de incerteza e tempos de registro e recuperação de informação processada, registros estes que se constituem em elementos de orientação na busca por informação útil (informação "passada" também será útil por indicar, no mínimo tempo, a informação que "falta"). Todo o ciclo do trabalho informacional somente estará realmente encerrado após a consumação deste tempo de comunicação. Assim, o trabalho informacional efetua-se em dois momentos distintos, mas complementares (nem sempre perceptíveis no nível do *fenômeno*): um tempo de maior incerteza que denominamos *aleatório*; e um tempo de baixa até quase nula incerteza, tempo de comunicação, que denominamos *redundante*.

j) Em geral, a memória está endogenamente registrada nos sistema neguentrópicos, mas a espécie humana logrou criar, em profusão, meios externos de registro da memória. Para a Humanidade, a memória se expressa através do conhecimento, da cultura, da história, sendo registrada através de *signos*, ou "algo que está por alguma coisa para alguém", na definição canônica de Peirce (1977).

k) O processo total do trabalho informacional pode ser descrito por uma função que indica o *valor da informação* processada e comunicada durante a realização do trabalho mesmo (*Fig. 1*). O modelo foi construído com base em Brillouin (1988), Atlan (1992) e Moles (1978). A curva H descreve um processo no qual se somam tempos de trabalho, ao longo do período de vida de um agente neguentrópico (mais cedo, ou mais tarde, esta curva entrará numa fase de declínio, expressando a entropia crescente). Cada ponto, O_a, O_b etc., desta curva representa o momento de obtenção de uma completa informação *nova* (conclusão do processo de remoção de incertezas naquele ponto) e início do processo de sua comunicação (redundância). A ação não pode se dar além de um certo grau de incerteza (o quê exigiria um tempo de processamento acima das possibilidades do agente) e também não poderá estender-se, no tempo redundante, além daquele minimamente necessário à recuperação dos dados que ainda sirvam para orientar a ação ($t_{a'}$ é redundante quanto a t_a; $t_{b'}$ é redundante quanto a t_b, assim por diante).

l) O valor da informação será, portanto, função do trabalho informacional realizado (aleatório e redundante) no tempo despendido para a obtenção do maior rendimento neguentrópico possível, por parte de um agente dotado de recursos para tal.

Todo e qualquer sistema vivo é neguentrópico por definição. Não por acaso, essa teoria mereceu importantes e decisivas contribuições de biólogos como Jacques

Monod, Henri Atlan, Henri Laborit e outros. Robôs e outros servomecanismos também são sistemas neguentrópicos, mas criados pelo homem. Prigogine e Stenghers (1992) sustentam que, no universo, as interações macroscópicas ou microcóspicas entre seus sistemas físicos podem dar origem, a todo instante ou algum instante, a formações que, por um certo tempo (terrestre ou cósmico), terão propriedades neguentrópicas mesmo que inanimadas.

Do capital industrial ao capital-informação

a) Em uma passagem d'*O Capital*, afirma Marx:

> Uma máquina que não serve no processo de trabalho é inútil. Além disso, sucumbe à força destruidora do metabolismo natural. O ferro enferruja, a madeira apodrece. Fio que não é usado para tecer ou fazer malha é algodão estragado. *O trabalho vivo deve apoderar-se dessas coisas, despertá-las entre os mortos, transformá-las de valores de uso apenas possíveis em valores de uso reais e efetivos.* Lambidas pelo fogo do trabalho, apropriadas por ele como seus corpos, animadas a exercer as funções de sua concepção e vocação, é verdade que serão também consumidas, *porém de um modo orientado a um fim*, como elementos constitutivos de novos valores de uso, de novos produtos, aptos a incorporar-se ao consumo individual como meios de subsistência ou a um novo processo de trabalho como meios de produção (MARX, 1983, 153, grifos meus).

Podemos divisar, nesta passagem, aquela mesma relação entre *informação* e *neguentropia* que nos descrevem a Física e Biologia contemporâneas. As máquinas, os materiais, são trabalho conservado (Marx também diz, "trabalho passado" ou "trabalho morto") que tendem à degradação entrópica. Mas podem recuperar certa capacidade anterior de fornecer trabalho (ainda que modificado e *por que* modificado), graças à informação que os relaciona com um agente capaz de processá-la – o *trabalho vivo*. A utilidade do trabalho vivo – o seu *valor de uso* – reside exatamente nesta *competência*, ou *conhecimento*, para *pôr-em-forma* o trabalho morto: para dar-lhe novas formas necessárias à sua utilidade social.

b) Não haverá mercadoria sem a utilidade que lhe é conservada ou adicionada pelo "fator subjetivo do processo de trabalho, pela força de trabalho em ação" (MARX, 1983, 70). Nos nossos termos, sem *informação*. Daí que *o trabalho concreto, ou útil, sendo de natureza informacional, terá valor, na medida dos graus de aleatoriedade e redundância que processe e comunique, ao longo das atividades produtivas.*

c) O *valor de troca* das mercadorias não será função da informação processada e comunicada, mas do tempo de trabalho *igual*, ou *abstrato*, ou *simples*, socialmente nelas incorporadas. Abstraída a natureza útil do trabalho, todo o trabalho é "dispêndio de força de trabalho do homem no sentido fisiológico" (Marx, 1983, 53), dispêndio este que pode ser entendido como *dissipação da neguentropia do trabalhador na medida em que informa e se informa no ambiente* (ou no seu trabalho). É a necessidade de repor esta específica neguentropia, através dos meios de subsistência adquiridos pelo salário, que fornecerá o valor de troca da força de trabalho, ela mesma. Do ponto de vista da Economia Política clássica, este valor (que corresponderia à entropia crescente do organismo do trabalho, ao longo da jornada) servirá como *medida de equalização das trocas.*

d) Na época de Marx, o processo produtivo industrial realizava-se *empiricamente* quase que apenas nas oficinas de fabricação, nas quais empregava-se um coletivo trabalhador ainda dotado de alto grau relativo de conhecimento, inclusive matemático, sobre técnicas e processos de produção (Landes, 1994; Hobsbawn, 1997; Samuel, 1992). O capitalista comprava (e sempre comprou) esse conhecimento (valor de uso da força de trabalho), embora pagasse apenas o custo de sua recomposição neguentrópica (valor de troca). Como a mente pode permanecer processando informação e gerando conhecimento enquanto o corpo que a sustenta absorve e dissipa a neguentropia recomposta, o capital pôde introduzir uma relação de trabalho através da qual se apropriava do máximo valor que lhe fosse possível obter dessa diferença. Para isto, ainda no tempo de Marx, quanto mais tempo o corpo pudesse ser posto para trabalhar, no limite do seu máximo desgaste entrópico, maior seria o valor obtido (*mais-valia absoluta*).

e) A mais-valia pode ser obtida através da extensão absoluta do tempo de trabalho, mas também através de inovações de produto e processo que provoquem "dispêndio ampliado de trabalho no mesmo espaço de tempo" (Marx, 1983a, 116). Devido à própria evolução do capitalismo; seus novos padrões tecnológicos de produção; também às lutas dos trabalhadores e às conquistas da democracia e do Estado do bem-estar social, no capitalismo avançado, esta intensificação do rendimento do trabalho por "espaço de tempo" é o processo quase que exclusivo de obtenção de mais-valia e acumulação. Trata-se de replicar *tempo de trabalho por unidade de tempo*, assim como a indústria imobiliária replica solo ao construir (verticalmente) dezenas de unidades habitacionais em um mesmo espaço de terreno. Na produção industrial avançada, em uma mesma unidade de tempo, o conhecimento social incorporado em cada *coletivo combinado* de trabalho e, mesmo, em cada trabalhador individual, pode ser replicado milhares e milhares de vezes, a partir de um mesmo *modelo* inicial. Assim, o tempo entrópico do trabalhador, individual e coletivamente, se *descolou* do tempo da máquina. Mas o seu valor de uso, individual e coletivamente – ou o seu tempo neguentrópico – segue sendo essencial para a valorização, não enquanto tempo acrescido de trabalho, mas justo ao contrário, enquanto *tempo que poupa trabalho*, isto é, enquanto capacidade para processar informação e produzir conhecimento que reduzam ao mínimo as interrupções da produção, nos tempos redundantes, ou antecipe-se a elas, se possível, através de inovações em produtos ou processos, nos tempos aleatórios.

f) O trabalho vivo – e isto desde a chamada "segunda revolução industrial", nos primórdios do século XX – transforma muito pouco ou quase nada de matéria, *diretamente*. A transformação é executada pelos sistemas de maquinaria. O trabalho vivo, visto coletiva e combinadamente, mas também individualmente, ocupa-se de *interações* com máquinas através de visores, relógios, medidores, botões, manivelas, e, também, dos órgãos do sentido. Ele capta e processa informação, com base no conhecimento individual ou social, nos códigos do coletivo fabril, nos objetivos gerais da empresa. Seu valor de uso não se relaciona diretamente com matéria em transformação, mas com os códigos significativos da tecno-ciência apreendidos na empresa, na formação escolar e técnica, na vida social. Por isto, as atividades produtivas de qualquer trabalhador efetuam-se na *comunicação*: comunicação com a máquina, comunicação com os colegas, comunicação com as diversas instâncias da firma.

g) Na Seção I do Livro II d'*O Capital*, Marx nos apresenta a fórmula do ciclo de acumulação do *capital industrial*:

$$D \to M \ldots P \ldots M' \to D' \quad (1)$$

onde D é dinheiro que adquire as mercadorias M (insumos e força de trabalho) para introduzir no processo de produção P; de onde saem as mercadorias $M' > M$ que, vendidas, transmudam-se em dinheiro $D' > D$.

Todo o esforço do capital está voltado para a redução do tempo de realização deste ciclo total. Na produção P, sempre haverá um tempo irredutível necessário à transformação material, considerando a natureza dos materiais a serem transformados, os equipamentos e tecnologias disponíveis. Na circulação, o capital defronta-se com as barreiras daquilo que Marx denominava "momentos espaciais" (distâncias a percorrer) e "momentos temporais" (momentos de decisões, conforme veremos a seguir).

h) Os transportes de bens, de pessoas e de informação constituem, para Marx, uma "indústria da comunicação" que gera valor porque seu "efeito útil" é permitir o consumo da mercadoria, ao deslocá-la de um lugar para outro. Este efeito útil é a própria *locomoção*, efeito que se consome no ato de realizá-la. Logo, o ciclo do capital, aqui, obedecerá à seguinte particular fórmula (MARX, 1983a, 42 *passim*):

$$D \to M \ldots P \to D' \, (2)$$

Esta fórmula nos revela que não será estranha à teoria de Marx que haja produção de valor (e acumulação) sem produção imediata de mercadoria, *sem transformação material*.

i) Há ainda na circulação um outro tempo que interferindo, igualmente, na valorização do capital que não escapou, entretanto, à percepção de Marx: o tempo de negociar e de administrar que, àquela época, consumia diretamente o trabalho do capitalista em pessoa:

> Supondo-se que o ato de conversão da mercadoria em dinheiro seja fixado contratualmente, isto consumirá tempo: calcular, pesar, medir. A redução deste movimento é, também, desenvolvimento da força produtiva. Estamos ante o tempo, concebido exclusivamente como condição *exterior* para a transição da mercadoria em dinheiro; a transição é dada por suposta; se trata aqui do tempo que *transcorre* durante *esse ato pressuposto*. Isto cai dentro dos *custos de circulação*. Diferente é, em troca, o tempo que transcorre em geral antes que a mercadoria se converta em dinheiro; ou o tempo durante o qual a mesma se mantém *como mercadoria*, valor somente potencial, não real. Este é perda pura (MARX, 1973a. 25, grifos no original).

"Calcular, pesar, medir" – este não é obviamente um trabalho de transformação material. Seu "efeito útil" é *informação* que, assim como a locomoção, será *valor sem ser mercadoria*. Este tempo – em Marx está claro – cabe no conceito de circulação e, como tal, a sua redução também implicará em desenvolvimento das forças produtivas. Similar à fórmula (*2*), a fórmula geral do ciclo da informação será:

$$D \to M \ldots I \to D'\,(\,3\,)$$

onde *I* expressa as *atividades vivas* de perceber, processar, registrar e comunicar informação, com apoio dos insumos *M*, daí obtendo-se $D' > D$.

j) No capitalismo avançado, cabe incluir na condição de fornecedor de trabalho produtivo, logo trabalhador, desde o cientista até o operário, passando pelo professor, o jornalista, o engenheiro, o publicitário, o gestor e demais profissionais remunerados envolvidos nas atividades informacionais.[3] Cada posto de trabalho, não importa em que instância hierárquica se encontre, não passa de um *elo* num sistema *total* que, inclusive, não está contido nos limites da firma individual, mas abarca o conjunto de unidades de capital que, diferenciadamente, contribuem, repartindo trabalho entre si, para a produção *total* de *conhecimento valorizável e valores de uso mercantilizáveis*. Neste *corpo combinado*, ou nesta *produção social geral*, o trabalho vivo está organizado para se dedicar, por um lado, às atividades de pesquisa, investigação, estudo, análise e tomada de decisões científicas, tecnológicas, mercadológicas, financeiras, gerenciais e outras relacionadas ao desenvolvimento e evolução de produtos e processos, sendo este um trabalho *predominantemente* aleatório. Por outro lado, articulada e combinadamente, o trabalho vivo também se dedica às atividades de supervisão, controle, observação, direção ou correções do trabalho *morto* que objetivará e materializará o trabalho de remoção de incertezas. Este aqui é um trabalho *predominantemente* redundante; necessário, porém, para consumar a *fixação* de informação processada nos seus suportes materiais adequados. Este tempo de trabalho redundante poderá ser maior ou menor, dependendo dos materiais físico-químicos a serem transformados e das tecnologias disponíveis.

k) Descrevemos como *ciclo da comunicação produtiva* o ciclo total da produção capitalista que articula o trabalho informacional com a produção dos materiais a ele necessários.

Tomemos como exemplo a produção de uma cena cinematográfica. Durante este processo específico de trabalho, os artistas, em princípio, somente precisam de suas próprias mentes e corpos, de roteiristas e de um diretor para realizarem o que deles se espera. Assim como no geral das atividades de qualquer outra firma hoje em dia, assistimos aí a *trabalho vivo produzindo atividade viva*, conforme Boutang (1998).

---

[3] Trabalho apresentando no *5° Colóquio Internacional Marx Engels* na Sessão Plenária "Classes e movimentos sociais hoje" no dia 9 de novembro de 2007.

Por outro lado, o processo não se realiza sem que a ele seja *adjudicado* trabalho material morto ou passado: câmeras, outras máquinas, laboratórios etc. Em qualquer outra atividade, o trabalho vivo sempre necessitará de instrumentos, equipamentos, máquinas ou outros materiais para gerar e registrar o conhecimento desejado.

Por isto, na fórmula (*3*) acima, *M* e *I* cumprem funções diversas e contraditórias. Como o capital é investido para valorizar informação, o dinheiro (*D*) é adiantado para recrutar trabalho vivo na produção de atividade viva (*I*), donde a obtenção de mais--dinheiro (*D'*) será função da relação aleatoriedade/redundância processada, isto é, do *valor da informação* (*Fig. 1*):

$$D \to I \to D' \ (4)$$

Mas para que *I* funcione, haverá um ciclo material de produção, no qual matérias--primas, máquinas, energia são adquiridas por algum investidor para serem consumidas na produção de novos valores materiais que serão *usados* no processamento e comunicação da informação:

$$M \to P \to M' \ (5)$$

O *tempo*, no ciclo de processamento da informação (*4*), é uma função da aleatoriedade e redundância dos processos. Na pesquisa científica ou no desenvolvimento tecnológico, o erro é um pressuposto da atividade. Para a produção de uma cena cinematográfica, são feitos vários ensaios. Até que se obtenha o modelo desejado de roupas ou veículos, muitos foram os desenhos e os testes realizados. Porém, uma vez obtido o conhecimento, ou o filme, ou o modelo final do produto, toda a comunicação a seguir, isto é, o processo produtivo material (*5*), fará largo uso de tecnologias digitais de automação da produção e de redes mundiais de computadores: o tempo será o menor possível e deverá estar maximamente sob controle, não cabendo "erros" (embora estes sejam inevitáveis). Resulta daí um ciclo total de *comunicação produtiva*, no qual a valorização e acumulação não mais decorre de uma relação *sequencial* entre o tempo de trabalho material e o de trabalho informacional, como o era à época de Marx, mas de dois ciclos temporais distintos, embora inter--relacionados (Dantas, 1999; 2006):

$$D \to I \to D'$$
$$(6)$$

$$M \to P \to M'$$

1) No ciclo do capital-industrial, conforme Marx, o capital adiantado adquiria mercadorias que seriam transformadas, pela ação do trabalho vivo, em novas mercadorias, durante o (sub)ciclo da produção (*1*). No ciclo da comunicação produtiva (*6*), o trabalho vivo não visa transformar mercadoria alguma. O trabalho vivo *usa* produtos materiais ditos "mercadorias", para processar e comunicar informação. Este uso, tanto pode se dar em atividades mais criativas e ricas, como as realizadas por engenheiros ou por artistas, nelas empregando equipamentos e materiais em seus projetos ou encenações; ou nas atividades repetitivas e pobres, como as que requerem movimentos rotineiros de adjudicação de peças, próprios da montagem ou confecção industriais.

Conclusões

a) Em consequência do que discutimos ao longo desta comunicação, o valor de um produto informacional – seja um pacote de *software*, seja um CD de música, seja um tênis de *grife* – encontra-se na *ação* que este produto proporciona aos agentes em interação. O suporte material do produto, sobretudo o daqueles bens de "puro" valor informacional, esses que não forneçam utilidades mecânicas outras (como as que fornecem, por exemplo, os automóveis e quaisquer máquinas), não terá, para o agente, maior valor que o de *replicar redundantemente* o conteúdo do trabalho concreto neles registrado (por exemplo, num CD de música, o trabalho do artista).

b) Nos tempos de Marx, o conhecimento para a produção era basicamente social, estava disseminado entre os trabalhadores qualificados, e os produtos muito pouco se diferenciavam entre si, salvo, principalmente, pela quantidade de trabalho social igual, ou abstrato, que cada mercadoria poderia conter. Hoje, os produtos se diferenciam entre si justamente pela dimensão aleatória de trabalho concreto neles realizada. Como não são por isto intercambiáveis, o capital, para acumular e crescer, vem impondo à sociedade um novo princípio de apropriação baseado não mais na troca, mas em uma modalidade de renda diferencial, similar às discutidas no *Livro III*, Seção VI d'*O Capital*, que podemos denominar *rendas informacionais*. Estas rendas são extraídas de algum direito monopolístico sobre o uso de marcas, invenções, imagens, ideias etc. As pressões que fazem as grandes corporações capitalistas globais, apoiadas pelos Estados Unidos e por outros países centrais, para tornarem cada vez mais abrangentes e draconianas as leis mundiais sobre os direitos à propriedade intelectual, exprimem, no plano político-jurídico, um novo padrão capitalista de acumulação no qual o "valor de troca [já] deixou de ser a medida do valor de uso", conforme antecipava Marx n'*Os Grundrisse*, em passagem, hoje em dia, famosa (MARX, 1973a, 227).

c) Por sua natureza entrópica, a mercadoria está sujeita à lei dos rendimentos decrescentes, de onde emerge o princípio basilar de toda a teoria e prática econômicas: a *escassez*. Já o conhecimento, ao contrário, é, estritamente, um bem neguentrópico: não é consumido ou destruído ao ser usado, nem necessariamente desaparece com o tempo. O conhecimento é fonte e produto de informação, ou seja orienta-as e resulta das ações neguentrópicas do agente social. Também está disponível para quantas ações sejam necessárias a um mesmo indivíduo (ou empresa), ou a milhões de indivíduos (ou empresas). A ação baseada no conhecimento, isto é, a informação que ele permite processar, gera acréscimo de conhecimento, sem perda de conhecimento anterior. Enquanto, na produção de mercadorias, o trabalho vivo congela-se em trabalho morto; na geração de conhecimentos, o trabalho vivo fecunda trabalho vivo, seja pela comunicação direta pessoa-a-pessoa, seja pela indireta, através de seus muitos *meios de comunicação* (livros, filmes, CDs, objetos de consumo etc.). O conhecimento é um bem de rendimento crescente, por isto não poderia ser, como não era, objeto da teorização e da prática econômicas, fosse da Economia Política clássica, fosse da Economia "pura" neoclássica.

d) O capital evoluiu a ponto de se tornar determinantemente dependente de trabalho concreto, tendo superado a época em que ainda dependia, de modo determinante, do trabalho abstrato. Donde o valor produzido pelo trabalho, devido à sua natureza informacional, *não pode ser equalizável*. Diante desta impossibilidade cada vez maior de intercambiar mercadorias (ainda que siga denominando aos seus produtos por "mercadorias"), o capitalismo evoluiu para constituir um novo *padrão de acumulação* e de apropriação de riquezas, no qual predominarão os *licenciamentos* de uso, obtidos através do exercício violento (ainda que juridicamente legitimado) de algum domínio monopolista sobre algum recurso ou produto informacional. O modelo de negócios da indústria de *software* é o paradigma desta nova etapa. É esta apropriação de rendas informacionais que impulsiona a acumulação numa ponta, e a distribuição muito desigual das riquezas, na outra.

e) Intrinsecamente não apropriável, a informação estaria a apontar para um grande rearranjo institucional, político e jurídico que permitisse tratar, como recurso público, o conhecimento que gera, estabelecendo critérios de repartição do seu valor com base na dimensão do trabalho social aleatório realizado, repartido pelas contribuições individuais ou coletivas *concretas*. A luta que crescentes segmentos da sociedade já travam para *democratizar* e *socializar* o acesso e uso do conhecimento, a exemplos do movimento pelo *software* livre, da proposta do *Creative Commons*, da crescente resistência mundial a patenteamento de medicamentos essenciais, das denúncias à apropriação dos conhecimentos culturais de povos indígenas por corporações capitalistas globais, e ainda outras, parecem apontar nessa direção. Encontrarão sua legitimidade teórica e novos argumentos para a ação política na medida em que se lhe incorporem uma correta compreensão *científica* da informação e, daí, do tipo de trabalho *cognitivo, comunicacional* e *social* que a nossa atual sociedade mobiliza.

Bibliografia

ATLAN, Henri. *Entre o cristal e a fumaça*. Rio de Janeiro: Zahar, 1992 [1979].

BATESON, Gregori. *Pasos hacia una ecología de la mente*. Buenos Aires: Ediciones Lohlé-Lumen, 1998 [1972].

BRILLOUIN, Léon. *La science et la Théorie de l'Information*. Paris: Jacques Gabay, 1988.

BOUTANG, Yann Moulier. "La troisième transition du capitalisme: exode du travail productif et externalités". In: AZAÏS, C.; CORSANI, A.; DIEUAIDE, P. *Vers un capitalismo cognitive*. Paris: L'Harmattan, 1998, p. 135-152.

DANTAS, Marcos. *Trabalho com informação: investigação inicial para um estudo na Teoria do Valor*. Dissertação de Mestrado. Rio de Janeiro, UFRJ, 1994 (mimeo).

_____. *A lógica do capital-informação: a fragmentação dos monopólios e a monopolização dos fragmentos num mundo de comunicações globais*. Rio de Janeiro: Contraponto, 1996.

_____. "Capitalismo na era das redes: trabalho, informação e valor no ciclo da comunicação produtiva". In: LASTRES, H. e ALBAGLI, S. *Informação e globalização na Era do Conhecimento*. Rio de Janeiro: Campus, 1999, p. 216-261.

_____. *Os significados do trabalho: uma investigação semiótica no processo de produção.* Tese de Doutoramento. Rio de Janeiro, COPPE-UFRJ, 2001.

_____. "Informação como trabalho e como valor". *Revista da Sociedade Brasileira de Economia Política*, Rio de Janeiro: SEP, n. 19, p. 44-72, 2006.

_____. "Os significados do trabalho: produção de valores como produção semiótica no capitalismo informacional". *Trabalho, Educação e Saúde*, Rio de Janeiro, vol. 5, n. 1, 2007.

Escarpit, Robert. *L'information et la communication.* Paris: Hachette Livre, 1991.

Foerster, Heinz Von. "Epistemology of Communication". In: Woodward, Kathleen. *The Myths of Information: Technology and Postindustrial Culture.* Londres: Routledge & Kegan Paul, 1980.

Hobsbawm, Eric. *A Era das Revoluções.* 10ª ed. São Paulo: Paz & Terra, 1997.

Landes, David S. *Prometeu desacorrentado.* Rio de Janeiro: Nova Fronteira, 1994 [1969].

Marx, Karl. *Elementos fundamentales para la crítica de la Economía Política.* 4ª ed., Vol. 1. Buenos Aires: Siglo Veintiuno, 1973 [1953].

_____. *Elementos fundamentales para la crítica de la Economía Política.* 4ª ed., Vol. 2. Buenos Aires: Siglo Veintiuno, 1973a [1953].

_____. *O Capital.* Vol. 1. Tomo I. São Paulo: Abril Cultural, 1983 [1867].

_____. *O Capital.* Vol. 1. Tomo II. São Paulo: Abril Cultural, 1983a [1867].

_____. *Capítulo VI Inédito de O Capital.* São Paulo: Ed. Moraes, s/d [1969].

Moles, Abraham. *Teoria da informação e percepção estética.* 2ª ed. Rio de Janeiro: Tempo Brasileiro, 1978.

Peirce, Charles S. *Semiótica.* São Paulo: Perspectiva, 1977.

Prigogine, I. e Stenghers, I. *Entre o tempo e a eternidade.* São Paulo: Companhia das Letras, 1992.

Samuel, Raphael. "Mechanization and hand labour in industrializing Britain". In: Berlanstein, Lenard R. *The Industrial Revolution and Work in Nineteenth-Century Europe.* Londres: Routledge, 1992, p 26-41.

O fetiche-cinema contra o cinema-utopia: cinema mercadoria, reificação e resistência[1]

Ronaldo Rosas Reis[2]

> Uma relação social definida, estabelecida entre os homens, assume a forma fantasmagórica de uma relação entre coisas. [...] É o que ocorre com os produtos da mão humana, no mundo das mercadorias (MARX, 2004, 94).

O tema e objeto de análise do presente estudo é o fetichismo da *mercadoria cinema* e a questão da luta de classe na esfera cultural. Busca-se aqui explicitar algumas considerações críticas com base em análises em curso há alguns anos acerca da subordinação da atividade cinematográfica mundial ao *mainstream* hollywoodiano, sobre o papel do artista e intelectual no contexto do que a esquerda em geral denomina como *resistência*, sendo esta associada, na esfera cultural, à tradição vanguardista da esquerda formada na primeira metade do século XX.[3] No caso presente, o termo *resistência* assume o sentido de *oposição, contestação* e/ou *recusa* ao sistema (*establishment*) e guarda semelhança com a noção de *revolta* tal como observado em Herbert Marcuse (1973 e 1979).

---

1 Trabalho apresentando no *5° Colóquio Marx Engels*, na sessão de comunicações do grupo temático "Cultura, Capitalismo e Socialismo".
2 Professor da Faculdade de Educação da UFF.
3 Cf. REIS (2007, 2006, 2005a e 2005b).

Luciana Aliaga, Henrique Amorim e Paula Marcelino (orgs.)

A propósito da sua atualidade, é possível justificá-la face às renovadas e intensas investidas da burguesia (e também do Estado) no sentido de cooptar artistas e intelectuais para seus projetos hegemônicos, fato que obriga a esquerda em geral e os marxistas em particular, evidentemente, a redobrarem a atenção e o seu esforço para responder convincentemente às dúvidas acerca do papel do intelectual orgânico e da autonomia da produção artística e intelectual numa sociedade de classes. Por conseguinte, longe de ser mero exercício retórico, debater o caráter daquilo que está sendo apreendido e tipificado como *arte de resistência* (ou de *oposição*, ou de *recusa* etc.) trata-se, para os marxistas, de uma exigência permanente. Seria por demasiado ocioso demonstrar porque, por vezes, tal denominação se mostra tão flexível e tolerante ao ponto de revelar, de imediato, a flacidez ideológica de quem a aplica. Todavia, o sentido de permanência acima mencionado se justifica, pois leva em consideração o esforço recorrente dos articulistas que opinam nos cadernos culturais da grande imprensa – vale dizer, sem qualquer outra qualificação especial além de simplesmente "gostar de cinema" – para caracterizar determinados diretores/filmes como "realistas", "críticos", enfim, opositores do sistema.[4]

Além desta apresentação, o texto está organizado em três partes.

Na primeira delas se expõe uma breve descrição das características gerais da atividade produtora da *mercadoria cinema* sob o regime de acumulação fordista, tendo como referência a indústria cinematográfica norte-americana. Ainda nesta parte procurar-se-á demonstrar que, não obstante a existência de uma acentuada distância entre o desenvolvimento da atividade cinematográfica nos EUA e em outros países, a forma geral da *mercadoria cinema* permanece inalterada nestes últimos. De maneira a apreender as consequências disso no plano estratégico, será examinado na segunda parte o modo como as corporações que compõem o *mainstream* hollywoodiano operam metamorfoses teleológicas no campo estético-cultural e político com a intenção de manter a direção político-econômica da atividade cinematográfica mundial, e, portanto, a hegemonia ideológica na esfera cultural de diversos países. A título de conclusão, o tema da *resistência* será abordado mediante o exame de alguns aspectos relacionados com a questão da luta de classe na cultura, conforme antecipado no início desta apresentação.

---

4   Exemplo disso pôde ser observado nos comentários da grande imprensa – tais como as publicações semanis *Veja*, *Istoé* e *Época*, além dos jornais *O Globo*, *Jornal do Brasil* e *Folha de São Paulo* – aos filmes de José Padilha (*Ônibus 174*, Riofilme, 2002; e *Tropa de Elite*, Zazen Produções/Universal Pictures, 2007), e de Fernando Meirelles (*Cidade de Deus*, Videofilme/O2 Filmes/Lumière, 2002).

Porém, antes de finalizar, é importante esclarecer aos possíveis leitores deste texto o fato de que ele teve como inspiração a obra do marxista norte-americano Fredric Jameson, autor de um grande número de ensaios e livros sobre a cultura contemporânea, em especial os ensaios reunidos no livro *As marcas do visível*, de 1995.

Cinema-mercadoria

O fato de um filme exigir uma divisão de tarefas em que sob muitos aspectos se assemelha aos procedimentos adotados na fabricação de um artefato industrial qualquer, além de um montante elevado de recursos, não o qualifica, nem de forma necessária e nem suficiente, como um produto industrial. Nesse sentido, a despeito dos insistentes esforços de alguns países no sentido de organizarem nacionalmente as atividades cinematográficas sob o regime de acumulação fordista – notadamente a Alemanha, a Itália e a França, na Europa; o Japão, a Índia e Taiwan, na Ásia; e o Brasil e México, na América Latina –, coube somente aos EUA fazê-lo plenamente.

Com efeito, desde o fim da Segunda Guerra Mundial, há setenta anos aproximadamente, os norte-americanos não apenas concentram a quase totalidade mundial de estúdios cinematográficos, mas, sobretudo, concentram o maior número de corporações que compõem a cadeia produtiva industrial conforme o modelo clássico de verticalização e monopolização do fordismo. Isto é, se considerarmos rigorosamente a atividade cinematográfica no contexto de uma cadeia produtiva industrial complexa, chegaremos à conclusão, grosso modo, que do trabalho de extração da matéria-prima da película do filme ao trabalho do bilheteiro e do pipoqueiro nas salas de exibição, tudo concorre para a realização do fetiche *mercadoria cinema*.

Portanto, nesta cadeia, somada ao trabalho industrial dos fabricantes de películas e reagentes químicos, dos fabricantes de lentes e equipamentos óticos e de tecnologia digital, e dos fabricantes de máquinas e equipamentos mecânicos (gruas, trilhos etc.) contam-se, ainda, dezenas de atividades manufatureiras (marcenaria, serralharia, alfaiataria, vidraçaria etc.) e artesanais (pintores, escultores, ceramistas etc.). E, mais, o trabalho de argumentistas, roteiristas, atores, diretores, cinegrafistas, iluminadores, cenógrafos etc., além do trabalho de produção, pós-produção, edição, publicitário, distribuição e exibição do filme, incluindo nessa extensa cadeia os bilheteiros e pipoqueiros. A similaridade com o fordismo tipicamente industrial é ampliada quando se considera que ao deter o monopólio dos meios de produção, incluindo a propriedade intelectual do produto do trabalho, o domínio da distribuição, da circulação e da exibição comercial do produto mundialmente, incluindo vídeos, DVDs, CD-ROMs e meios digitais *on line*, as corporações cinematográficas norte-americanas pressionam intensamente os realizadores de outros países, com a intenção deliberada de impedir o crescimento do público, e, por conseguinte o lucro e o progresso dos cinemas nacionais.

De um modo geral, salvo raríssimas exceções, nesses países – notadamente aqueles citados acima – a atividade cinematográfica restringe-se à realização do filme, e, na medida dos acordos firmados com os cartéis norte-americanos, a uma pequena participação no lucro da distribuição e da exibição.[5] Dadas tais circunstâncias adversas, os realizadores nacionais historicamente se veem impedidos de expandir a atividade cinematográfica segundo o regime de acumulação fordista pleno. Por conseguinte, frequentemente eles dedicam-se a alimentar junto à intelectualidade pequeno-burguesa – os chamados "formadores de opinião" – um crescente antagonismo face aos interesses dos cartéis norte-americanos. Não obstante o caráter fundamentalmente econômico desse antagonismo, o discurso de enfrentamento ao capital internacional move-se apenas na superestrutura e, quando ele não está emitindo sinais contraditórios, é simplesmente falso.

Quanto a este último aspecto, a título de exemplo, a história do cinema brasileiro é pródiga em ameaças de um lado e "protestos veementes" de produtores e realizadores nacionais contra a dominação econômica de Hollywood. Com efeito, já na década de 1920 os realizadores brasileiros protestavam contra os executivos da indústria cinematográfica norte-americana que haviam montado um cartel internacional de distribuidores, no sentido de expandir os seus negócios e limitar o crescimento do público do cinema nacional (Jabor, 2001). Contudo, com a ajuda de lobistas em atividade no Congresso Nacional, os executivos estrangeiros passaram a ameaçar os congressistas brasileiros com retaliação comercial e um acordo foi feito em detrimento do público e do próprio desenvolvimento da atividade cinematográfica no país (Jabor, 2001). Situação não muito diferente pode ser observada cerca de meio século depois, em 1968, pelo estudioso e crítico de cinema Jean-Claude Bernadet. Em artigo publicado em jornal da época, Bernadet chama a atenção para o fato de que o truste das companhias estrangeiras "acumulando a produção, distribuição e exibição [de filmes]" resulta num acúmulo de 81,25% da renda bruta e a brasileira de apenas 18,75% (Bernadet, 1978, 144-145).

---

5 Na Índia, excepcionalmente, dada as características singulares da sua cultura e da forma como o cinema lá se desenvolveu sob o capitalismo, criou-se um mercado interno exclusivo para os filmes produzidos em Bollywood, o similar indiano de Hollywood.

A despeito da sincera revolta de inúmeros realizadores e estudiosos do cinema brasileiro – dentre eles Glauber Rocha (1981), Fernando Ramos (1987) e o próprio Bernadet já citado – não deixa de ser notável que, ao longo do tempo, as reações políticas (de governantes, empresários de cinema, cineastas e formadores de opinião) tenham mais servido para ocultar disputas internas entre empreendedores nacionais concorrentes em busca de maiores fatias no lucro da distribuição e da exibição. De fato, considerando a captação/arrecadação de recursos para a produção de filmes nacionais, as disputas em torno do dinheiro público e privado reduzem-se basicamente a um pequeno conjunto de cinco produtoras (LCBarreto Filmes, da família Barreto; O2, de Fernando Meirelles e Associados; Globo Filmes, das Organizações Globo; Vídeo Filmes, de Walter Moreira Salles Jr./Unibanco; Conspiração Filmes, de Pedro Buarque de Hollanda e Associados – cf. ANCINE, 2010). De forma individual ou associada entre elas e entre as sete principais distribuidoras (Paramount, Sony, Fox, Europa, Warner, Play Art, Rio Filme) e exibidoras nacionais e estrangeiras (Cinemark, UCI, Cinearte, Artplex), tais produtoras detêm, praticamente, o monopólio da atividade cinematográfica no país (ANCINE, 2010) e reproduzem, na cadeia produtiva da atividade cinematográfica nacional a característica geral do capitalismo no país – isto é, *combinado e dependente*. Essas empresas amarram a produção-distribuição-exibição do filme brasileiro a uma condição periférica em seu próprio país. Mas isso não é tudo, pois tal ação funciona igualmente como elemento inibidor das possibilidades de renovação dos quadros de realizadores, diretores, artistas e técnicos, e, por extensão, do próprio cinema como atividade cultural. De acordo com Biaggio (2001, 1-2), "a falta de condições para produzir continuamente tem sido a principal razão para que uma significativa quantidade de jovens realizadores abandone a profissão ainda no seu início". Percebe-se, assim, que os obstáculos criados pelos interesses da indústria cinematográfica norte-americana às atividades cinematográficas nacionais no mercado exibidor não são os únicos a impor a subalternidade de seus produtos à lógica dos distribuidores internacionais.

Outro aspecto merecedor de atenção e que está associado aos fatores aqui expostos é o da *demanda ideológica induzida*. Trata-se de um dos muitos sinais contraditórios emitidos pelos realizadores nacionais. De um lado, apontam numa direção para suprir exigências de caráter nacionalista com apelos frequentes à preservação de suas respectivas identidades culturais e à defesa de uma tradição cinematográfica própria. Subsidiariamente, alegando falta de recursos financeiros para enfrentar as pressões externas, exigem dos respectivos governos e parlamentos nacionais a adoção de reserva de mercado e renúncia fiscal do Estado.[6] De outro lado e contraditoriamente, os realizadores nacionais sinalizam para as corporações um produto final modelado segundo o figurino ditado pelo *télos* (pela finalidade, pelo objetivo) estético-político do *mainstream* hollywoodiano.[7] Fazem-no sob o pretexto de manterem-se competitivos num mercado fortemente marcado pela concorrência internacional.

Metamorfose teleológica e reificação

Sabemos todos que para manter o desenvolvimento das forças produtivas sob seu controle, a classe dominante necessita controlar permanentemente o determinante tempo-espaço do trabalho. Manter essa determinante sob controle significa exercer o domínio científico, racional, sobre o ciclo produtivo e, portanto, significa manter a forma geral da propriedade. Importa dizer com isso, que a manutenção do controle sobre o tempo-espaço do trabalho requer uma forma de consciência específica de dominação: a ideologia (REIS, 2005).

Conquanto a ideologia tenha se revestido historicamente de diferentes formas e manifestações discursivas, penso que o sentido fundamental apreendido em Marx e Engels não se modificou. Isto é, a ideologia é uma "consciência falsa da realidade" (GORENDER, 2002, XXII).[8] Faz parte da ideologia, em todas as épocas, um corpo dis-

---

6 A criação do INCE (Instituto Nacional do Cinema Educativo), em 1936, passando pela criação da Embrafilme (Empresa Brasileira de Filmes S.A), em 1969, até a criação da Ancine (Agência Nacional do Cinema), em 2001, bem como as leis de renúncia fiscal, configuram, em períodos diversos, o atendimento governamental à demanda ideológica nacionalista dos realizadores brasileiros.

7 Além dos já citados *Cidade de Deus* e *Tropa de Elite*, existe uma quantidade extraordinária de filmes que há tempos segue esse padrão, cabendo citar dois dos mais conhecidos: *Se eu fosse você* (Total Entertainment/Globo Filmes/Fox Filmes, 2006), de Daniel Filho, e *Os normais* (Globo Filmes, 2003), de José Alvarenga Jr.

8 Ver especificamente a passagem de *A Ideologia Alemã* em que Marx e Engels criticam as teorias de Bruno Bauer e Max Stirner (2002, 36-38). Ver ainda na obra de Sigmund Freud, em especial em *O futuro de uma ilusão* (2001), *O Mal-Estar na civilização* (1997) e a sua abordagem sobre o inconsciente em *Artigos sobre metapsicologia* (2004), um conjunto de ideias que reforçam a tese da "ideologia enquanto consciência falsa ou equivocada da realidade".

cursivo para dar forma às ideias do pensamento dominante. É no interior desse corpo discursivo que as demandas ideológicas da classe dominante são constituídas, impondo a necessidade da construção de um *télos* capaz de ajustá-las às novas configurações políticas surgidas na conjuntura. Dado o acirramento de conflitos de classe em uma determinada conjuntura, à classe dominante se impõem construir e reconstruir o *télos* a ser perseguido por toda a sociedade, sendo tal processo de ajuste o que caracteriza a metamorfose teleológica.

Para explicar o caráter flexível do *télos* recorro a uma ideia elaborada num dos textos citados na apresentação deste trabalho, o que me obriga a fazer uma breve digressão sobre o assunto (REIS, 2006).

Na sua mais conhecida obra, *Tudo que é sólido desmancha no ar* (1987), Marshall Berman chama a nossa atenção para uma das "imagens mais poderosas da vida moderna constante no Manifesto Comunista": o desnudamento do homem pela classe burguesa. Para Berman, ao fazerem alusão ao simbolismo da nudez do homem, Marx e Engels destacam um movimento dialético entranhado na própria origem da burguesia enquanto classe social. Despido de poder político e dignidade humana pela nobreza absolutista, o homem burguês se vê obrigado a enfrentar toda a sorte de adversidade, fazendo-se ser humano por si mesmo. Se, no ponto de partida, o movimento é francamente trágico, já o seu final é feliz. Em outras palavras, ao protagonizar esse movimento dialético, o homem nu burguês, mediante uma engenhosa elaboração, metamorfoseia-se no "homem feliz". Não obstante o individualismo que lhe é marcante, o "homem feliz" burguês, porém, somente pode se reconhecer como tal se mediado por outro olhar. Explica-se assim a sua necessidade de criar uma imagem ou *télos* representativo de um conjunto de "homens felizes", cujo objetivo estratégico é formar uma classe legitimadora da sua condição. Explica-se, dessa forma, o caráter flexível, adaptável por assim dizer, do *télos* às circunstâncias que se apresentam.

Não por acaso nem por coincidência as estratégias mercadológicas dos cartéis dos estúdios norte-americanos, ao metamorfosearem o *télos*, incluem nos seus esquemas de financiamento até mesmo o que lhes é declaradamente adverso, quer como estética cinematográfica – linguagem e estilo – quer como conteúdo político e ideológico. Com efeito, a despeito do gosto do executivo padrão de Hollywood, propenso a produzir filmes pautados pelo modelo *linguagem linear/luxo cenográfico vulgar*, sobram exemplos de absorção de outras formas de linguagem e estilo que escapam ao senso estético comum dominante na indústria cinematográfica.[9] Quanto ao aspecto político e ideológico, vale lembrar que a partir de 1948 até fins dos anos de 1950 o meio cultural norte-americano, em especial a indústria de Hollywood, expôs toda a sua contradição no episódio das perseguições *macarthistas* aos simpatizantes ou militantes do Partido Comunista Americano (e mesmo aqueles sem uma posição política definida) numa lista que ultrapassava duas centenas de pessoas. Isto é, apesar de toda a pressão exercida pelas comissões do Senado norte-americano e boa parte da opinião pública, os estúdios mantiveram as atividades de roteiristas, diretores e artistas a despeito das acusações de "traição" que pesavam sobre eles.[10] Também nas décadas seguintes (1960 até meados da década de 1980), marcadas por intensas e sucessivas ondas de revoltas sociais (pelos direitos civis dos negros, da contracultura, do feminismo, do homossexualismo etc.), a indústria cinematográfica daquele país jamais deixou de abrigar ou, ao menos, de manter uma linha de financiamento e diálogo com os chamados "realizadores independentes", como, por exemplo, Robert Altman, John Cassavetes, Spike Lee, os irmãos Coen, Jim Jarmusch e outros.

Ao longo da história centenária do cinema não foram poucas as vezes que o cinema europeu e de outras partes do mundo disputou com o cinema norte-americano a admiração e a simpatia do público em vários continentes. Trata-se, certamente, de uma disputa viciada na origem, pois a desigualdade econômica entre a capacidade de arrecadação dos estúdios cartelizados de Hollywood e a capacidade do conjunto das demais empresas cinematográficas no restante do planeta é flagrante.[11] Todavia, ela é também viciada porque a sua desigualdade é o parâmetro que baseia e orienta o *mainstream* hollywoodiano na manutenção da sua hegemonia mediante a imposição de diretrizes teleológicas que dão forma ao desenvolvimento combinado e dependente das

---

9 São inúmeras as influências estéticas adversas exercidas sobre o padrão vulgar de Hollywood e que acabaram sendo incorporadas ao mainstream, cabendo citar *M*A*S*H* (20th Century Fox, 1970), de Robert Altman, *Sexo, mentiras e videotape* (Outlaw/Virgin, 1989), de Steven Soderbergh e *Cães de aluguel* (Live Entertainment/Dog Eat productions, 1992), de Quentin Tarantino, entre outros mais.

10 Dentre outros acusados estão os roteiristas Dashiell Hammett e Dalton Trumbo, os diretores John Huston, e Charlie Chaplin, os atores Zero Mostel e Orson Welles.

11 Vários indicadores das agências de notícias especializadas demonstram que a arrecadação das bilheterias dos filmes norte-americanos em todo o mundo saltou de 4,1 mil milhões de euros, em 2007, para 6,7 mil milhões de euros, em 2009, gerando um lucro extraordinário para os estúdios de Hollywood. Nos demais países, devido à crise de 2008, houve uma reversão das expectativas.

empresas cinematográficas nacionais. Se tal conformação econômica hegemônica do processo explica a forma de atuação igualmente cartelizada dos empresários nacionais em seus próprios países, no limite ela obriga a que o problema da disputa hegemônica com Hollywood seja deslocado para o terreno da ideologia. Nesse ponto faz-se necessário retomar e insistir na problemática do discurso nacionalista como *demanda ideológica induzida* deixada em aberto ao final da primeira parte desse estudo.

Como se disse, na medida das dificuldades enfrentadas pelos realizadores/empresários do cinema nacional frente ao poderio de Hollywood ocorre o deslocamento da disputa hegemônica para o terreno da ideologia mediante a indução de uma demanda nacionalista baseada num apelativo chamado à preservação de uma identidade cultural e à defesa de uma tradição cinematográfica. Ora, as diversas agências (públicas e privadas) que monitoram o público de cinema dão conta de que, à exceção do ano de 2004, quando a atividade cinematográfica na Índia (Bollywood) alcançou a marca de 3,8 bilhões de espectadores, superando Hollywood em cerca de 200 milhões, o público da indústria cinematográfica norte-americana tem sido planetariamente crescente, sendo a estimativa geral de que, em 2009, com a ampliação do mercado cinematográfico na China, tenha superado os 4,5 bilhões de espectadores.[12] Assim, não deixa de ser ingenuamente sentimentalista, quando não falacioso, o discurso nacionalista da intelectualidade burguesa que busca inculcar no senso comum a ideia de um país cinematograficamente competitivo em premiações internacionais.[13]

Nesse mesmo sentido, pode-se concluir que se o deslocamento para o campo ideológico constitui de parte dos realizadores/empresários do cinema nacional a estratégia política para encobrir o caráter combinado e dependente da desigualdade imposta pela hegemonia de Hollywood, de parte da intelectualidade burguesa, mas não apenas, tal deslocamento é igualmente revelador de um tipo de visão intelectual caudatária da crença em um "homem produto das circunstâncias e da educação [...]" criticada por Marx e Engels nas *Teses sobre Feuerbach* (2002, 100). De fato, salvo algumas raras exceções, no Brasil, amplos setores da intelectualidade burguesa, incluindo a de esquerda,

---

12 Tais números, evidentemente, incluem a assistência de DVDs, VHS, filmes transmitidos pela TV e acessados na Internet.

13 Pode-se entender isso como uma forma de sublimação dos incipientes resultados financeiros e de público, como pode ser observado nos premiados *Central do Brasil* (Globo de Ouro, EUA, 1999) e *Tropa de elite* (Urso de Ouro, Berlim 2008), ambos de extraordinária repercussão nacional na imprensa, mas cujos resultados, se somados, mal alcançaram a cifra de três milhões de espectadores.

tem se inclinado historicamente a julgar a questão da desigualdade consentida e da subordinação combinada da classe empresarial – seja ela de que ramo for – como fruto de uma colonização perversa e ainda não de todo superada, desconsiderando, assim, os interesses diretos dos empresários nacionais no sistema.

Compondo perifericamente a cadeia produtiva do cinema, no Brasil, tais setores da intelectualidade – a salvo exceções de praxe –, empregados dos cadernos culturais da grande imprensa, nos canais de TV por assinatura ou mantendo *blogs* especializados em cinema, não raramente apelam de forma patética ao sentimento nostálgico dos leitores definindo como *heroicos* ou *épicos* os "enfrentamentos" de cineastas como Vertov, Einsenstein e Fritz Lang, dos mais antigos, de Godard, Truffaut, Buñuel, Visconti e Rosselini, da metade do século XX, de Kurosawa, Fassibinder e Glauber Rocha, da segunda metade do mesmo século, frente às superproduções hollywoodianas.

Todavia, a despeito do possível conhecimento e (real) admiração de parcelas significativas do público pelas obras desses cineastas, são evidentes os indícios de que o sentimento antiamericanista é, em grande parte, conforme visto, induzido ideologicamente pela ação da intelectualidade formadora de opinião. Assim, cego, esse público alimenta a falsa ideia de uma disputa (teleológica) acirrada, quando, na verdade, o que se observa é uma disputa episódica que atende aos interesses do *mainstream* hollywoodiano. Isto porque, a despeito de qualquer crítica adversa, o controle da produção e da circulação da totalidade dos gêneros de filme (drama, comédia, ação, aventura, guerra, policial etc.) realizados dentro e fora do EUA jamais deixou de estar sob o comando dos executivos e prepostos internacionais dos cartéis dos estúdios de Hollywood e do seu ideário liberal. Portanto, sendo a principal dificuldade do artista-intelectual a de operar no nível estrutural com os aspectos concretos do fetichismo da *mercadoria cinema*, é neste momento que se revelam com toda a crueza os dilemas e impasses do cinema em particular e da arte em geral de lutar com liberdade e autonomia no sentido contra-hegemônico.

A tese de que a vida cultural está subordinada dialeticamente a uma dada estrutura econômica vigente, constitui uma das mais importantes contribuições de Marx e Engels para o estudo da ideologia (2002). Inúmeros estudiosos do século XX, declaradamente marxistas ou não, têm se debruçado sobre ela, ampliando o seu escopo sem alterar o que nela é fundamental. Ou seja, a ideia de que sendo a estrutura econômica baseada na propriedade particular dos meios de produção e circulação de mercadorias, como no capitalismo, a vida cultural refletirá essa determinante.

Com efeito, sob o capitalismo, a autonomia adquirida pela vida cultural em relação à estrutura econômica decorre do conflito existente entre interesses de classes sociais distintas, levando muita gente a imaginar que, ao adquirir tal autonomia, a cultura seja capaz de modificar radicalmente a estrutura econômica. No entanto, a contradição produzida pelo conflito de interesses é efêmera, porquanto circunscrita à esfera intelectual. Assim, a duração da contradição leva apenas o tempo suficiente para que a estrutura a absorva e a devolva à vida cultural como consciência reificada.

A reificação da consciência corresponde, em linhas gerais, a algo como "mudar para que tudo seja mantido como está" (conforme diria o personagem central, Salina, vulgo "O Leopardo", no romance homônimo do escritor italiano Giuseppe Tomasi Di Lampedusa e levado às telas por Luchino Visconti, em 1958). Sendo menos breve, tal processo de "mudança-manutenção" é o que permite à burguesia impor a sua hegemonia cultural numa sociedade dividida em classes, admitindo, inclusive, a existência de formas de manifestações culturais antagônicas ao seu próprio estatuto. É o que lhe permite, por exemplo, absorver determinadas manifestações estéticas contrárias à sua visão de mundo, como a contracultura *hippie* e *punk*, devolvendo-as à circulação sob uma forma palatável à sua própria cultura, ou seja, como mercadoria.

Para o filósofo alemão Wolfgang Haug, a estética da mercadoria no mundo capitalista é comparável à linguagem amorosa utilizada pelos amantes: "quem busca o amor faz-se bonito e amável", diz ele (HAUG, 1979, 30). Citando Marx ("a mercadoria ama o dinheiro"), Haug chama a atenção para o fato de que "um gênero inteiro de mercadorias lança olhares amorosos aos compradores" imitando o cortejo que fazemos à pessoa amada. Nesse sentido, o argumento do semiólogo francês Roland Barthes (1982) de que na cultura burguesa não existem "mitos inocentes" mostra-se extremamente pertinente. Para ele, a existência de mitos "simpáticos", como a contracultura, jornalismo a favor, filmes antiamericanos, cinema-verdade, arte de vanguarda e poesia marginal, por exemplo, não elide o fato de serem produtos de uma expropriação capitalista. Por esse motivo, Barthes diz ser impossível despojar o mito de sua representação ideológica e tentar entendê-lo apenas como um hábito de consumo da vida cotidiana.

Cinema-utopia: considerações críticas para o debate

A conclusão mais provável diante da realidade da produção cultural cinematográfica feita até aqui poderia ser aquela de uma entrega ao negativismo desesperador contido nas ideias difundidas pelos teóricos frankfurtianos acerca da inexorabilidade da instrumentalização dos meios/fins do cinema ou de qualquer outro artefato produzido pela indústria cultural.

Certamente que a limitação do espaço da publicação torna inviável o propósito de atualizar aqui a discussão sobre a redução de tudo à dimensão estética da mercadoria da forma como ela é operada na abordagem da teoria crítica sobre a cultura de massa. É possível adiantar, contudo, que o fecho pretendido não é bem assim, muito embora frequentemente sejamos instados a lembrar que algumas das mais lúcidas e criativas experiências cinematográficas classistas antiburguesas levadas a cabo no século XX e em anos recentes, são hoje objetos de culto da burguesia. Não raramente chega a ser constrangedor observar celebridades e acólitos intelectuais do mundo burguês deleitando-se com o *Ivan, o terrível* (1942), de Einsenstein, *Ladrões de bicicleta* (1948), de Vittorio de Sica, *Eles não usam black-tie* (1981), de Leon Hirzman, ou, ainda, *O Corte* (2005), de Costa-Gavras para ficarmos com poucos exemplos.

A despeito disso, tal como Fredric Jameson, acreditamos ser possível à arte exercer uma contra-hegemonia autêntica, de maneira que o nosso imaginário mais profundo reacenda o fio utópico de uma sociedade não privatizada, não psicologizada, não obcecada por mercadorias. Enfim, uma sociedade verdadeiramente harmoniosa. Nesse sentido, ele chama a atenção para a existência de produções culturais ainda não totalmente contaminadas pela fantasmagoria da mercadoria, aquelas produções que podem recorrer à "experiência coletiva dos bolsões marginais da vida social [...] onde as formas de solidariedade humana coletiva não tenham sido penetradas pelo mercado" (JAMESON, 1995, 34-35). Contudo, é necessário reconhecer também, como Jameson, que o grande desafio colocado para o artista e intelectual marxista é buscar insistentemente formas de exercer a resistência por dentro do sistema sem que isso signifique deixar-se cooptar por ele. No caso do cinema, dada às circunstâncias que envolvem a produção de um filme, tal desafio talvez deva ser buscado insistentemente na própria narrativa cinematográfica.

É preciso refletir, nesse sentido, sobre a importância crescente da utilização da alegoria como esquema interpretativo para forçar a expansão de determinados temas circunscritos aos valores e crenças burgueses, indo além e contra, ainda que debilmente, ao admitido pelo *mainstream*. Walter Benjamin, em 1939, no seu conhecido ensaio sobre a reprodutibilidade da obra de arte, afirma que assistir a um filme é ter a sensibilidade golpeada intermitentemente pela mudança de lugares e ângulos das imagens, cujo efeito é uma "distração intensa" (1985). Tal efeito decorre do fato da imaginação do espectador vaguear livremente entre o sonho e a realidade, podendo resultar numa positividade ou numa negatividade. Benjamin exemplifica esses resultados utilizando, no primeiro caso, os filmes de Chaplin, dizendo que diante de seus filmes o "público se torna progressista". No segundo caso, os filmes do camundongo *Mickey*, ele diz que "o público se aliena". Para ele, os esquemas representacionais alegóricos utilizados por Chaplin em *Tempos modernos* (1936), por exemplo, expõem em tom paródico, quase burlesco, as desventuras do personagem-máquina sob o aparato fordista evidenciando sutilmente a questão nuclear do tema do filme: a luta de classes.

Certo é que qualquer que seja esquema interpretativo ou opção estilística do realizador de filmes para exercer a resistência contra-hegemônica por dentro do sistema, ele se encontra diante do desafio de "iludir" o *mainstream* hollywoodiano. Seja o sistema genuíno ou nacional, o realizador de filmes deverá apresentar como proposta algo que não corresponde, necessariamente, ao objeto real a ser desenvolvido epistemológica e metodologicamente no filme realizado.

Bibliografia

ANCINE (Agência Nacional do Cinema, 2010). Disponível em: <www.ancine.gov.br>. Acesso em 22 fev. 2010.

BARTHES, Roland. *Mitologias*. São Paulo: Difel, 1982.

BENJAMIN, Walter. *Magia e técnica, arte e técnica*. São Paulo: Brasiliense, 1985.

BERMAN, Marshall. *Tudo que é sólido desmancha no ar. A aventura da modernidade*. São Paulo: Companhia das Letras, 1987.

BERNADET, Jean-Claude. *Trajetória crítica*. São Paulo: Polis, 1978.

BIAGGIO, Jaime. "Crônica da geração perdida". *O Globo*, Rio de Janeiro, segundo caderno, p. 1-2, 6 ago. 2001.

GORENDER, Jacob. "O nascimento do materialismo histórico" (Prefácio). In: MARX, Karl e ENGELS, Friedrich. *A ideologia alemã*. São Paulo: Martins Fontes, 2002.

HAUG, Wolfgang Fritz. *Crítica da estética da mercadoria*. São Paulo: Ed. Unesp, 1979.

JABOR, Arnaldo. "O velho imperialismo americano não mudou nada". *O Globo online*, 27 jul. 2001. Disponível em: <www.globo.com/globonline/colunas>.

JAMESON, Fredric. *As marcas do visível*. Rio de Janeiro: Graal, 1995.

MARCUSE, Herbert. *Contrarrevolução e revolta*. Rio de Janeiro: Zahar, 1973.

_____. *A ideologia da sociedade industrial. O homem unidimensional*. Rio de Janeiro: Zahar, 1979.

MARX, Karl e ENGELS, Friedrich. *A ideologia alemã*. São Paulo: Martins Fontes, 2002.

_____. *Teses sobre Feuerbach*. In: *A ideologia alemã*. São Paulo: Martins Fontes, 2002, p. 99-103.

_____. *O manifesto comunista*. Rio de Janeiro: Paz e Terra, 2004.

MARX, Karl. *O capital*. Livro I. Vol. I. Rio de Janeiro: Civilização Brasileira, 2004.

RAMOS, Fernão (org.). *Cinema marginal (1968/1973). A representação em seu limite*. São Paulo/Rio de Janeiro: Brasiliense/Embrafilme, 1987.

REIS, Ronaldo Rosas. *Estética e educação. Ensaios sobre arte e formação humana no pós--modernismo*. São Paulo: Cortez, 2005a.

_____. "Os dois mundos de Alexander K. Classe, cultura e consumo em *Adeus, Lênin!*". In: TEIXEIRA, Inês e MIGUEL, José de Souza. *A diversidade cultural vai ao cinema*. Belo Horizonte: Autêntica, 2006.

_____. "Cinema, multiculturalismo e dominação econômica". *Revista Crítica Marxista*, n. 20, Campinas/Rio de Janeiro: CEMARX/Revan, 2005b.

_____. "Trabalho no cinema". Entrevista para a *Revista Eletrônica do Instituto Humanitas Unisinos*. 8 mar. 2007. Disponível em: <www.unisinos.br/ihu/index.php?option =com_noticias&Itemid=29&task=detalhe&id=5354>.

ROCHA, Glauber. *A revolução do cinema novo*. Lisboa/Rio de Janeiro: Alhambra/Embrafilme, 1981.

Esta obra foi impressa em Santa Catarina na primavera de 2011 pela Nova Letra Gráfica & Editora. No texto foi utilizada a fonte Adobe Caslon Pro, em corpo 10 e entrelinha de 15 pontos.